Cette vie si précieuse

Comment Amma transforme nos vies

Volume 1

Édité par Ramana Erickson
Coédité par Julius Heyne

Mata Amritanandamayi Center
San Ramon, Californie, États-Unis

Cette vie si précieuse – Volume 1

Comment Amma transforme nos vies

Édité par Ramana Erickson
Coédité par Julius Heyne

Publié par :
Mata Amritanandamayi Center
P.O. Box 613
San Ramon, CA 94583-0613, États-Unis

En France : www.etw-france.org

International : www.amma.org

Contents

Préface 7

La grâce et l'abandon de soi 11
Message d'Amma

1. Amma demeure dans notre cœur 13
Sarvaga - États-Unis

2. Śhraddhā 26
Akshay - Allemagne

3. La Grâce dans ma vie 39
Dr. Shyamasundaran - Inde

4. Amma : Notre divine Sauveteuse 53
Rasya - États-Unis

5. Trois dons rares et précieux 66
Vinod - Italie

6. Pourquoi être triste ? Inutile 79
Medhini - Liban

7. Le chemin de vie d'une mère de famille avec Amma 92
Anita Sreekumar - Inde

8. Les sandales du guru 105
Sadānand -États-Unis

9. Le satsang et le seva dans ma vie 119
Nihsima M Sandhu - États-Unis

10. Le centre de mon univers spirituel, l'étreinte divine d'Amma 132
Susi - Allemagne

11. L'adoration avec forme et sans forme **145**
Sugata Duygu Akartuna - Turquie

12. Ahaṅkāra – L'ego **159**
Dr. Sriram Ananthanarayanan - Inde

13. L'altruisme **172**
Sahaja - Australie

14. Du monde de la banque au monde d'Amma.
Le parcours d'une dévote **184**
Daya Chandrahas - Inde

15. Cette vie si précieuse **196**
Tejasvini - États-Unis

16. Surmonter la souffrance grâce
à l'amour d'Amma **208**
Purnima - Allemagne

17. La Création et le Créateur ne sont pas séparés ; ils ne
font qu'un **222**
Prasadini - Allemagne

18. De l'Illusion à la Vérité,
des Ténèbres à la Lumière,
de la Mort à l'Immortalité **235**
Varenya - Espagne

19. Lève-toi, Ô vainqueur des ennemis **246**
Rudran - États-Unis

20. L'humilité **257**
Malathi - France

21. Amma, le guide, la voie et le but **270**
Sahaja - France

22. Amma, l'amour qui triomphe
de toutes les peurs **280**
Vimala Purcell - États-Unis

23. **Amma, un doctorat et plus encore !** 292
Dr. Shyam Nath - Île Maurice

24. **Le mystère de la foi** 299
Janani - Pologne

25. **Devenir un instrument** 312
Gautam - États-Unis

Glossaire 325

Guide pour la prononciation 344

Remerciements 346
Julius Heyne

Préface

Le *Sanātana dharma* a divisé la vie en quatre étapes appelées *āśhramas*. La vie d'un élève (ou étudiant) est l'étape *brahmachāryāśhrama (brahmachārya)*. Puis vient l'étape de la vie de famille, *gṛihasthāśhrama (gṛihastha)*, durant laquelle on acquiert des richesses et satisfait ses désirs tout en menant une vie vertueuse. Quand les enfants sont adultes, le mari et la femme transmettent leurs responsabilités dans le monde et se concentrent sur la propagation du *dharma* et sur les pratiques spirituelles. C'est l'étape de *vānaprasthāśhrama (vānaprastha)* où l'on mène une vie retirée. *Sannyāsāśhrama (sannyāsa)* est l'étape finale de la vie. Elle se caractérise par un renoncement total et le détachement de tous les liens séculiers. Le *sannyāsī* se concentre sur *mōkṣha* (la libération) et mène une vie solitaire.

Il existe trois façons d'arriver à l'étape finale de *sannyāsa* : après avoir rempli ses devoirs et ses responsabilités en tant que *gṛihastha*, on peut prendre directement les vœux de *sannyāsa* ; on peut aussi prendre le *sannyāsa* après l'étape de *vānaprastha*. La troisième voie est pour ceux qui développent très tôt un détachement total : ils peuvent prendre les vœux de *sannyāsa* sans avoir mené la vie de *gṛihastha*. Les *brahmachārīs* et *brahmachāriṇīs* qui résident à Amritapuri n'ont pas le désir de mener une vie de famille. Amma les initie donc directement au *sannyāsa*, en sautant les étapes de *gṛihastha* et de *vānaprastha*.

Après de nombreuses années, Amritapuri fut témoin d'un *yajña* grandiose, d'un *mahāyajña* : une cérémonie sacrée eut lieu le vendredi 13 mars 2020. Plus de cinquante *brahmachārīs* et *brahmachāriṇīs* furent initiés à *sannyāsa*. Le même jour, plus de deux cents résidents de l'āśhram reçurent aussi *brahmachārya dīkṣhā* (initiation). Amma avait donné des instructions strictes

: tous les renonçants qui vivaient dans les différents ashrams et institutions du Math devaient venir immédiatement à Amritapuri pour participer à la cérémonie de *dīkṣhā* (initiation). Amma seule savait alors pourquoi elle avait donné des instructions aussi strictes. Mais on vit bientôt clairement qu'Amma avait eu la prescience de ce qui allait se produire à l'échelle mondiale et on comprit pourquoi elle s'était montrée si pressante.

Quelques jours après la cérémonie d'initiation à *sannyās*, la pandémie du Covid-19 imposa le confinement à tout le pays. Les gens étaient confinés chez eux et il devint impossible de voyager. Les portes de l'ashram, habituellement ouvertes vingt-quatre heures sur vingt-quatre, se fermèrent soudain, conformément aux ordres du gouvernement. Les dévots d'Amma étaient bouleversés. Comment Amma n'aurait-elle pas entendu leur appel ? Comme Amma ne pouvait plus voyager, les résidents de l'ashram effectuèrent à nouveau leurs pratiques spirituelles en présence d'Amma, comme cela avait été le cas dans les premiers temps de l'ashram. La méditation, les *satsangs* (enseignements spirituels) et les *bhajans* (chants dévotionnels) étaient diffusés en direct sur le web. En utilisant cette technologie moderne, Amma est entrée dans les foyers de ses enfants spirituels du monde entier pendant qu'ils étaient confinés à cause du Covid-19. La force intérieure et le réconfort que leur procuraient ces diffusions sont inexprimables.

Au cours de cette période, Amma donna les instructions suivantes : chaque jour, un résident de l'ashram devait donner un *satsang* d'une demi-heure pendant le programme de la soirée, après la méditation. La série des *satsangs* commença le 30 mars 2020 et continue encore aujourd'hui. Une fois que les restrictions dues au Covid-19 furent levées et qu'on put de nouveau voyager, les enfants spirituels d'Amma qui font partie du *gṛihasthāśhrama* participèrent aussi à cette série.

Ceci est le premier volume de compilation de *satsangs* donnés par les enfants spirituels d'Amma n'ayant pas fait de vœux monastiques. Ils racontèrent leur expérience en personne, assis à côté d'Amma.

La lecture des expériences variées de ces dévots avec Amma, de la façon dont leur vie a été transformée par leur rencontre avec elle est rafraîchissante pour le mental et lui insuffle de l'énergie. On voit une nette différence dans leur attitude et dans leur perspective, face aux situations ou dans leurs relations. Les chemins rocailleux ne sont pas seulement le lot de ces dévots. Le lecteur y retrouve ses propres expériences. Quand on lit les expériences des autres et qu'on y réfléchit, on peut déposer les fardeaux hérités du passé et aller de l'avant avec une énergie et un enthousiasme renouvelés.

La petite lampe que nous tenons à la main en parcourant ce chemin obscur n'éclaire pas seulement nos pas mais aussi ceux de tous les êtres qui suivent la même voie. Ainsi, quand on lit les expériences de dévots du monde entier, on comprend que la force qu'Amma leur a donnée est transmise au lecteur. La lumière qu'Amma a répandue dans leur vie dissipe également les ténèbres de la nôtre. Quand chacun trace une esquisse de son expérience individuelle, on voit différentes facettes d'Amma. On s'émerveille de ses formes variées et de ses différents *bhāvas* (manifestation du Divin).

Ce livre nous guidera dans notre voyage vers la réalisation du Soi, cela ne fait aucun doute. Prions pour recevoir la grâce d'Amma.

Swāmī Jñānāmṛitānanda Puri

La grâce et l'abandon de soi

Message d'Amma

Mes enfants, nous nous efforçons chaque jour d'atteindre différents buts. Mais nos efforts n'aboutissent que dans quelques cas. Nous avons beau conduire avec prudence, si un chauffeur distrait ou ivre arrive en direction opposée, il peut provoquer un accident. Si un étudiant se prépare à fond pour un examen, il n'aura peut-être pas la note qu'il mérite si le correcteur est négligent. Pourquoi sommes-nous confrontés à de telles situations ? Peu importe notre talent, peu importe la quantité de travail investie, nos efforts ne seront couronnés de succès que si nous avons la grâce de Dieu.

Bhīma se promenait un jour, seul, dans la forêt. Soudain, il vit au loin une biche pleine. La biche tressaillit en voyant Bhīma. Elle regarda dans les quatre directions et resta pétrifiée. Quand Bhīma regarda autour de lui, il comprit pourquoi.

Devant la biche, un lion était prêt à bondir sur elle. Il attendait parce qu'elle était suivie par un chasseur dont la flèche la visait. Il y avait à sa droite une rivière au flot rapide et à sa gauche, un feu de forêt. La biche était encerclée de dangers de tous les côtés.

En voyant la situation de la biche, Bhīma eut pitié d'elle mais il était impuissant. S'il faisait partir le chasseur, la biche effrayée courrait tout droit dans la gueule du lion. S'il essayait d'éteindre le feu de forêt, la biche paniquée sauterait dans la rivière et serait submergée par le courant rapide. Bhīma, ne voyant aucun moyen de la sauver, finit par appeler Dieu : « Ô Seigneur, je suis totalement impuissant. Toi seul peux sauver la biche. Je T'en prie, sauve-la ! »

L'instant d'après, de sombres nuages de pluie arrivèrent et il y eut des coups de tonnerre. Il se mit à pleuvoir des cordes. Le chasseur fut frappé par la foudre et s'évanouit. La pluie éteignit le feu de forêt. Le lion s'enfuit, effrayé. Dès que les dangers qui l'entouraient disparurent, la biche s'enfuit en lieu sûr. En voyant tout cela se produire sous ses yeux, Bhīma fut sidéré par l'étonnement.

Quand on prend conscience des limites de ses capacités et de la gloire infinie de Dieu, on comprend que seule la grâce divine peut rendre nos efforts fructueux. La compassion de Bhīma pour la biche et son abandon à la volonté de Dieu firent de lui un réceptacle adéquat de la grâce de Dieu. Quand l'effort, la compassion et l'abandon de soi sont réunis, Dieu ne manque pas de répandre Sa grâce.

1

Amma demeure dans notre cœur

Sarvaga – États-Unis

Nous savons tous que tenter de décrire l'amour d'Amma ou la profondeur de notre relation avec elle semble une tâche impossible.

Bien que nous soyons en apparence différents les uns des autres, Amma demeure dans le cœur de chacun d'entre nous. Elle est le point central de notre existence. Amma rayonne, elle est le Soi lumineux qui unit tous les êtres. Quand nous nous écoutons réellement les uns les autres, le cœur et l'esprit ouvert, sans jugement, le lieu central, intérieur où demeure notre unité s'éveille. La compréhension, la compassion et l'amour réels se retrouvent tous à ce point central.

Pour que l'écoute soit réelle, il faut que le mental soit silencieux. Dans ces moments de silence, on a un avant-goût de cet état d'unité. Quand on regarde Amma donner le darshan (l'étreinte divine d'Amma) on est témoin du flot de son amour inconditionnel.

On s'identifie parfois inconsciemment à la personne qu'elle tient dans ses bras, on rit avec elle ou on verse des larmes en partageant sa peine. La vie entière d'Amma est une expression vivante de cette unité et elle ne cesse de nous guider vers cette expérience : une ouverture infinie.

L'unité est le secret du langage parfait, du langage d'amour d'Amma, le langage du silence. Une mère comprend le cœur de son enfant sans avoir besoin de mots. Telle est aussi la profonde expérience de chacun de nous dans son étreinte.

C'est grâce à ce langage d'amour qu'Amma comprend le cœur de toutes les créatures. Une de mes amies avait une tortue qu'elle apportait toujours au darshan. Amma lui dit un jour que la petite tortue se sentait seule et avait besoin d'une compagnie. Alors elle a acheté une autre tortue et les a apportées toutes les deux au darshan suivant. Amma les a bénies avec joie et a demandé à mon amie de les remettre en liberté. Elle les a relâchées dans sa propriété et ne les a plus revues.

Un an plus tard, Amma est revenue ; mon amie est allée dans son jardin chercher des légumes pour les lui offrir. Soudain, elle a vu les deux petites tortues qui la regardaient, pleines d'espoir. Elles étaient revenues un an plus tard, le jour exact du programme d'Amma ! Elles voulaient voir la Mère qui comprenait leur cœur. Mon amie les a prises et les a apportées au darshan.

***

Amma m'a un jour demandé d'enseigner à un groupe d'enfants sourds comment interpréter des *bhajans* en utilisant le langage des signes. Les enfants ont répété, puis ils ont chanté pour Amma pour la première fois. Ils ne chantaient pas avec leurs voix mais avec le langage silencieux de leurs mains et de leurs cœurs.

Je m'étais cachée sur la scène pour que les enfants puissent me voir au cas où ils oublieraient les signes. Soudain, Amma m'a demandé de me lever. Elle a arrêté le *darshan* et nous a tous regardés très attentivement. J'ai surmonté ma timidité et j'ai eu le sentiment de ne plus faire qu'un avec les enfants.

C'est à ce moment-là qu'Amma m'a appelée par mon nom pour la première fois. Cet appel a pénétré profondément dans mon cœur. Mon nom, Sarvaga, signifie omniprésent(e). J'ai toujours pensé qu'Amma m'avait donné ce nom pour m'indiquer l'unité, la vérité de ce que nous sommes en réalité et qui est au-delà des noms et des formes limités.

Il y a des milliers d'années, dans la *Bhagavad Gītā*, Dieu a fait la promesse de sauver ses dévots de la souffrance. Pour les enfants spirituels d'Amma, cette promesse est devenue une réalité vivante. Dans l'histoire du monde, il n'existe rien dont la gloire soit comparable à celle de la Mère divine qui s'incarne sur terre pour sauver ses enfants, pour les ramener à leur unité avec elle.

Le sacrifice d'Amma, la compassion qui la fait rester sur terre sont inimaginables. Amma m'a dit un jour : « Amma est comme un ballon d'hélium. Elle peut s'élever à tout moment. Mais elle reste sur cette Terre, uniquement pour élever la conscience de ses enfants. »

***

On peut comparer la petite histoire de ma vie à un grain de sable, un des innombrables grains de sable qui ont été sanctifiés par le contact des pieds d'Amma.

Je suis née dans une famille juive et pauvre, dans une maison en rondins au bord d'une rivière, à l'autre bout du monde. Pourtant, Amma est venue me trouver là. Quelques jours après ma naissance, on a fait à mon père un cadeau inattendu : une statue du Seigneur Kṛiṣhṇa. Il a fait une cérémonie, m'a placée aux pieds du Seigneur et a sincèrement offert la vie de ce nouveau-né à Dieu. Ainsi, j'ai toujours senti que ma vie avait été offerte à Amma dès la naissance.

Mon plus ancien souvenir est celui de l'incendie qui consuma totalement notre maison de bois, alors que je n'avais que trois ans. Ma mère était seule à la maison avec cinq petits enfants dont ma sœur qui n'était qu'un bébé. Elle dut courir dans la maison en feu pour sauver le bébé. Nous perdîmes le peu de choses que nous possédions et nos deux chiens, mais nous en sortîmes tous indemnes.

Mon souvenir le plus marquant, c'est d'avoir fait le tour des ruines le lendemain. Je me rappelle que mon père a retiré de dessous les cendres deux gros livres. Seule la couverture en dur avait brûlé. C'étaient les deux seuls objets qui n'avaient pas été détruits et ils sont aujourd'hui encore en ma possession. Ces deux livres étaient la *Bhagavad Gītā* et le *Śhrīmad Bhāgavatam.*

C'était ma première leçon de vie et c'est l'une des plus fondamentales sur la voie spirituelle : Dieu seul est indestructible et sera toujours avec nous. C'est ce Dieu vivant, notre Amma, qui nous porte, nous protège et nous console quand nous sommes confrontés aux différents feux de la vie ; c'est notre Mère, pleine de compassion, qui finalement nous sauve de ce monde impermanent de la naissance et de la mort.

Le second incendie majeur dans ma vie se produisit quand j'avais dix-sept ans. On diagnostiqua chez ma mère une maladie en phase terminale et le pronostic des médecins était qu'il ne lui restait plus que six mois à vivre.

C'est à ce moment-là, en 1997, que j'ai rencontré Amma. Dès que j'ai vu Amma, j'ai su de tout mon être qu'elle était la Mère divine. J'ai reçu le mantra d'Amma et j'ai acquis la force de m'occuper de ma mère pendant les derniers mois de sa vie. Je sentais au fond de mon cœur que la forme de ma mère retournait simplement à ma Mère véritable. Amma était entrée dans ma vie, s'assurant ainsi que je ne reste pas un instant sur cette Terre sans avoir de mère.

Le lendemain du décès de ma mère, j'étais alitée avec une forte fièvre. Amma allait revenir bientôt et je priais intensément pour avoir la force d'aller la voir.

Soudain, la fièvre a complètement disparu. Quelques jours plus tard, j'ai fait le voyage pour aller voir Amma. Dès que je suis arrivée dans ses bras, Amma s'est écriée avec une profonde inquiétude : « Fièvre, fièvre ! » Elle a pris une grande quantité de pâte de santal et avec un amour dont je n'avais jamais soupçonné l'existence, l'a appliquée tendrement sur tout mon visage.

Tandis que je sanglotais dans ses bras, toute la douleur causée par la mort de ma mère m'a quittée. J'ai été intérieurement remplie par cette profonde expérience, cette certitude : Amma est la Mère divine omnisciente et je suis son enfant. Dès ce moment-là, j'ai su que je ne pouvais pas vivre séparée de ma vraie mère et par sa grâce, j'ai passé le reste de ma vie sous sa protection.

***

Quelques mois plus tard, j'ai fait le voyage jusqu'en Inde. En attendant d'arriver auprès d'Amma, j'ai écrit le poème suivant :

Que suis-je ?
Une feuille qu'emporte le vent
Qui suis-je ?
Les courants me portent à Tes pieds.
Observant le mental,
rien ne semble réel
sinon les larmes qui tremblent
au bord de mon cœur
et attendent de tomber dans ton océan
Qu'y a-t-il de réel sinon
cet appel aveugle
à m'abandonner sur ton seuil
Amma insuffle-moi
la force de m'abandonner à Toi,
la grâce de persévérer.
Amma, je viens m'offrir
à Toi, daigne accepter
cette offrande,

étreins cette enfant
et ouvre mon cœur
à ce que je suis réellement.

Je n'oublierai jamais la traversée de la lagune dans la petite barque, sous le ciel étoilé. Mes larmes ne cessaient pas de couler, si bien que j'y voyais à peine. Quand je suis arrivée finalement dans le giron d'Amma, je me suis demandé si elle penserait à m'appeler sa fille. Après le *darshan*, alors que j'étais encore debout devant elle, elle m'a regardée dans les yeux et a appelé très fort : « Ma fille, ma fille ! » J'ai eu le sentiment qu'Amma annonçait ainsi que sa fille était enfin arrivée à la maison.

Peu de jours après mon arrivée, Amma est allée à la piscine. Après avoir nagé avec nous tous, Amma s'est allongée sur le dos, dans l'eau, en position du lotus et est entrée en *samādhi*, l'état d'union avec Dieu. Ses mains formaient des *mudras*. Elle était absolument immobile, mais son corps se déplaçait doucement dans la piscine, mû par sa divine *śhakti*.

J'étais dans un coin de la piscine et je contemplais Amma, fascinée. Amma a flotté lentement vers moi. Je m'éloignais au fur et à mesure mais je suis arrivée dans l'angle ; Amma continuait à flotter vers moi si bien que finalement, sa tête n'était plus qu'à quelques centimètres de mon cœur. Puis elle n'a plus bougé.

Je contemplais son visage. Je n'avais jamais rien vu d'aussi enchanteur. Son visage brillait comme la pleine lune, elle avait aux lèvres un sourire radieux de béatitude absolue et de paix indescriptible et une pure lumière émanait de ses yeux mi-clos, malgré le voile des cils épais. Il m'est impossible de décrire ce qui s'est produit ensuite. En contemplant le beau visage d'Amma, rayonnant d'une paix céleste, j'ai vu le visage de ma mère biologique. Son visage était en quelque sorte fondu dans celui d'Amma, rayonnant de lumière et de béatitude.

Sous le choc, j'ai fondu en larmes. Amma est restée près de moi, la tête près de mon cœur, pendant longtemps, tandis que je sanglotais comme une enfant. Quand je suis redevenue paisible, elle s'est éloignée en flottant. C'était comme si la rivière de la profonde souffrance de ma mère s'était fondue à jamais dans l'océan de la paix lumineuse d'Amma.

Et à ce moment-là, une transformation profonde s'est produite aussi dans mon cœur. Même si le feu de *māyā*, l'illusion cosmique, peut dévorer la forme physique d'une mère, ce qui demeure est notre vraie Mère qui répand sur nous son amour immortel. Bien qu'il puisse y avoir de nombreux incendies dans notre vie, Amma nous guide toujours vers un refuge intérieur que rien ne peut atteindre.

Parmi toutes les expériences de sa grâce, un de ses plus grands miracles est de faire grandir en nous la foi et l'abandon de soi. Il peut nous arriver d'être confrontés à des épreuves et d'avoir le sentiment que nous échouons à les accepter, à nous abandonner à Dieu ; on se retrouve alors balloté par les vagues de la souffrance. Mais quand on appelle Amma avec un sentiment d'impuissance absolue, elle vient à notre secours.

Il y a onze ans, une série d'examens faits à l'hôpital AIMS montra que j'avais les symptômes d'une maladie du foie rare et mortelle. Les tests étaient positifs et se poursuivirent pendant des mois. Amma m'avait dit de ne pas m'inquiéter avant de connaître les résultats et pourtant, je me retrouvais face à une peur de la mort accablante.

J'étais choquée par mon propre manque de foi. Je ne me sentais pas prête. Mais j'avais beau avoir peur, il m'était impossible de prier Amma de me guérir ou de changer l'issue de la maladie. Je priais seulement pour avoir la force de m'abandonner à la volonté de Dieu. Je priais seulement pour que, quel que soit le moment prédestiné de ma mort, je sois remplie d'abandon à Dieu et d'amour, prête à me fondre en Amma à jamais.

Finalement, en voyant ma détresse, Amma a appelé elle-même le médecin-chef à AIMS et lui a demandé d'organiser le test décisif. Quand je me suis réveillée après l'anesthésie, j'ai eu le sentiment d'avoir été tout le temps dans les bras d'Amma. Quand on m'a annoncé que je n'avais pas cette maladie, j'ai senti une vague tangible de la grâce d'Amma passer sur moi.

Quand j'ai annoncé les résultats à Amma, elle a mis les mains sur son cœur et a poussé un profond soupir de soulagement. Puis elle a levé les mains vers le ciel, indiquant que c'était la grâce de Dieu. C'était la façon humble d'Amma de montrer que c'était sa grâce et rien d'autre. Je prie d'employer cette vie, donnée par sa grâce, à me préparer réellement à m'abandonner totalement dans l'amour.

Quand on porte le poids de peurs pour l'avenir ou le fardeau du passé, on risque de s'effondrer. Mais quand on lui abandonne tout ce que l'on porte, on découvre qu'Amma nous donne la force d'affronter le moment présent. Si on pense que l'abandon de soi se produira dans le futur, quand on aura lâché ses attachements et son ego, on risque d'avoir peur ; si on s'imagine que c'est au-delà de ses capacités, on s'accroche à ses peurs.

Mais Amma comprend nos faiblesses. Elle connaît, à chaque instant de notre vie, notre capacité à nous abandonner à Dieu. Amma dit que l'abandon de soi, c'est l'acceptation. Cette acceptation est une chance qu'Amma nous donne à chaque instant. Chaque situation qui se présente dans notre vie est une invitation d'Amma à pratiquer l'acceptation.

Amma mentionne souvent cela en l'appelant *prasāda buddhi* : c'est accepter tout ce qui arrive comme un cadeau de Dieu. Mais pour que cette attitude devienne naturelle, il s'agit aussi de cultiver *pūjā manō bhāvam* : offrir tout ce que l'on fait, faire l'offrande de soi-même, avec amour et en toute conscience.

Peu à peu, à mesure qu'Amma fait grandir en nous la conscience, l'amour et la foi, elle nous conduit à l'état final d'abandon de soi où on se fond dans son amour immortel. La compassion d'Amma est si grande qu'elle construit elle-même cette foi dans notre cœur, en nous donnant des expériences de sa présence omnisciente.

***

Une autre série de feux s'est déclarée dans ma vie quand on a diagnostiqué chez mon père la même maladie qui avait déjà emporté ma mère. Mais Amma était là pour nous sauver des flammes de tous les incendies ; il faudrait un livre entier pour décrire comment elle a prolongé la vie de mon père. Au bout de nombreuses années, la santé de mon père s'est détériorée au point que j'ai dû retourner vivre aux États-Unis pour m'occuper de lui.

Cela fut pour moi l'épreuve la plus difficile de toutes : être témoin de sa souffrance constante, ne pas savoir combien de temps il allait survivre et être physiquement séparée d'Amma. On a cru à un moment qu'il avait attrapé une pneumonie. Il m'était intolérable de le voir souffrir ainsi et j'avais le sentiment que la fin était proche. J'étais seule avec lui et je ressentais profondément la souffrance d'être séparée d'Amma.

Un après-midi, je lui ai apporté un peu de soupe alors qu'il avait cessé de manger depuis longtemps. Comme j'approchais de son lit, le bol m'a soudain échappé des mains et s'est brisé par terre en mille morceaux. À ce moment-là, j'ai eu le sentiment que mon cœur se brisait. C'était comme si toute ma force m'avait soudain quittée. J'ai couru dans la forêt en pleurant de manière incontrôlable. J'appelais Amma du fond du cœur : « Amma !

Est-ce que tu m'entends ? Amma ! Es-tu avec moi ? Amma, j'ai tant besoin de toi, maintenant ! » C'était un appel totalement désespéré.

Après avoir pleuré toutes les larmes de mon cœur, j'ai senti un peu de paix et mon courage est revenu. Je savais qu'Amma m'avait entendue. Je suis rentrée ramasser les morceaux du bol, nettoyer le sol et servir mon père du mieux que je pouvais. Il était tard quand ce soir-là, épuisée, je suis finalement allée me coucher.

J'ai été rapidement réveillée par la sonnerie du téléphone. Surprise, j'ai décroché. Mon cœur a bondi de joie en entendant la belle voix d'Amma ! Elle m'a demandé en anglais si mon père était ok. Quand j'ai repris mes esprits, je lui ai dit que je craignais que mon père ait une pneumonie.

Amma m'a réconfortée et m'a dit qu'elle avait pensé à moi cet après-midi-là quand elle était dans sa chambre entre les deux programmes. Je me suis rendu compte que c'était exactement au moment où je l'avais appelée dans la forêt. J'ai été bouleversée en prenant conscience qu'Amma non seulement m'avait entendue, mais qu'elle m'avait répondu en personne à un des moments les plus désespérés de ma vie.

Au matin, mon père était rétabli et peu à peu, sa santé s'est améliorée. Amma a continué à soutenir toute notre famille, en nous aidant à développer peu à peu la force d'accueillir toute situation qui se présentait, de l'accepter.

Quand on réfléchit, on voit clairement à quel point on souffre quand on résiste à ce qui arrive dans le moment présent et on prend conscience du flot de grâce et de paix qui vient quand on accepte. Amma nous enseigne sans cesse à être joyeux et en paix lors du voyage imprévisible de la vie. Elle nous montre comment transcender le chagrin grâce à l'acceptation et à la foi.

Chaque jour, pendant la méditation, Amma nous dit qu'éveiller l'enfant intérieur, c'est invoquer le principe d'abandon de soi et d'amour. L'enfant a une foi absolue en sa mère. L'abandon de soi devient naturel à mesure que l'amour et la foi s'approfondissent. Sinon, dans le but d'éviter la souffrance, on s'accroche à l'idée qu'on se fait des choses, à ses attachements, on s'accroche à l'attraction et à la répulsion qu'on éprouve.

Avec la foi, on comprend qu'Amma prend une portion inimaginable de notre *prārabdha karma*, le résultat de nos actions passées. On accepte le fait que les expériences qu'il nous faut traverser sont là pour nous purifier et nous rendre plus forts. On a confiance dans le fait qu'Amma coordonne tout pour nous libérer de toute souffrance et nous permettre de nous fondre en elle.

Un des plus grands enseignements spirituels que j'ai reçus d'Amma est venu sous la forme des dernières paroles de mon père avant sa mort. Il avait indiqué qu'il avait un dernier message à nous donner. Tous ses enfants se sont rassemblés autour de son lit. Il a lutté pendant très longtemps afin de rester suffisamment conscient pour parler. C'était comme s'il lui fallait transmettre dans ce message ce qu'il avait appris au cours de toute sa vie.

Finalement, avec une intensité et un amour qui semblaient dire que c'était Dieu qui lui demandait de parler, il a dit d'une voix forte et claire : « SOIS QUI TU ES ! » Ces paroles ont pénétré jusqu'au tréfonds de mon cœur. J'ai eu le sentiment que c'étaient les paroles d'Amma qui m'arrivaient à travers lui.

Je suis bientôt allée rejoindre Amma. Un jour, Amma m'a regardée soudainement et m'a demandé : « Quelles ont été les dernières paroles de ton père ? »

J'ai répété à Amma ce qu'il avait dit : « Sois qui tu es. »

Amma n'a rien dit de plus mais a plongé son regard dans le mien et a souri d'un air entendu. Elle affirmait ainsi clairement que c'était vraiment son propre message.

Quand mon père a prononcé ces paroles, il y avait un fort sentiment d'urgence. Pourquoi ? « Sois qui tu es » ne peut se produire que dans le moment présent. Celui qui est au seuil de la mort comprend qu'il y a urgence ; il comprend la nécessité de vivre chaque moment dans la conscience de Dieu.

Ce que nous sommes réellement est voilé par notre identification avec ce que nous ne sommes pas : les pensées, les émotions qui changent constamment et l'ego. Nous pouvons à chaque instant diriger le projecteur de la conscience vers notre propre cœur. Alors, la grâce d'Amma éclairera la voie qui mène à notre Soi, notre être réel.

Se livrer à une profonde introspection de son propre cœur, c'est voir clairement toutes ses faiblesses et ses fausses identifications. Ce qui reste ensuite, c'est un désir intense, irrésistible, de faire l'expérience du Soi. Sans la connaissance du Soi, je peux seulement pleurer en appelant Amma. Amma, qui est ce Soi lumineux, s'est incarnée pour chacun de nous par pure compassion.

Le désir d'être libre de toute souffrance et de se fondre en Amma a l'intensité du désir d'un orphelin qui désire toujours retrouver sa mère. Amma m'a un jour regardée dans les yeux et a dit : « Amma ne dira jamais que *bhakti* (la dévotion) est inférieure à *jñāna* (la connaissance) car les deux mènent à la même Vérité. » Cela m'a fait comprendre que quand on se languit d'Amma, quand on pleure, cette peine nous purifie et révèle ce que nous sommes réellement.

J'ai retrouvé un autre poème que j'avais écrit, adolescente, lors de ce premier voyage en Inde, il y a si longtemps. J'offre ce poème en prière pour chacun de nous :

Amma, Source de toute compassion
Je me prosterne devant Toi
Je Te prie de laisser Ton Amour
Rayonner de chaque toucher de mes mains,
De laisser Ta Lumière éclairer mon mental
Que mon cœur soit une fontaine
Dont Tu es la Source
Répands sur moi la lumière de la Conscience
Afin que je puisse voir, marcher
avec humilité et précaution,
Sachant que c'est Toi
qui portes tous les fardeaux.
Fais que je sois prête
à partager la souffrance d'autrui
Afin de trouver la vraie joie
Donne-moi la foi pour que j'accepte ma souffrance
Comme un cadeau que Tu me fais
Pour m'aider à trouver la paix
De l'équanimité
Permets-moi de voir, dans toutes les situations,
Les clés que Tu offres, pour ouvrir le trésor intérieur
Libère mon mental du tumulte de l'agitation
Afin que dans cette tranquillité je puisse Te refléter
Accorde-moi l'innocence
Et la foi d'un enfant
Afin que je puisse connaître
Ma vraie Nature
Et me fondre en Toi à jamais.

2

Śhraddhā

Akshay – Allemagne

J'aimerais vous raconter un grand miracle dont on m'a parlé. Il était une fois un jeune homme, étudiant à Berlin. Il partageait sa vie entre les études universitaires et les plaisirs de la vie dont il voulait profiter au maximum. Comme beaucoup d'entre vous, il avait une certaine philosophie, mais sa philosophie n'était ni *dvaïta* (la philosophie de la dualité), ni *sāṅkhya* (la philosophie fondatrice du yoga), ni l'*advaïta* (la philosophie de la non-dualité) ; sa philosophie était carpe diem.

Carpe diem est une maxime latine. Carpe signifie « cueille » et diem signifie « jour ». Cela veut donc dire « Cueille le jour » ou « Profite du moment présent ». Pour cet étudiant, le sens de carpe diem était : « Profite de tout ce que tu peux, quand tu peux, pendant que tu peux ».

Par un étrange tournant du destin, ce jeune homme fut attiré par l'Inde. À côté du froid et de la grisaille de l'hiver allemand, les plages ensoleillées, l'exotisme et les fêtes à Goa avec leurs danses débridées, lui paraissaient très attirants. Il fit donc une pause dans ses études et partit pour l'Inde.

C'est après une de ces fêtes sur les plages de Goa qu'il entendit parler d'Amma pour la première fois. Il était assis avec des amis qu'il avait rencontrés ; les gens racontaient quelques-unes des expériences qu'ils avaient faites au cours de leurs voyages : ils parlaient des gurus qu'ils avaient rencontrés, des cours de yoga qu'ils avaient pris et des temples qu'ils avaient visités.

Un des voyageurs raconta en détail son expérience à l'ashram d'Amma et ce récit capta son attention. Il avait déjà prévu de se rendre à la pointe sud de l'Inde et il se dit que ce serait le moment idéal pour visiter l'ashram d'Amma.

Il prit le bateau de tourisme qui faisait le trajet d'Alappuzha à Kollam en voguant lentement sur la lagune. En chemin vers Kollam, le bateau s'arrêta pour laisser les touristes descendre à l'arrêt de l'ashram. Le capitaine du bateau l'assura qu'après avoir passé un ou deux jours à l'ashram, il pourrait reprendre le voyage jusqu'à Kollam avec le même billet.

Ravi et curieux, ce jeune homme quitta le bateau pour découvrir qui était Amma. Il ne soupçonnait pas que la rencontre avec Amma allait en une nuit le transformer et faire de lui un autre homme. Il ne soupçonnait pas qu'en descendant du bateau pour marcher sur le sable sanctifié par les *tapas* (austérités) d'Amma, il verrait toutes ses mauvaises habitudes partir en fumée. Il ne soupçonnait pas que le billet qui devait lui permettre de faire la deuxième partie du voyage jusqu'à Kollam resterait inutilisé... à jamais.

À l'ashram, je me suis mis à apprendre le malayalam et j'ai pu reconnaître assez vite certaines phrases qu'Amma prononce fréquemment. Une de ces phrases, c'est : ī nimiśham mātrame nammaḷude kaiyyil ullu, « Seul le moment présent est entre nos mains ». Cela peut paraître similaire à carpe diem, mais Amma ne veut pas dire : « Seul le moment présent est entre nos mains, alors allons au bar le plus proche » ou « Seul le moment présent est entre nos mains, alors dépensons notre argent en achetant des vêtements dernier cri ». Ce qu'Amma veut dire c'est : « Vivons dans le moment présent avec le plus de vigilance *(śhraddhā)* possible ».

Śhraddhā ! Voilà un autre mot que j'ai appris très vite. En malayalam, cela signifie vigilance, attention, focus, concentration, et même la concentration en un seul point (*ēkāgrata* en sanskrit). Voici quelques exemples de situations où j'ai entendu Amma employer ce mot.

Pendant un tour en Inde, alors que j'aidais à faire passer les gens au darshan, j'ai tiré une personne si fort qu'elle a failli atterrir face contre terre. Amma a crié : « Akshaya ! *Ninte śhraddhā evide ?* Où est ta vigilance ? »

Une autre fois, je servais des frites lors d'un arrêt pendant un tour. Amma avait donné des instructions très claires : il fallait servir exactement dix frites par assiette. Amma s'est exclamée : « Akshaya, il n'y a que cinq frites ! *Ninte śhraddhā evide ?* Où est ta vigilance ? » Puis, dix minutes plus tard : « *Eṭā! Ippōl patinañju fries āyi ! Nī śhraddhikkēndē ?* Hé ! Maintenant il y a quinze frites ! Tu devrais te concentrer, non ? »

Śhraddhā et *Ī nimiṣham mātrame...* ce sont des expressions qu'Amma utilise sans cesse. Les paroles que le guru prononce aujourd'hui sont les Écritures de demain. Il faut donc les traiter comme telles et méditer sur elles pour comprendre leur sens profond. Amma elle-même dit que pour réellement comprendre ses paroles, il faut étudier les Écritures. Je voudrais donc expliquer les paroles d'Amma à l'aide d'un texte ancien, les *Yōga Sūtras* du sage Patañjali.

Le mot yoga vient de *yuj samādhau*, la racine sanskrite *yuj* qui indique que l'on a atteint l'état de *samādhi*, la concentration parfaite. La première ligne du commentaire du sage Vyāsa sur les *Yōga Sūtras* dit : *yōga samādhiḥ*. Cela signifie : « le yoga, c'est la concentration parfaite » ; « le yoga, c'est fixer le mental en un seul point » ou « le yoga est *śhraddhā* ». Les *Yōga Sūtras* sont donc le texte des Écritures idéal si l'on veut approfondir ce qu'Amma veut dire en parlant de *śhraddhā*.

***

Dès l'enfance, on nous a dit de nous concentrer mais sans jamais nous apprendre comment. Pour nous l'enseigner, les *Yōga Sūtras* nous expliquent d'abord la nature du mental.

Le mental est structuré en sorte qu'on ne peut être conscient que d'une pensée à la fois. Il est comme une chaise sur laquelle ne peut s'asseoir qu'une seule personne à la fois. Dès que cette personne se lève, une autre prend sa place.

C'est ainsi qu'en quelques secondes, différentes pensées peuvent surgir et disparaître dans le mental. On pense à l'incroyable investiture de Kamala Harris ; puis au vaccin du Covid-19 ; ensuite à la théorie de la conspiration : Kanye West pense que Bill Gates, par l'intermédiaire du Dr. Fauci, fait implanter chez les gens des puces liquides, pour que les Reptiliens puissent nous suivre et envoyer notre géolocalisation aux extra-terrestres dans l'espace et puis aaaahhh ! Tout le monde connaît plus ou moins la nature du mental.

Dans son commentaire sur les *Yōga Sūtras*, le sage Vyāsa décrit cet aspect du mental ainsi : *sarvārthatā chitta dharmaḥ*, la nature du mental, c'est d'être distrait. Quand on apprend cela, on se dit peut-être : « Eh bien ! Je suppose que puisque c'est la nature du mental, il n'y a aucun espoir d'arriver à le concentrer ». Mais voilà qu'à notre grand soulagement, on nous révèle une seconde nature du mental : *ēkāgratāpi chitta dharmaḥ*, la concentration totale est aussi la nature du mental. Cette concentration est le fondement de la réussite, quelle qu'elle soit.

Comment réussir à garder *śhraddhā* et empêcher d'autres pensées d'entrer dans le mental ? En Inde, si vous allez dans une gare pour acheter un billet de train, les gens qui attendent au guichet sont tellement collés les uns aux autres que personne ne peut tricher et s'introduire dans la queue. Si on veut se concentrer sur quelque chose, alors il faut que les pensées se succèdent de manière aussi serrée.

Un bon exemple, c'est le verset de « Méditation sur Amma » : chaque partie de la description donnée dans cette prière est matière à contemplation.

> *dhyāyāmō - nous méditons sur Celle*
> *dhavalāvaguṇṭhanavatīm - dont la tête est couverte d'un sari blanc,*
> *tējōmayīm - qui est resplendissante,*
> *naiṣhṭikīm - qui est toujours établie dans la vérité,*
> *snigdhāpāṅga vilōkinīm - qui lance des regards pleins d'amour.*

Etc.

Se concentrer, cela ne signifie donc pas simplement répéter une même pensée. Cela veut dire se concentrer sur un seul objet, ici il s'agit d'Amma, en envoyant un courant continu de pensées variées vers cet objet, créant ainsi cette file serrée.

Dans le yoga, on appelle cela *nirōdha* (la maîtrise). *Nirōdha* ne s'obtient pas en réprimant ou en chassant les pensées indésirables mais grâce à *ēkāgrata* ; il s'agit de cultiver des pensées qui soient en harmonie avec le sujet que l'on a choisi.

C'est là que cela devient encore plus intéressant. Toute pensée que l'on cultive de manière répétée acquiert plus de force. Une fois qu'on l'a entretenue, elle va refaire surface de manière répétée ; ces pensées forment nos *saṁskāras*, nos habitudes mentales.

Nous avons le choix de cultiver des pensées positives, qui produisent des *saṁskāras* positifs, ou de cultiver des pensées négatives qui produisent des *saṁskāras* négatifs. Pour réussir à maîtriser le mental, il faut simplement s'entraîner. Comme le dit le Seigneur Kṛiṣhṇa au chapitre 6, verset 35 de la *Bhagavad Gītā* :

> *asaṁśhayaṁ mahā-bāhō manō durnigrahaṁ chalam*
> *abhyāsēna tu kauntēya vairāgyēṇa cha gṛihyatē*
> « Ô Arjuna aux bras puissants, le mental est agité et difficile à maîtriser, cela ne fait aucun doute ; mais avec

de la pratique et du détachement, il est possible de le maîtriser. »

L'entraînement commence par *dhāraṇā* (la concentration). Le chapitre 3, verset 1 des *Yōga Sūtras* définit *dhāraṇā* ainsi :

dēśhabandhaśhchittasya dhāraṇā
« La concentration du mental en un seul point, c'est *dhāraṇā.* »

Pendant la méditation guidée, quand Amma nous dit d'imaginer un triangle sur le front et de se concentrer sur la perle blanche lumineuse au centre, c'est *dhāraṇā.*

L'étape suivante est *dhyānam.*

Yōga Sūtras, Chapitre 3, verset 2 :

tatra pratyayaikatānatā dhyānam
« Un flot ininterrompu de connaissance vers cet objet, c'est *dhyānam.* »

Dans son commentaire sur ce sūtra, le sage Vyāsa explique :
« *Dhyānam* est un flot constant de pensées similaires vers l'objet de méditation. »

Amma nous dit toujours que notre pratique du yoga ne devrait pas cesser quand on se lève après la méditation. Elle devrait continuer toute la journée. Comme yoga signifie « concentré sur un point, » toute action accomplie avec une *śhraddhā* extrême devient du yoga.

Ainsi, notre *archana* (la répétition des noms divins) devient du yoga, nos *bhajans* (chants dévotionnels) deviennent du yoga et notre travail devient du yoga.

***

Pendant de nombreuses années, j'ai aidé à servir la nourriture de l'ashram. À l'époque, la cuisine se trouvait là où se trouve aujourd'hui le réfectoire des *brahmachāriṇīs*. Il fallait sortir la nourriture des grands récipients de la cuisine pour la mettre dans des pots plus petits pour le service, les apporter dans le hall, servir tout le monde puis rapporter les récipients à la cuisine pour la vaisselle.

Pour éviter de gaspiller de la nourriture, nous étions censés racler les restes de nourriture avant de donner les récipients à laver. Un soir, alors que nous venions juste de terminer le service et avions rapporté tous les pots à la cuisine, Amma est soudain entrée dans la cuisine. Elle était en mission. Elle est allée tout droit à l'endroit où on faisait la vaisselle et a inspecté tous les pots que nous venions d'y déposer. Dans beaucoup d'entre eux, il restait de petites portions de riz.

Lentement, soigneusement, Amma a raclé tous les pots avec la main et a mis le riz récolté dans une assiette. Quand elle a eu terminé, l'assiette débordait. Elle m'a donné l'assiette en disant : « Akshaya! *Ninte śhraddhā evide ?* Où est ta vigilance ? Il y a des gens sur cette Terre qui n'ont rien à manger et toi, tu gaspilles ! »

Après cette expérience, j'ai fait de mon mieux pour me concentrer sur mon *seva* avec le maximum de *śhraddhā*. J'ai souvent échoué mais parfois, j'ai réussi.

Durant la tournée des États-Unis 2019, pendant un arrêt pour le *chai*, un petit garçon a demandé à Amma si nous pouvions avoir de la pizza. Amma a donné son accord et m'a dit de préparer des pizzas pour notre arrivée à Boston

Préparer des pizzas pour quatre cents personnes, c'était vraiment un gros défi à relever et j'y ai mis le maximum de *śhraddhā*. Pendant que le dernier programme avait lieu dans la grande salle de l'hôtel à New York, nous avons travaillé dur pour préparer et précuire environ cinquante énormes pizzas.

Il fallait ensuite les faire refroidir, les emballer et les charger dans le camion de la cuisine.

Dès que le programme a été terminé, nous avons sauté dans notre véhicule et sommes partis à toute vitesse pour Boston. En arrivant à l'hôtel, il fallait tout décharger, faire réchauffer les pizzas, faire des frites, mettre toute la nourriture dans des récipients qui la gardent au chaud et transporter le tout à l'ashram de Boston. Et tout devait être terminé avant qu'Amma vienne méditer avec les bénévoles.

En plus des pizzas, nous avions préparé des frites, de la crème glacée que nous avions même saupoudrée d'une garniture sucrée multicolore. Miam ! Tout était arrivé à temps, tout était prêt, c'était vraiment étonnant. J'étais fier de moi.

Mais quand Amma a commencé à servir la nourriture, elle m'a fait appeler. Elle était fâchée et m'a dit : « Pourquoi as-tu préparé toute cette nourriture ? Je t'avais juste demandé de préparer des pizzas. Ne sais-tu pas qu'il faut une alimentation équilibrée ? Comment peux-tu servir uniquement de la malbouffe ? Il faut de la variété, des légumes, des vitamines. Il faut manger pour nourrir le corps et pas pour le plaisir. On ne peut connaître la béatitude du Soi qu'en renonçant aux plaisirs du goût. »

Je suis resté là, tête basse. J'avais eu beau me concentrer et faire de mon mieux, mes efforts avaient échoué. J'avais pratiqué la vertu de *śhraddhā* mais le résultat n'était pas satisfaisant. Je n'avais pas écouté, je n'avais pas compris correctement les paroles d'Amma.

En sanskrit, écouter se dit *śhravaṇam.* C'est une vertu essentielle. *Śhravaṇam*, ce n'est pas simplement écouter, c'est aussi comprendre et assimiler l'enseignement. Quand Amma parle de *śhravaṇam*, elle fait un geste qui va de l'oreille au cœur. Il nous faut donc, en plus de *śhraddhā*, pratiquer *śhravaṇam*. Il est quelquefois difficile de comprendre correctement les paroles du guru. Pour en saisir le sens réel, il faut parfois lire entre les lignes.

***

Le 1er mars 2020, je suis allé au darshan. J'ai dit à Amma que j'allais en Europe pour obtenir un nouveau visa et travailler pendant trois semaines. Amma a dit : « Oh ! Il y a aussi des cas de Covid-19 en Allemagne. » J'ai répondu que je n'allais pas en Allemagne car le travail de trois semaines auquel je m'étais engagé était en Suisse.

Amma m'a demandé quand mon visa expirait. J'ai répondu : « Dans deux jours ». Amma m'a donné du *prasād*[1] et je suis parti. Je voyais bien qu'Amma était inquiète mais comme je ne pensais m'absenter que pendant vingt-six jours, je me disais que tout irait bien. Je ne soupçonnais pas que ces vingt-six jours allaient se transformer en 260 jours.

Pendant que j'étais coincé en Europe, j'ai reçu un grand soutien de mes parents, de mes amis et des dévots. Ils m'ont généreusement accueilli sous leur toit et j'ai beaucoup de gratitude envers eux. Malgré cela, quel que soit le lieu où je me trouvais, au bout de quelques semaines, j'étais envahi par la tristesse et le désespoir. Amritapuri est mon foyer et depuis que je suis devenu résident en 1996, je n'étais jamais parti plus d'un mois à la fois.

Je regardais tous les mois le site Internet du Ministère des Affaires Étrangères de l'Inde, guettant le signe d'un changement de politique concernant les visas mais chaque mois, j'étais un peu plus déprimé.

Le 31 mars 2020 on est passé de confinement 1.0 à confinement 2.0. Le 30 avril, de confinement 2.0 à confinement 3.0, etc.

---

[1] Une offrande bénie ou un don reçu d'une personne sainte ou dans un temple, souvent de la nourriture.

Les seuls moments où je trouvais du vrai bonheur et une vraie satisfaction étaient ceux que je passais dans la nature. J'avais une petite tente et un réchaud, j'ai donc décidé de randonner et de faire de la montagne dans les Alpes. J'ai passé en tout près de trois mois dans les montagnes allemandes, autrichiennes, italiennes, suisses et françaises.

J'ai vu des paysages magnifiques et une vie sauvage merveilleuse. Il y a de nombreuses années, Amma m'a dit que pour calmer mon mental, je devais regarder les fleurs, regarder la lune. Les fleurs et la lune devinrent donc ma méditation. C'est une façon de pratiquer *dhāraṇā* et *dhyānam* sans effort.

Je regardais la lune et je me consolais en pensant que la même lune brillait à Amritapuri, pour Amma. Je sais que beaucoup de gens qui m'écoutent aujourd'hui en ligne sont encore coincés loin d'Amma.

Mon cœur connaît votre souffrance et, comme pendant les dix mois qu'a duré la séparation d'avec Amma, j'ai puisé un peu de consolation et de paix dans le fait de contempler la lune avec cette pensée, je recommande à tous d'essayer. Chacun peut suivre le conseil d'Amma : « Regarde les fleurs ; contemple la lune. »

J'aimais franchir les cols montagneux de haute altitude encore couverts de neige. La couverture de neige rend tout pur et magique, c'est comme si on entrait dans un autre monde. Quand je marchais ainsi entre des sommets qui me dominaient de mille mètres de haut et que j'avais sous les pieds des glaciers majestueux, je me sentais petit et humble. Je marchais parfois pendant des jours sans rencontrer personne mais je ne me sentais jamais seul. J'avais le sentiment de marcher dans le giron de Dēvī (la Mère divine) ou sur la paume de Dieu.

Ma seule compagnie était mon mantra. Je récitais parfois le *mahāmṛityuñjaya mantra*[2] en imaginant qu'Amma m'accompagnait en *Śhiva bhāva* (c'est-à-dire identifiée intérieurement à Śhiva et ainsi vêtue) les cheveux attachés en chignon au sommet de la tête et un châle de prière jaune noué derrière la nuque.

Un jour, je randonnais en Suisse et j'ai dû traverser une grande chaîne de montagne. La plus grosse difficulté était de franchir la falaise du glacier de Nollen. Les crampons légers fixés sur mes chaussures ne mordaient pas la glace. J'ai donc dû creuser de petites marches dans la glace pour y placer mes pieds et mes mains. Je creusais le trou pour les mains, puis pour les pieds, puis je faisais rentrer mon piolet aussi fort que je pouvais dans la glace au-dessus de ma tête et je me hissais ainsi plus haut ; ensuite, je répétais l'opération.

Je ne remarquai même pas le passage du temps. C'est seulement une fois arrivé au sommet que je me suis rendu compte qu'il s'était écoulé deux heures. La tâche était extrêmement simple et répétitive mais j'ai pu me concentrer sur elle pendant deux heures. Si j'ai pu le faire, c'est parce que je savais que la moindre erreur de ma part serait sans doute la dernière.

Pendant cette ascension, j'avais une telle *śhraddhā* qu'il n'y avait absolument aucune place ni pour la peur ni pour aucune pensée négative qui aurait voulu s'infiltrer dans la queue.

Je me suis ensuite demandé pour quoi je ne pouvais pas toujours avoir la même *śhraddhā*. La vérité, c'est que la prochaine respiration, ici et maintenant, pourrait être la dernière. On pourrait attraper le Covid ; on pourrait mourir dans un accident de voiture dans le prochain voyage ; on pourrait mourir d'une crise cardiaque en descendant les escaliers. Quand Amma dit cela, on pense peut-être que c'est juste une histoire inventée par

---

[2] Célèbre mantra invoquant le Seigneur Śhiva, le vainqueur de la Mort.

Amma pour nous faire peur. Mais non. Nous savons tous que de telles choses arrivent.

Amma donne l'exemple d'une horloge qui fait tic tac, tic tac. La mort se rapproche de nous à chaque tic et à chaque tac. Si vous n'entendez pas l'horloge, mettez la main sur votre cœur. Chaque battement nous rapproche de la mort et nous n'avons pas la moindre idée du nombre de battements qui nous restent avant de rencontrer la mort. L'avenir n'est pas entre nos mains ; la seule chose garantie, c'est le moment présent.

Le *bhajan* d'Amma *Kāḷī Mahēśhvariyē*, dit :

> *kāḷī-mahēśhvariyē jaganmātē kaitozhām ende ammē*
> *ōrō nimiṣham eṇṇi-inchiñchāyi chattu tulayuvōril*
> *hanta ñānum tulayum enna chinta nalkāttorammē tozhām*
> « Je me prosterne devant Toi, Ô Mère divine ; bien que la mort soit omniprésente autour de nous, Tu voiles à nos yeux la pensée : « Oh ! Moi aussi je vais mourir ».

Le jour où j'ai escaladé la falaise de glace, j'ai pris conscience de l'immense différence qu'il y a entre la vie ordinaire et une vie remplie de *śhraddhā*. J'ai puisé dans un potentiel auquel nous n'avons normalement pas accès et quand je suis allé me coucher cette nuit-là, je savais que j'avais donné le meilleur de moi-même. Mais combien de fois ai-je pu avoir cette conviction dans ma vie quotidienne ? Ce potentiel est toujours là, à l'intérieur de nous, mais quelle qu'en soit la raison, nous sommes incapables d'y puiser.

Comme du sable, le temps nous file entre les doigts et bien souvent, j'ai le sentiment que j'avance à quatre pattes dans la vie, sans même tenter d'escalader les montagnes que je rencontre. Pourquoi suis-je incapable de donner le meilleur de moi-même quand je récite l'*archana* ? Pourquoi ne puis-je pas donner le meilleur de moi-même pendant le cours sur les *śhāstras* (les

Écritures) ? Pourquoi ne puis-je faire de mon mieux en faisant mon travail ?

Ce que je veux dire, c'est qu'il ne s'agit pas d'être le meilleur mais de donner le meilleur de soi-même. Qui, parmi nous, peut affirmer qu'il donne le meilleur de soi-même dans toutes les situations ? Eh bien... Je ne connais qu'une seule personne.

Non seulement aujourd'hui mais chaque jour de sa vie, Amma donne le meilleur, le maximum. Sa vie entière est un documentaire sur *śhraddhā*. Amma nous montre par son exemple ce que signifie « vivre dans le présent ».

Dans la montagne, assis chaque soir dans ma tente, j'allumais ma lampe frontale et je planifiais méticuleusement la journée du lendemain. Je regardais la carte : Quelle distance fallait-il parcourir ? Quelle était la difficulté du terrain ? Y avait-il un danger d'éboulement ou d'avalanche ? Quel temps allait-il faire ? Etc.

Amma nous dit qu'il faut faire la même chose dans la vie spirituelle. On doit être conscient des buts que l'on veut atteindre. Quels sont mes buts dans la vie ? Quels sont mes buts pour ce mois-ci ? Quel est mon but pour aujourd'hui ?

C'est *śhravaṇam* qui nous aide à définir ces buts et c'est *śhraddhā* qui nous aide à les atteindre. Tandis que *śhravaṇam* indique la direction à suivre, *śhraddhā* est le moteur qui propulse la fusée de notre vie et la fait avancer. *Śhraddhā* et *śhravaṇam* sont inséparables. *Śhraddhā* et śhravaṇam nous donnent la capacité de vivre réellement dans le moment présent. Ce sont en fait ces qualités qui nous permettent de comprendre le sens réel de carpe diem :

Le moment présent est infiniment précieux. Il faut l'utiliser pour réaliser sa vraie nature. Carpe diem ! Profite de ce jour ! *ī nimiśham mātrame nammaḷude kaiyyil ullu !*

3

La Grâce dans ma vie

Dr. Shyamasundaran – Inde

Le Seigneur Kṛiṣhṇa et son disciple, le guerrier Arjuna, se promenaient un jour au bord d'une rivière. Kṛiṣhṇa demanda à Arjuna : « Qui donc est le meilleur guerrier sur cette terre ? » Sans hésiter, Arjuna répondit : « C'est moi ! » Kṛiṣhṇa, sidéré par la réponse d'Arjuna, lui dit : « Comment peux-tu être aussi fier de tes capacités ? »

Arjuna répondit : « Pourquoi pas Bhagavān (Seigneur) ? Qu'est-ce qui m'empêche d'être le meilleur guerrier au monde alors que je suis un instrument entre tes mains ? » Arjuna reconnaît ainsi la nature divine de Kṛiṣhṇa et il a conscience de la chance qui est la sienne. En ce qui me concerne, je suis longtemps resté ignorant des opportunités qui m'avaient été offertes dans la vie. Il a fallu qu'Amma m'ouvre les yeux.

Chaque jour, de nombreuses fleurs sont offertes en adoration à l'ashram. Certaines fleurs ont vraiment beaucoup de chance et sont offertes pendant l'*ārati*[3] du soir, durant lequel Amma est physiquement présente. Ces fleurs sont finalement offertes aux pieds sacrés d'Amma.

Et le mardi, quand c'est le jour du déjeuner-*prasād*, quelle chance ont les assiettes qui passent entre les mains divines d'Amma et qu'elle touche ! Dans les deux cas, ni les fleurs ni les assiettes n'ont conscience de leur immense chance.

---

[3] L'*ārati* est un rituel traditionnel qui consiste à décrire des cercles avec une flamme devant le guru ou la déité ; cela est généralement fait vers la fin de la *pūjā* ou de l'adoration.

Dans mon cas, je pense que je suis à la fois une des assiettes du déjeuner et une de ces fleurs bénies. Bien que je n'aie pas fait beaucoup d'efforts et bien que, jusqu'à récemment, je n'aie pas eu conscience de ma grande chance, dans sa générosité, notre Amma omnisciente m'a choisi comme un de ses fils, me donnant ainsi l'occasion de goûter à la béatitude éternelle.

Notre famille connaît Amma depuis que je suis enfant et j'ai reçu son darshan de nombreuses fois. J'ai aussi assisté aux *bhajans* (chants dévotionnels), aux *satsangs* (enseignements sur la spiritualité), j'ai participé au *seva* (service désintéressé) etc., mais je n'avais pas du tout conscience du caractère si précieux de ces instants et j'ai vécu ces expériences de manière mécanique.

Je considérais ces expériences comme normales et je faisais simplement comme tout le monde. Je n'avais pas un lien très fort avec Amma... je veux dire, de mon côté. J'ignorais comment prier Amma du fond du cœur et je ne pleurais jamais en appelant Amma. Bon, peut-être que cela m'est arrivé dans certaines situations difficiles mais jamais je n'ai pleuré sans une raison ou une autre. Malgré tout cela, Amma m'a choisi et a répandu sur moi son amour.

***

Le sujet de mon *satsang*, c'est *kṛipā*, la grâce, dans ma vie.

Pour obtenir *gurukṛipā* (la grâce du guru), trois choses sont nécessaires :

- Le chercheur spirituel doit avoir de la dévotion pour le guru.
- Il doit travailler, servir le guru.
- Il doit se consacrer à un chemin spirituel.

Le guru accorde sa grâce par une intention ou simplement par le pouvoir de sa présence.

La grâce est comme le parfum d'une fleur. On ne peut pas l'expliquer, on peut seulement en faire l'expérience. Comme le dit Amma : « On ne peut pas connaître la douceur du miel en léchant un papier sur lequel est écrit le mot « miel ». Pour connaître le goût du miel, il faut le goûter. »

Il ne suffit donc pas de penser à la grâce ou d'en parler. C'est seulement quand on en fait l'expérience directe que l'on peut comprendre de quoi il s'agit. Quand on a le nez bouché, le parfum d'une fleur ne nous attire pas. De même, quand on a trop d'ego, on risque de passer à côté de la grâce qui se répand sur nous.

En réalité, nous sommes toujours immergés dans la grâce. Développons la capacité d'en faire usage ; développons la capacité de voir la grâce en tout, en toute expérience, qu'elle soit bonne ou mauvaise.

Amma dit souvent que le lotus parfumé s'épanouit grâce à la nourriture qu'il tire de la boue où il a ses racines. J'étais ignorant de la grâce qui illuminait ma vie et je vivais selon mes *vāsanās*, les tendances latentes de mon mental. Mais Amma a toujours été et continue d'être la lumière sous-jacente qui guide ma vie. Je considère donc que sa présence elle-même est une immense source de grâce et d'amour.

Voici une anecdote qui montre comment j'ai reçu, de façon déguisée, la grâce d'Amma :

Après mes études secondaires à l'école d'Amma (Amrita Vidyalayam) de Kodungallur, je voulais poursuivre des études supérieures dans une des institutions d'Amma. Je nourrissais aussi depuis longtemps le désir de vivre à l'ashram. Je pensais que si j'arrivais à être admis à l'université d'Amma où on enseigne l'ayurveda[4], ici à Amritapuri, je pourrais vivre à l'ashram.

---

[4] La médecine traditionnelle ancienne de l'Inde.

Malheureusement, cela ne fut pas le cas et je dus partir dans le Karnataka pour obtenir ma licence en médecine et en chirurgie ayurvédique (BAMS) puis mon doctorat en médecine (MD). Pendant cette période, chaque fois que je venais au darshan, Amma me donnait des conseils. Une fois que j'ai eu mon doctorat en médecine, j'ai pensé que je pourrais peut-être travailler à l'université d'Amma, à la faculté d'ayurveda, et Amma était même d'accord pour que je pose ma candidature afin d'y décrocher un emploi.

Je me voyais enfin vivre à l'ashram, participer aux tournées d'Amma, vivre de merveilleux moments avec Amma comme les *room darshans* (des darshans privés pour les résidents de l'ashram), nager avec Amma dans la piscine, être témoin des fêtes où Amma offre pour le dîner des *masālā dōsā*[5]; etc.

Le destin voulut qu'à ce moment-là, il n'y eût justement pas de poste vacant dans ma spécialité. Et il n'était pas du tout certain qu'il y en aurait un dans un avenir proche ! N'ayant pas le choix, je suis parti travailler dans le Gujarat, dans une université qui enseigne l'ayurveda. Quinze jours plus tard, j'ai reçu un coup de téléphone de l'université d'Amma me disant qu'un poste s'était libéré !

Malheureusement, l'université dans le Gujarat ne m'a pas permis de rompre mon contrat juste après avoir été embauché, j'ai donc manqué une occasion en or ! J'étais très triste mais je n'avais pas le choix : je devais continuer à travailler dans le Gujarat.

Au bout d'un an et demi, le directeur de l'institution m'a fait appeler dans son bureau en menaçant de me renvoyer car quelqu'un s'était plaint que je ne faisais pas mon travail. J'avais de bonnes relations avec tous mes collègues et j'avais travaillé au mieux de mes capacités ; ce fut donc un choc pour moi. Je me

---

[5] Une crêpe salée et garnie, plat typique de l'Inde du Sud.

suis mis en colère et j'ai répondu avec force : « Je démissionne ! » Quand j'y repense à présent, je suis étonné de ma réaction. D'habitude, je ne réponds pas de façon aussi tranchante. Je ne sais pas ce qui m'a pris. J'ai quitté le bureau. Je ne savais absolument pas quoi faire.

Je me suis calmé, j'ai appelé Swāmī Śhankarāmṛtānanda, le directeur de la faculté d'ayurveda d'Amma, et je l'ai informé de ma décision de démissionner. Quelle n'a pas été ma surprise quand il m'a sur-le-champ offert un poste à la faculté ! Je débordais de joie ! Je pouvais enfin venir vivre à Amritapuri.

Quand je repense à cette expérience, je vois qu'il n'y avait aucune raison pour qu'un tel incident se produise. Je suis donc certain qu'Amma a créé cette situation pour me ramener à la maison.

Je me rends compte aussi que j'étais attaché à mes choix. C'est seulement quand j'ai lâché prise et que j'ai accepté ce qui m'était donné que j'ai reçu la grâce d'Amma. Quand j'ai ouvert les portes qui étaient fermées, la grâce d'Amma, qui était déjà là, a coulé à flots.

Comme Arjuna sur le champ de bataille, j'étais dans la confusion et je n'avais pas d'autre choix que de m'abandonner à Amma. En m'abandonnant à elle, je suis devenu un instrument entre les mains de mon Amma bien-aimée. Comme le dit Kṛiṣhṇa à Arjuna dans la *Bhagavad Gītā*, chapitre 11, verset 33 :

> *nimitta-mātraṁ bhava savya-sāchin*
> « Ô maître-archer, sois simplement un instrument. »

Néanmoins, il me semble qu'il y a une différence entre Arjuna et moi. Kṛiṣhṇa s'adresse à Arjuna en l'appelant *savyasāchin*, ce qui signifie « maître-archer ». Moi en revanche, je ne suis pas un maître dans l'art de vivre ; Amma a donc dû arrondir les angles de ma personnalité en me confrontant aux difficultés de la vie.

Grâce à ces expériences j'ai pu apprendre des leçons que j'aurais manquées autrement.

Bien que je ne sois pas encore totalement un « maître », Amma m'a montré comment le devenir. Quand on devient un instrument docile entre les mains d'Amma, en abandonnant l'attachement à ses préférences, Amma peut nous guider vers l'état de *savyasāchin*. Je prie Amma de me donner de nombreuses occasions d'apprendre à devenir vraiment son instrument. La voie qui mène au bonheur est déjà tracée pour chacun de nous. C'est à nous de choisir le moment où nous décidons de suivre cette voie, ce que nous voulons en apprendre, et l'intensité de notre désir d'atteindre le but.

Le *Charaka Saṁhitā*[6] dit dans le *Sūtrasthānam*, chapitre 9, versets 24 et 26 :

> *śhāstraṁ jyōtiḥ prakāśhārthaṁ darśhanaṁ buddhirātmanaḥ*
> *tābhyāṁ bhiṣhak suyuktābhyāṁ chikitsannāparādhyati*
> « Le *śhāstra* (l'Écriture) est comme une lanterne et *buddhi* (l'intellect) est l'œil. Quand un *vaidya* (un médecin) est équipé des deux, le traitement n'échoue jamais. »
>
> *maitrī kāruṇyamārtēṣhu śhakyē prītirupēkṣhaṇam*
> *prakṛitisthēṣhu bhūtēṣhu vaidyavṛittiśhchaturvidhēti*
> « Le *vaidya* devrait posséder (quelques qualités indispensables telles que) *maitrī* (la bienveillance), *kāruṇya* (la compassion), l'amour pour les patients et le discernement dans son jugement. C'est seulement ainsi qu'il peut réussir dans sa profession. »

---

[6] Un texte sanskrit ancien qui explique de manière exhaustive les principes et les pratiques de l'Ayurveda.

La connaissance des Écritures est donc indispensable pour qu'un *vaidya* puisse travailler correctement. On appelle cela *śhāstra kṛipā* (la grâce des Écritures).

L'ayurveda n'est pas seulement la plus ancienne science médicale au monde, c'est aussi un *shāstra* qui a été transmis de génération en génération par une grande lignée de *ṛiṣhis*[7]. L'ayurveda a pour but d'obtenir et de conserver une bonne santé, ce qui est une aide pour atteindre le but ultime de la vie, la réalisation du Soi. Les pratiques de l'ayurveda ont leurs racines dans les vertus, et cette science croit qu'on ne peut guérir autrui que grâce à une approche saine, de type holistique.

Je me rappelle une expérience qui le montre bien :

C'était en 2012 et j'étais de garde la nuit dans un hôpital de 350 lits ; l'hôpital était plein, c'était une nuit très chargée. Je devais m'occuper de nombreux patients. Il y avait parmi eux une femme d'âge moyen qui m'appela à l'aide de façon répétée. Elle souffrait d'insomnie chronique. Les autres médecins qui faisaient les gardes de nuit la trouvaient difficile, parce qu'elle les appelait tout au long de la nuit et demandait toujours quelque chose de plus pour l'aider à dormir.

On avait essayé de nombreux médicaments et thérapies mais rien ne semblait vraiment fonctionner. J'étais désolé pour elle et je voulais trouver un moyen de l'aider à dormir au moins un peu. Mais j'étais aussi désolé pour moi-même car on avait déjà essayé de nombreux médicaments et maintenant, c'était mon tour de faire quelque chose... Je ne savais vraiment pas quoi tenter !

Je savais que si je ne réussissais pas, elle m'appellerait sans cesse ce qui m'empêcherait de m'occuper des autres malades. La situation était donc délicate. J'ai choisi un médicament bien moins fort que ceux qu'elle prenait puisque les autres docteurs

---

[7] Des sages (ceux qui ont vu) auxquels les mantras ont été révélés dans leur profonde méditation.

avaient déjà épuisé la liste habituelle des remèdes et des traitements destinés à traiter son problème. Je suis allé voir la malade, j'ai pris le médicament dans les mains, j'ai fermé les yeux et j'ai prié Amma. Puis je le lui ai donné et je lui ai dit de le prendre. Elle aussi a prié avant de prendre le remède.

Ensuite, je lui ai dit de retourner se coucher et je lui ai affirmé avec assurance qu'elle s'endormirait d'ici quinze à vingt minutes. Elle a fait ce que je lui avais dit et j'ai quitté sa chambre en croisant les doigts. Je me suis occupé d'autres malades et au petit matin, elle ne s'était pas manifestée. Surpris et curieux, j'ai voulu savoir si ma « pilule magique » avait fonctionné.

J'ai entrouvert doucement la porte de sa chambre, j'ai jeté un œil et j'ai vu qu'elle dormait comme un bébé ! Très heureux, j'ai remercié Amma de ce résultat étonnant. Je sais maintenant qui m'a donné la confiance nécessaire pour lui assurer qu'elle s'endormirait rapidement. Le lendemain, quand son médecin est passé, elle lui a dit qu'elle avait dormi très paisiblement cette nuit-là pour la première fois depuis des mois !

Son médecin était très curieux de savoir quelle pilule magique je lui avais donnée. Quand il a appris ce que c'était, il a été très surpris et tout le personnel de l'étage aussi car il s'agissait d'un médicament doux et simple. Après cela, son médecin lui a toujours prescrit ce médicament et elle a continué à très bien dormir.

Si je raconte cette histoire, ce n'est pas pour me vanter de mon intelligence mais pour montrer que toute cette situation n'était rien d'autre que le jeu divin *(līlā)* d'Amma.

Amma nous dit qu'il ne suffit pas d'avoir confiance dans son médecin ou de prendre les remèdes prescrits pour guérir. En plus de tout cela, il faut suivre ce qu'on appelle pathyam : un régime alimentaire et un style de vie appropriés pour traiter la maladie. Cependant, cette expérience m'a enseigné qu'en outre, la grâce divine est essentielle.

Amma dit : « La compassion demeure en chacun de nous mais il nous est difficile de la ressentir et de l'exprimer dans nos actions. Si nous voulons apporter la paix au monde extérieur, nous devons nous tourner vers l'intérieur et chercher profondément en nous-même. Il faut d'abord que notre monde intérieur soit en paix. »

Quand j'ai eu le désir intense d'aider cette malade, je me suis tourné vers l'intérieur, vers Amma. Elle a fait de moi son instrument, elle est intervenue avec compassion et en même temps, elle m'a donné un avant-goût de la paix intérieure et du contentement.

***

Je voudrais raconter une autre de mes expériences, au cours de laquelle j'ai reçu la grâce d'Amma sous la forme de la bénédiction de Saraswatī Dēvī[8] :

Quand j'étais au lycée à Amrita Vidyalayam, j'ai traversé une période difficile dans mes études. Je ne réussissais pas bien aux examens alors que je faisais beaucoup d'efforts. Cela me rendait malheureux.

Le curriculum de l'école nous imposait de tenir un journal. Nous écrivions chaque jour dans notre journal et remettions ensuite ce que nous avions écrit à Swāminī Gurupriyāmṛita Prāṇajī. Elle lisait cela personnellement et faisait des commentaires ou des suggestions. Nous étions libres d'écrire sur n'importe quel sujet. J'écrivis un jour que j'avais des difficultés, que je n'étais pas capable de bien me concentrer ou de bien réussir aux examens.

[8] La déesse des arts et de la connaissance.

En réponse, Swāminī me dit de poursuivre mes efforts et de façon surprenante, elle ajouta que je devais aider à m'occuper des vaches de l'école ! J'étais enchanté parce que j'aime beaucoup les vaches. L'emploi du temps que nous suivions à Amrita Vidyalayam était très serré. Il fallait prendre soin des vaches entre les cours, les repas et nos pratiques spirituelles. Cela nous donnait des points en plus mais c'était un travail dur.

Il fallait nettoyer l'étable, laver les vaches, les emmener paître dans la prairie, les nourrir, etc. J'aimais beaucoup le *seva* des vaches. En regardant en arrière, je me rends compte que ce *seva* a contribué à résoudre beaucoup de mes problèmes. Ce n'était pas le seul facteur mais une fois que j'ai commencé ce *seva*, j'ai été capable de mieux travailler et j'ai mieux réussi mes examens. Cette forme de bénédiction de Saraswatī était pour moi une leçon nouvelle.

Quand une action est accomplie avec *satbhāva* c'est-à-dire avec l'attitude juste, une totale sincérité et en acceptant les résultats, quels qu'ils soient, comme un *prasad*, *(prasāda buddhi)*, en acceptant tout ce qui arrive comme la volonté de Dieu, cela devient du *karma yōga* (le yoga ou la voie de l'action désintéressée). Cela nous aide à évoluer. Des études scientifiques ont montré que le fait de s'occuper des vaches réduit le stress et augmente les pensées positives ; c'est devenu une thérapie.

Je m'incline devant toutes les *brahmachāriṇīs* qui enseignent à Amrita Vidyalayam et qui ont pris soin de nous comme si nous étions leurs propres enfants ; elles nous ont inculqué les valeurs morales. J'ai vraiment une dette envers elles.

Une autre forme de grâce est appelée *ātmā kṛipā* (la grâce du Soi). Pendant que j'étais dans le Gujarat, j'ai eu une expérience inhabituelle au sujet de la grâce du Soi. En un seul mois, j'ai été témoin de trois accidents de la route. Il n'y avait chaque fois que très peu de personnes présentes et j'ai couru aider les victimes.

Pour chacun de ces accidents, j'ai dû porter les premiers secours et appeler une ambulance.

Une fois que j'ai eu commencé à m'occuper des victimes, d'autres personnes se sont jointes à moi. Dans deux de ces accidents, par la grâce d'Amma, toutes les victimes ont pu être sauvées. J'ai fortement ressenti que j'étais un instrument utilisé pour aider ces personnes dans ces situations périlleuses. Et j'ai appris de précieuses leçons. D'abord, cela m'a fait comprendre à quel point la vie est fragile et incertaine.

Ensuite, j'ai appris que chacun peut recevoir dans sa vie des opportunités de devenir un instrument ; mais c'est à chacun qu'il appartient d'agir et d'attirer à lui la grâce de Dieu. C'est peut-être ce que veut dire Amma quand elle parle d'*ātmā kṛipā* ou *svayam kṛipā* (la grâce du Soi ou sa propre grâce).

***

La grâce d'Amma s'est également manifestée dans ma vie sous la forme de mes parents. J'ai la chance d'avoir des parents merveilleux et je leur dois beaucoup. Mon père est un être raffiné et très obligeant. Ma mère a une foi profonde en Amma et beaucoup d'amour pour elle. Elle fut la première de notre famille à venir vivre à Amritapuri. Elle suit fidèlement l'emploi du temps de l'ashram et par son exemple, elle m'a appris à être ponctuel et régulier dans mes activités.

***

Quand nous avons rencontré Amma, je devais avoir neuf ou dix ans. Nous habitions Bangalore. Une grande foule était venue assister au programme d'Amma mais nous avons trouvé des places assises et j'ai regardé Amma chanter les *bhajans*. Puis nous avons fait une longue queue et nous avons reçu le darshan.

Ensuite, nous sommes allés voir Amma chaque fois qu'elle venait à Bangalore.

Il n'y avait à l'époque ni temple *brahmasthānam*[9] ni école Amrita Vidyalayam à Bangalore. Nous participions aux *bhajans* organisés chez d'autres dévots et une fois par an, nous allions à Amritapuri.

Lors d'une de ces visites, nous avons rencontré un ancien parmi les dévots, Sri Padmanabhan Achan (que l'on appelle affectueusement Pappettan) et il a recommandé que je fréquente l'école Amrita Vidyalayam à Kodungallur. Sa suggestion a marqué un changement significatif dans notre vie et m'a permis d'approfondir ma relation avec Amma. C'est ainsi qu'Amma m'a rapproché d'elle.

Le confinement dû au Covid s'avéra une excellente expérience pour moi. Avant le Covid, je vivais certes à l'ashram mais je n'avais pas l'occasion de m'impliquer beaucoup dans les différentes activités qui s'y déroulent.

Je faisais simplement des allers-retours entre l'ashram et mon travail à la faculté d'ayurveda. Mais la pandémie m'a donné de nombreuses occasions de participer activement au seva de l'ashram et cela m'a rendu très heureux.

Grâce au *seva*, j'ai pu faire la connaissance de nombreux résidents de l'ashram et nous sommes devenus une famille. Je remercie Amma de m'avoir donné ces chances de servir et de prendre contact avec d'autres résidents de l'ashram. Par la grâce d'Amma, nous avons maintenant une équipe solide de bénévoles, impliqués dans différentes activités de *seva*.

***

[9] Mot à mot « La demeure de Brahman » Les temples qu'Amma a consacrés en Inde et à l'Île Maurice.

J'aimerais vous raconter une autre expérience où j'ai reçu la grâce :

Lors d'un darshan en groupe avec d'autres résidents de l'ashram pendant le confinement, j'ai eu une place tout près d'Amma. Amma prenait des nouvelles de la santé des résidents et demandait quelles étaient les précautions prises contre le Covid.

Amma m'a regardé droit dans les yeux et paraissait s'adresser directement à moi pendant tout ce temps. J'ai eu le sentiment qu'à travers moi, Amma parlait à tous. Cela m'a fait penser à ce que Yaśhōdā a dû ressentir quand elle a vu l'univers dans la bouche du bébé Kṛiṣhṇa ou à ce qu'Arjuna a pu éprouver en voyant la forme universelle de Kṛiṣhṇa ou encore, à ce que Śhabarī a ressenti quand elle a finalement rencontré le Seigneur Rāma.

Merci Amma, pour cette expérience mémorable. Jamais auparavant je n'avais eu l'occasion d'être aussi longtemps en présence d'Amma.

Au chapitre 9, verset 22 de la *Bhagavad Gītā*, le Seigneur Kṛiṣhṇa dit :

> *ananyāśhchintayantō māṁ yē janāḥ paryupāsatē*
> *tēṣhām nityābhiyuktānāṁ yōgakṣhēmaṁ vahāmyaham*
> « Je pourvois aux besoins de ceux qui méditent constamment sur Moi et Me vénèrent, fermes dans leur adoration ; Je protège leurs biens. »

Si on s'abandonne au Divin sous la forme de notre guru, elle nous guide dans les décisions essentielles, elle nous aide en allégeant nos difficultés et prend part à notre bonheur.

Amma s'est occupée de tous les détails de ma vie. Elle a longtemps cherché une épouse pour moi et je croyais sincèrement que j'étais prêt à épouser toute personne qu'Amma choisirait. Mais chaque fois qu'une proposition m'était faite, je découvrais que j'avais des pensées critiques. Je m'accrochais à mes préférences et dans ce domaine, je n'avais pas tout déposé aux pieds d'Amma.

Je me suis rendu compte à quel point il est difficile de faire confiance à la volonté d'Amma ! Finalement, Amma dans sa compassion, est descendue à mon niveau et a exaucé tous mes désirs. J'ai maintenant une épouse très aimante et qui me comprend. Amma, merci pour ta grâce infinie.

Je souhaite conclure par une courte prière en hindi :

> *har karm mērā hē prabhū*
> *pūjā tērī ban jāyē*
> *kadam baḍhe nit rāḥ par*
> *tujh se milan karāyē*
> « Puisse chacune de mes actions être une offrande qui Te soit dédiée, puissé-je avancer vers Toi et me fondre en Toi. »

Amma, puissions-nous tous devenir plus sensibles à la grâce et apprendre à accepter les choses avec une attitude positive, afin que le cœur de chacun s'ouvre et que nous invoquions tous cette grâce infinie, *kṛipā*, dans laquelle nous demeurons pour l'éternité.

4

Amma : Notre divine Sauveteuse

Rasya – États-Unis

Il y a des années, à la fin d'un tour, nous étions assis autour d'Amma dans un aéroport. Elle allait repartir en Inde et ceux d'entre nous qui ne l'accompagnaient pas étaient profondément tristes. Amma restait là, sans parler, et regardait chacun de nous avec amour. Quelqu'un à côté de moi a rompu le silence. « Amma, tu me manques tellement quand tu n'es pas là et je dois admettre que parfois, je n'ai pas le sentiment que tu es avec moi. »

Amma a tendu la main et a pris celle du jeune homme. Elle a dit : « En vérité, Amma ne peut jamais être séparée de ses enfants mais c'est à vous qu'il appartient de vous éveiller à la réalité de cette unité. » Sachant peut-être que la plupart d'entre nous n'étions pas prêts à digérer cette vérité de l'*advaïta* (la non-dualité), Amma a ajouté : « Considérez cela comme une pratique. »

Elle a ajouté : « Quoi que vous fassiez, imaginez qu'Amma est à côté de vous et le fait avec vous. Pensez : « Que ferait Amma ? Que dirait Amma ? » Essayez de voir le monde avec les yeux d'Amma. Pensez à elle et sachez qu'Amma est toujours avec vous, à chaque instant de votre vie. » En jetant un regard à la ronde, Amma a vu que tous les yeux étaient remplis de larmes ; elle a ajouté doucement : « Comment pourrais-je ne pas être avec vous ? »

Au chapitre 6, verset 30 de la *Bhagavad Gītā*, le Seigneur Kṛiṣhṇa (une incarnation divine) dit la même chose :

yō māṁ paśhyati sarvatra sarvaṁ cha mayi paśhyati
tasyāhaṁ na praṇaśhyāmi sa cha mē na praṇaśhyati

> « Celui qui Me voit en toute chose et voit toute chose en Moi n'est pas séparé de Moi et Je ne suis pas séparé de lui. »

Le conseil d'Amma ce jour-là et ce verset sont comme une invitation à voir le Divin dans toutes les expériences de la vie. Amma dit que la vie spirituelle (les pratiques faites devant un autel) et la vie dans le monde (par exemple aller travailler) ne sont pas séparées. Il n'y a qu'une seule vie. Si nous le comprenons, alors tout événement de notre vie peut devenir notre pratique, notre voie vers Dieu.

***

J'ai rencontré Amma en 1987 quand j'avais quinze ans. Mais en réalité, les faits qui ont mené à ma rencontre avec Amma ont commencé vingt ans auparavant, avant ma naissance.

Au milieu des années 60, ma mère est partie en Inde pour étudier la philosophie à l'université de Madras et dans le même temps, elle s'est mise à étudier le haṭha yōga auprès du maître de yoga Kṛiṣhṇamāchārya. C'est là qu'elle a rencontré mon père, un hippie itinérant en quête du sens de la vie. Pendant plusieurs années, mes parents ont fait des allers-retours entre l'Inde et les États-Unis et quand ma mère rentrait aux États-Unis, elle enseignait le yoga.

Un des élèves de yoga de ma mère avait dix-huit ans et il avait soif de tout ce qu'elle offrait dans ses cours. C'est ma mère qui a fait découvrir à ce jeune homme le *Sanātana dharma*[10], et qui lui a donné son premier exemplaire de la *Bhagavad Gītā* ; ils discutaient de ce texte après les cours.

---

[10] La « loi éternelle » ou « le Principe éternel », le nom d'origine de l'Hindouisme.

Elle lui a dit : « Tu devrais aller en Inde ; tu ferais un bon moine. » Certains d'entre vous reconnaîtront le nom de ce jeune homme : Neal Rosner. Neal partit effectivement pour l'Inde et finit par devenir l'un des premiers disciples occidentaux d'Amma ; il porte maintenant le nom de Swāmī Paramātmānanda Puri.

Au moment de la préparation du premier Tour du Monde d'Amma, Nealu Swāmī (comme on l'appelait alors) demanda à mes parents s'ils accepteraient d'accueillir le programme d'Amma. Ils acceptèrent. Amma est venue aux États-Unis en mai 1987 et elle est arrivée littéralement à ma porte.

Au cours de cette première tournée, Amma et les swāmīs logèrent dans notre maison, dans la campagne du Wisconsin. Amma donnait le darshan du matin dans notre salon. Selon la tradition, notre ferme comprenait aussi une belle grange, peinte en rouge ; elle était vide.

Comme il était prévu qu'Amma donne le darshan du *Dēvī Bhāva*[11] à la ferme et que le salon était déjà plein pendant le darshan normal, il fallait trouver un endroit plus grand. Il fut décidé d'utiliser la grange qui était vaste et vide.

Ce n'était pas un lieu digne de recevoir la reine de l'univers mais Amma voulait seulement un endroit où recevoir ses enfants. Ma mère et mon père sortirent tous les tissus indiens et les tentures murales qu'ils avaient rapportés de leur dernier voyage en Inde et, avec l'aide de nombreuses autres personnes, ils confectionnèrent un temple de *Dēvī Bhāva* dans la grange.

Cette nuit-là, la route de campagne endormie, normalement déserte, était bordée de voitures sur un kilomètre dans les deux sens. La grange était pleine, il y avait même des gens assis dans l'herbe verte, sous les étoiles, et très heureux de l'être.

---

[11] La « manifestation divine de Dēvī » ; à cette occasion Amma révèle son unité avec la Mère divine.

Cette année-là, en parlant de moi, Amma a dit à ma mère : « Merci de l'élever. » La pauvre Amma est encore en train de finir cette tâche... je suis un grand bébé !

Amma venait chaque année aux États-Unis et chaque année, je m'attachais un peu plus à elle. Très vite, j'ai acheté une photo d'Amma et je l'ai gardée dans mon casier à l'école. Pendant les examens, elle voyageait avec moi dans mon sac à dos, de salle de classe en salle de classe. Pendant ces moments de tension, je savais que je n'étais pas seule.

Une fois sortie du lycée, ma photo d'Amma et moi sommes parties à l'université pour y étudier le métier d'actrice. La transition ne s'est pas bien passée pour moi et je me suis rendu compte que ce n'était pas du tout la vie que je désirais. Assise sur mon lit dans le dortoir, je pleurais en regardant la photo d'Amma : « Amma, je t'en prie, aide-moi ».

Quand Amma est revenue pour la tournée suivante, je lui ai demandé si je pouvais aller vivre à l'ashram de San Ramon (appelé M.A. Center). Elle a dit oui et a ajouté que je devais terminer mes études. Alors je me suis inscrite à l'Université de Californie et en août 1990, j'ai emménagé au Centre de San Ramon. J'avais dix-huit ans. Et devinez qui était le swāmī qui dirigeait le centre ? Nealu Swāmī ! Quand il avait dix-huit ans, ma mère avait joué un grand rôle dans son voyage spirituel ; maintenant, j'avais dix-huit ans et je me retrouvais sous son aile. Nous avions chaque jour un cours sur les Écritures et des bhajans avec le futur Swāmī Paramātmānandajī !

Je ne me doutais pas que j'allais vivre et grandir au Centre de San Ramon pendant plus de vingt ans !

***

J'ai alors commencé à voyager avec Amma, à l'accompagner pendant les tournées en Occident et je suis venue à Amritapuri pour la première fois en 1992. Un monde entièrement nouveau s'est ouvert à moi. Ces souvenirs sont des trésors : le darshan dans la hutte en feuilles de cocotier tressées ; les moments passés le soir à regarder de vieux films spirituels (les épopées de l'Inde) dans le jardin d'Amma, en bas de sa chambre ; et tous les jours de *Dēvī Bhāva*, Acchamma, la grand-mère d'Amma, m'enseignait comment faire des guirlandes. Elle m'appelait et me jetait un grand sourire de sa bouche édentée, puis elle me faisait signe de m'asseoir à côté d'elle et me tendait le fil... c'était un échange sans paroles, elles n'étaient pas nécessaires.

Ses guirlandes étaient une tradition : elle était toujours la première dans la queue du darshan. Je me rappelle son petit corps, courbé par l'âge, qui s'étirait pour passer la guirlande *(mālā)* au cou d'Amma par-dessus la couronne et Amma qui se penchait en avant pour la recevoir.

À la fin d'une de mes visites en Inde, Amma m'a dit de rentrer et de passer ma maîtrise. J'ai dit à Amma que j'avais peur de rentrer en Amérique, de reprendre des études et de perdre la concentration sur ma vie spirituelle. Elle m'a regardée avec une bonté infinie et m'a dit : « Amma sait qu'il est très difficile de ne pas être affecté par les attractions du monde. » Puis, me regardant les yeux dans les yeux avec un sourire malicieux, elle a noué lentement le bout de son sari au bout du mien : nous étions ainsi liées. Ensuite, elle a dit : « Ne t'inquiète pas, ma fille, Amma ne te laissera pas te noyer. »

En fait, je ne sais pas nager. Mon apprentissage de la natation s'est terminé brutalement quand j'avais huit ans. J'ai refusé de sauter dans l'eau, alors la monitrice de natation m'a poussée dans la piscine pour me prouver que je n'allais pas sombrer. Mais elle se trompait. J'ai touché le fond de la piscine... Et c'est ainsi qu'est née ma peur de l'eau, qui dure encore. Reprendre des études en Amérique, cela équivalait un peu pour moi à essayer de nager dans des eaux profondes et agitées ; les paroles d'Amma étaient donc mon bateau de sauvetage. Ses paroles, « Amma ne te laissera jamais te noyer » éveillèrent peu à peu en moi une confiance en mes capacités.

J'ai repris des études et je me suis jetée à corps perdu dans le *seva* (service désintéressé) au Centre de San Ramon. J'ai le fort sentiment que c'est la magie du *seva* qui a contribué à tisser un lien profond avec Amma alors que j'étais physiquement souvent loin d'elle.

Amma disait : « Tu veux être heureuse ? Alors donne de l'amour et de l'attention aux autres. » Elle m'a dit un jour : « Ne sois pas une mendiante d'amour qui tend la main, sois au contraire quelqu'un qui donne de l'amour, la paume ouverte dans le geste du don. »

***

J'étais encore jeune quand Amma a fait entrer dans ma vie Haran, mon mari, et nous avons grandi ensemble à l'ashram de San Ramon. En 2011, nous avons demandé à Amma si nous pouvions quitter le champ de bataille céleste du M.A. Center pour venir à Amritapuri. La réponse fut un joyeux hochement de tête et un sourire « OK ! » Amma nous a accueillis ici, dans la grande famille d'Amritapuri, avec beaucoup de bonté et d'attention.

Amma décrit parfois le guru comme un maître-sculpteur qui fait émerger la forme divine inhérente à la pierre. Amma n'a pas besoin de ciseler personnellement chacun de nous. Une grande partie du travail du guru se fait simplement en nous mettant tous ensemble : nos arêtes rugueuses s'arrondissent par le frottement mutuel ! Amma met toutes les pierres tranchantes que nous sommes, avec nos attirances et nos répulsions, dans un tambour qui tourne. En nous heurtant les uns aux autres, nous devenons des pierres polies et lisses, notre vraie beauté se révèle... et le tour est joué ! La machine à laver du guru a fait son œuvre. C'est une des métaphores favorites d'Amma quand elle parle du processus de la purification spirituelle.

Il n'est pas toujours confortable de se heurter les uns aux autres à cause de nos attirances et de nos répulsions. Mais c'est un moyen de transformation parfait si on l'utilise pour acquérir plus de vigilance et de conscience.

Pour mieux vous l'expliquer, permettez-moi de vous présenter une petite pièce de théâtre :

Cette pièce de théâtre s'intitule « La machine à laver d'Amritapuri » et met en scène les nombreuses sortes d'*Ōm Namaḥ Śhivāyas*'[12] que l'on peut entendre au cours d'une journée à l'ashram.

Imaginez :

Je sors de ma chambre, je me dépêche mais j'arrive assez en retard à mon seva, en espérant que personne ne le remarquera. Mais le superviseur me repère aussitôt et me dispute devant tout le monde. « Namaḥ Śhivāya, Rasya tu es encore en retard ! » « Namaḥ Śhivāya ! » (Ce n'est pas ma faute !) Après le seva, je vais au Café pour savourer un bon morceau de gâteau au chocolat.

Juste avant d'en prendre la première bouchée, je suis distraite un instant et aussitôt, j'entends quelqu'un crier : « Namaḥ Śhivaay-ya !!! » Je me retourne pour voir mon gâteau s'envoler dans le bec d'un corbeau très heureux.

Je veux rentrer dans ma chambre et j'attends l'ascenseur. La queue est longue mais finalement, c'est mon tour. Au moment où je m'apprête à monter dans l'ascenseur, quelqu'un qui porte de gros cartons me passe devant en disant : « Laissez passer ! *seva* – *seva* – Namaḥ Śhivāya, Namaḥ Śhivāya ! » Les portes

---

[12] Mot à mot : « Je me prosterne devant Śhiv, la vérité suprême » C'est souvent ainsi qu'on se salue à l'ashram.

de l'ascenseur se ferment devant mon nez ; l'homme sourit et fait un signe : « Merci ! Namaḥ Śhivāya ! » (Aaah, j'abandonne !) Je vais sur la scène pour m'asseoir en présence d'Amma un moment et trouver un peu de paix. Je suis assise derrière une femme très grande qui se balance au rythme des bhajans... Ōm Namaḥ Śhivāya !

Quand j'arrive enfin à trouver une position où je peux voir un peu le visage d'Amma, la monitrice de la scène vient me dire doucement : « Namaḥ Śhivāya ? Pouvez-vous laisser la place à quelqu'un d'autre maintenant ? Namaḥ Śhivāya ! »

Je me lève et pendant que je quitte le hall, le corbeau me rend une autre visite... il me redonne mon gâteau, mais cette fois sous forme liquide ! « Namaḥ Śhivāya ! »

Épuisée et frustrée, je blâme les autres. Pourquoi m'est-il impossible de trouver la moindre paix ici ? Qu'est-ce qui ne va pas chez tous ces gens ?

Mais je me rappelle ensuite l'exemple qu'Amma donne toujours, celui du petit vendeur qui à la fin de chaque journée fait soigneusement l'inventaire de ce qu'il a vendu, comptant les profits et les pertes. Chaque jour, il essaie de réduire les pertes et d'augmenter les profits.

Amma nous dit que pour notre progrès spirituel, il est de même vital de faire un bilan intérieur quotidien... Je m'examine honnêtement. Pourquoi ces situations me dérangent-elles autant ? Je n'aurais pu changer aucune de ces circonstances extérieures aujourd'hui. Amma dit que le bonheur est un choix, alors comment puis-je choisir d'être heureuse ?

Je réfléchis...

Humm... Ce matin, mon superviseur au seva avait raison ; c'est aujourd'hui la troisième fois que j'arrive en retard. Je n'accorde pas assez d'importance à la ponctualité. Je vais prendre la résolution de ne plus être en retard désormais.

Huuum...L'homme qui portait ces cartons jusqu'à l'ascenseur avait vraiment l'air hors d'haleine... ils étaient sûrement lourds... Eh bien, je suppose que je suis contente d'avoir pu l'aider, si peu que ce soit.

Et ce corbeau ? J'aurais dû avoir plus de *śhraddhā* (vigilance, attention) et surveiller mon gâteau. Et la bénédiction du corbeau, venue du ciel ? Eh bien il n'y a pas d'autre choix que d'accepter. Dans les deux cas je ne peux pas blâmer le corbeau... Je commence à accepter ce que je ne peux pas changer.

Quand je commence à penser aux autres, mon cœur s'ouvre un peu. Je me rends compte que j'ai le choix à chaque instant. Soit je réagis à la situation que la vie m'offre, soit je fais une pause, je regarde en moi-même et j'essaie de voir la situation avec les yeux d'Amma, ces yeux pleins de compassion.

Pour reconnaître qu'on a le choix, il faut être attentif et vigilant. Amma dit que la vigilance est comme la lumière qui dissipe les ténèbres. Elle nous permet de voir nos pensées et nos émotions avant de les exprimer par des paroles et des actions. Nous pouvons créer un petit espace entre les deux, comme quand on appuie sur le bouton pause d'une commande à distance. Nous avons le choix. Ces paroles vont-elles contribuer à améliorer la situation ou bien vont-elles empirer les choses ?

Ce jour-là, j'avais entendu les syllabes divines, « Ōm Namaḥ Śhivāya » de nombreuses fois mais j'avais complètement oublié la signification sublime de ce mantra : « Je me prosterne devant la vérité suprême qui demeure en tous les êtres ». Chaque fois que nous disons et entendons, « Ōm Namaḥ Śhivāya », rappelons-nous : voyons et percevons Amma en toute chose.

Amma dit : « Essayez de voir Dieu en toute chose. Les gens rendent Dieu ou les autres responsables de leurs souffrances, mais cela a-t-il un sens ? Si nous souffrons, la cause réside uniquement dans notre attitude. »

***

Une de mes manières principales de m'infliger de la souffrance, c'est de blâmer et de juger les autres. Il y a bien des années, Amma est arrivée à San Ramon. Elle avait donné le darshan toute la nuit précédente, puis elle avait voyagé tout le jour suivant et pourtant, dès qu'elle est arrivée, elle a voulu servir le dîner à tous les dévots. Tout le monde s'est précipité pour organiser le service du repas dans le jardin de la maison où Amma résidait.

Pendant qu'Amma servait le repas, j'ai regardé autour de moi et j'ai eu un choc en voyant l'aspect du jardin : il était à moitié mort. J'étais peinée et gênée. Pourquoi les personnes chargées de l'entretien du jardin n'avaient-elles pas fait leur travail ? Quel manque de *śhraddhā* !

Le lendemain, pendant le darshan, je suis allée me positionner à côté de la chaise d'Amma et je lui ai dit à quel point j'étais désolée et gênée. Et j'ai continué un moment sur ce ton en disant que ce n'était vraiment pas une façon d'accueillir Amma.

Amma ne m'a pas interrompue. Elle m'a simplement regardée et a attendu patiemment que je finisse. J'étais plutôt contente de moi. J'étais sûre qu'Amma serait impressionnée par mon incroyable dévouement, mon incroyable dévotion ! Mais au lieu de cela, Amma a arrêté le darshan, elle s'est tournée vers moi et m'a dit :

« Ma fille, ne regarde jamais ce que font les autres. Elle a ajouté : Il est inutile de répéter constamment que le monde est un vrai chaos. Deviens un exemple vivant. Change ! Ce sera pour les autres une source d'inspiration. Pense toujours à ce que tu peux faire, toi. »

J'essaie donc de mettre les paroles d'Amma en pratique dans ma vie quotidienne. Je ne peux pas attendre des autres qu'ils changent. En fait, attendre que les autres changent, c'est parfois une ruse pour éviter de changer moi-même.

« Que puis-je faire ? » Je peux pratiquer l'introspection, faire l'inventaire de mes pensées et de mes émotions, augmenter mon degré de conscience intérieure et modifier mon attitude.

***

Qu'il s'agisse de surnager pendant des expériences difficiles ou lorsque les vagues de mon mental sont agitées, Amma a toujours été là. Jamais elle ne me laissera me noyer.

Cela me rappelle un incident qui s'est produit pendant le tour de l'Inde du Nord en 1996. Jamais je ne l'oublierai.

C'était un jour de voyage et Amma s'est arrêtée avec nous près de la rivière Narmada pour nager. Je suis entrée timidement dans l'eau et j'ai fait la queue avec les autres femmes pour qu'Amma me lave le visage. Elle se mettait du savon sur la main puis, une fois que nous avions les yeux bien fermés, elle nous lavait le visage avec une infinie tendresse. C'était un geste très maternel et c'était aussi pour moi symbolique de la purification intérieure qui, du moins je l'espérais, était en train de se produire.

Ensuite, Amma s'est mise à psalmodier des prières dans l'eau avec les Indiennes. En avançant, elle a remarqué que le lit de la rivière devenait soudain plus profond, qu'il descendait en pente abrupte, et elle a dit à tous ceux qui ne savaient pas nager de retourner immédiatement vers la berge. Je ne me le suis pas fait dire deux fois mais certaines des brahmachāriṇīs qui ne savaient pas nager ont continué à suivre Amma, comme de la limaille de fer attirée par un aimant.

Certaines des *brahmachāriṇīs* ont glissé et se sont retrouvées sous l'eau. Amma a réagi aussitôt, plongeant elle-même pour les tirer de l'eau. D'autres nageuses confirmées se sont précipitées à leur aide. Elles ont réussi à les ramener vers la rive. Amma a ordonné avec force à tout le monde de sortir aussitôt de l'eau.

Tout le monde est rapidement sorti de l'eau et s'est rassemblé autour de la chaise d'Amma. Assise, elle scannait la foule de ses yeux pleins de lumière et nous regardait un par un. Elle était inquiète. Apparemment, tout le monde était sain et sauf mais Amma répétait : « Un de mes enfants est encore dans l'eau ! »

Amma renvoya aussitôt quelques bons nageurs dans la rivière et bien sûr, Amma le savait, une des *brahmachāriṇīs* était béatement assise au fond de la rivière... retenant encore son souffle !

Ils l'ont ramenée en lieu sûr mais Amma avait encore l'air inquiète. Elle paraissait essoufflée. Puis elle est restée un long moment parfaitement immobile, les yeux fixés sur l'horizon. Tout le monde contemplait silencieusement Amma, assise dans cet état méditatif. Au bout de quelque temps, Amma est revenue dans notre monde, elle a chanté quelques *bhajans* et servi le dîner avant que tout le groupe remonte dans les bus pour terminer le voyage.

Mais l'histoire n'est pas terminée...

Quand nous sommes finalement arrivés à destination, j'ai reçu un message urgent du responsable local : il fallait que j'appelle mon père immédiatement. Je suis aussitôt allée à la cabine de téléphone la plus proche et je l'ai appelé. Il était à ce moment-là en vacances au Costa Rica.

Il m'a raconté que douze heures auparavant, il était allé nager dans l'océan et qu'il s'était trouvé pris dans un contre-courant. Mon père est excellent nageur. Il a grandi en surfant. Mais malgré son habileté et sa connaissance de l'océan, le courant puissant l'emportait de plus en plus loin du rivage.

Il était dépassé, physiquement épuisé. Il est arrivé à un point où il ne pouvait même plus lever les bras et il a compris que c'était la fin. Il allait se noyer. C'est à ce moment-là qu'une pensée lui est venue. Il a appelé Amma... Ammaaa ! Tout ce dont il se souvient ensuite, c'est qu'il s'est réveillé sur la plage.

Il m'avait appelée pour me demander de remercier Amma de lui avoir sauvé la vie. Soudain, tout est devenu clair... l'heure correspondait exactement. Au moment même où Amma, par sa protection et son amour, sauvait la vie de sa brahmachāriṇī dans la rivière Narmada, elle sauvait aussi la vie de son fils, mon père, qui se débattait dans l'océan de l'autre côté de la planète.

Il avait appelé Amma et elle l'avait secouru instantanément. La distance ne peut pas séparer Amma de ses enfants. Amma dit que quand l'amour est présent, la distance n'existe pas. Amma est la fontaine de l'amour. Comme elle nous l'a dit il y a longtemps, à l'aéroport : « Comment pourrais-je ne pas être avec vous ? »

Amma dit : « Ne pensez pas que vous êtes physiquement loin d'Amma ou que vous n'avez pas vu Amma depuis longtemps. C'est simplement le mental qui doute. Arrêtez d'écouter votre mental et vous sentirez la présence d'Amma dans votre cœur. Vous vous rendrez compte alors qu'Amma ne vous a jamais quitté. Vous comprendrez que vous existez éternellement en elle. C'était vrai dans le passé, ce sera vrai à l'avenir.

J'éprouve une immense gratitude car je sais qu'Amma m'enseigne comment nager dans l'océan de la vie, qu'elle est là pour nous tous, qu'elle nous observe et nous protège au milieu des hauts et des bas de la vie.

5

Trois dons rares et précieux

Vinod - Italie

Par la grâce d'Amma, j'ai passé presque la moitié de ma vie à Amritapuri. Pendant ce *satsang*, je vais décrire les débuts de ma vie ici et plusieurs enseignements qu'Amma m'a donnés pendant que je faisais mon *seva*.

On dit qu'un être vivant peut obtenir trois dons rares et précieux. Aujourd'hui, inspiré par notre Amma bien-aimée, j'aimerais vous raconter comment ces trois dons sont entrés dans ma vie.

Le troisième verset de *Vivēkachūḍāmaṇi*[13] déclare :

« Trois choses sont rares et dues à la grâce de Dieu : *manuṣhyatvam* (une naissance humaine) *mumukṣhutvam* (le désir d'atteindre la libération) et *mahāpuruṣha saṃśhrayaḥ* (prendre refuge en un maître parfait). »

Le premier don précieux : la naissance humaine

Combien d'entre nous avions conscience de recevoir le cadeau d'une naissance humaine quand elle s'est produite ? Notre Amma est une exception puisque tout bébé, Amma était consciente. Mais la majorité d'entre nous, comme moi, n'a pris conscience d'être un individu qu'à l'âge de quatre ou cinq ans. Et pourtant, quelque chose était présent. Quoi ? Quelque chose de vivant : la conscience à l'état le plus pur, non contaminée par le sentiment du « moi » et du « mien ».

C'est pourquoi Amma dit : « Si vous voulez voir Dieu, regardez dans les yeux d'un bébé ». Plus tard, nous associons par erreur

---

[13] Un texte sanskrit écrit par Ādi Śhaṅkarāchārya, le représentant principal de la philosophie de la nondualité, l'*advaïta*.

la notion « Je suis » avec le corps-mental, sans réussir à comprendre que ce ne sont que des instruments.

J'ai eu la chance de naître dans une famille qui n'était pas obsédée par la politique et la religion. Mes parents respectaient le *dharma* et ils m'ont donné beaucoup d'amour. Mais comme je n'avais aucune idée de la spiritualité, j'ignorais aussi que la naissance humaine est un cadeau et que j'allais encore recevoir deux immenses cadeaux.

Le désir ardent de trouver la Vérité

Dès l'école primaire, j'ai eu le sentiment qu'il manquait quelque chose. Alors je regardais les livres sans les lire. Plus tard, j'ai fréquenté le lycée mais j'ai arrêté au bout d'un an. Mon père m'a mis en garde contre les conséquences sur mon avenir si j'abandonnais mes études. Mais je les trouvais vraiment trop ennuyeuses et j'avais toujours le sentiment que les professeurs voulaient me laver le cerveau.

J'ai choisi de travailler avec mon père dans sa boulangerie. Au bout de quelques années, je me suis intéressé à la décoration des gâteaux. Un jour, un de mes amis qui est maintenant le chef pâtissier italien d'Amma a fait un gâteau pour ma mère en le décorant avec l'image d'Amma. La photo est faite avec des colorants alimentaires sur une mince couche de sucre. Nous l'avons mangé ensemble jusqu'à ce qu'il ne reste que la part sur laquelle se trouvait le visage d'Amma.

Comment oserions-nous manger Amma ?

Puis je me suis rappelé le *bhajan* qui dit :

« Ô Mère Kāḷī, quand Te dévorerai-je ? »

« Manger Kāḷī » signifie en réalité s'imprégner de ses qualités divines et les assimiler.

En tant que professionnel, j'aimais le côté artistique de la pâtisserie. Vous pensez peut-être que l'aspect essentiel de la pâtisserie, c'est le goût, mais en réalité chaque *indriya* (organe des sens) veut savourer le gâteau : l'odorat, le toucher, l'ouïe et la vue.

Mes décorations étaient parfois de vrais chefs-d'œuvre. Mais un jour, j'ai commencé à me demander : « Pourquoi consacrer tant d'efforts, de dévouement et de concentration à faire des gâteaux ? » Pour réaliser la pièce montée d'un mariage, il faut au moins deux jours. Et quel est ensuite le destin de ce chef-d'œuvre ? Le gâteau confectionné avec tant de soin et d'art, quelle que soit sa beauté, finit dans les toilettes ! Alors à quoi bon le rendre parfait ? La perfection éternelle existait-elle ?

Introspection

J'avais toujours pensé que la perfection était liée au résultat de notre travail.

Puis un jour, je me suis trouvé derrière Amma, muni d'une caméra, en train de faire mon seva vidéo. À l'époque, un des enfants de l'ashram avait l'habitude de chanter avant la session de *bhajans* des swamis. Il avait composé un chant et a demandé à Amma si elle aimerait l'entendre. Amma a répondu oui.

Il a chanté et dès qu'il a eu terminé, il a couru sur la scène et a reçu une pomme en *prasad*. Il a demandé à Amma : « Est-ce que tu as aimé le chant ? »

La conversation qui a suivi est encore gravée dans mon cœur. À l'époque, Aikyam ne parlait que français, j'ai donc eu la chance d'être son interprète officiel.

Tout en continuant à donner le *darshan*, Amma a demandé à Aikyam : « Dis-moi, qui a composé le chant ? »

« Je l'ai composé, » a répondu Aikyam.

Alors Amma a demandé : « Et qui est ce « je » ? »

Un peu surpris, Aikyam a dit : « C'est moi. »

Alors Amma a dit : « Mais qui est ce moi ? »

Aikyam a dit en touchant son corps : « C'est moi, moi ce corps, tu ne le vois pas, Amma ? »

« Oh, le corps. Et de quelle partie du corps est venu le chant ? »

Aikyam était un peu perplexe ; il a regardé son corps puis il a répondu : « Il est venu de la tête. »

« Est-ce que tu es sûr ? »

« Oui, oui, euh... en fait non, le chant vient du cœur. »

« Tu es sûr ? »

« Oui, oui », a répondu Aikyam.

Alors Amma a fait une pause dans le *darshan*, elle s'est tournée vers Aikyam et a dit : « Non Aikyam, le chant ne vient pas du cœur. Il vient de Dieu. »

Karma Yōga (la voie de l'action désintéressée)

Comme nous le savons tous, Dieu en tant que Conscience suprême n'accomplit aucune action. Si le corps et le mental fonctionnent, si le muscle du cœur pompe le sang, c'est uniquement parce que la puissance de la conscience leur prête vie. Au niveau de l'action, toutes les actions créent inévitablement des impressions et nous piègent dans le cycle du *saṁsāra*[14], toutes sauf une seule sorte d'action : l'action désintéressée.

Le *karma yōga* affirme que pour qu'une action soit véritablement désintéressée et que le karma soit neutralisé, il y a quatre conditions :

- L'action doit être accomplie comme une offrande au Divin, ce qui implique que le corps et le mental ne sont que de simples instruments entre les mains de Dieu.
- Il faut renoncer totalement au sentiment de propriété : « mon » action, « mon » résultat.
- Le sentiment du « mien » doit être abandonné à Dieu sans condition. Il n'y a aucun sens de la propriété.

---

[14] Le cycle des naissances et des morts, le monde du changement continuel, la roue de la naissance, du déclin, de la mort et de la renaissance.

• Il s'agit de renoncer totalement au sentiment d'être celui qui agit, à la notion « je fais ». Le sentiment d'agir est absent. Aucune réaction n'est permise mais il est permis de répondre à la situation si nécessaire. C'est la condition la plus difficile à remplir. Une réaction quelle qu'elle soit (se mettre en colère, s'énerver ou être peiné) est due à l'attraction et à l'aversion. En réagissant, on manque le but, qui est de neutraliser le karma et on crée au contraire un nouveau karma.

Une réaction implique que l'on s'approprie l'action, que l'on s'identifie au « moi » et que l'on s'attache au « mien », ce qui en fin de compte nous lie à l'action.

Dans ce contexte, au chapitre 5, verset 12 de la *Bhagavad Gītā*, le Seigneur Kṛiṣhṇa donne à son dévot Arjuna l'enseignement suivant :

> *yuktaḥ karma-phalaṁ tyaktvā śhāntimāpnōti naiṣhṭikīm*
> *ayuktaḥ kāma-kārēṇa phalē saktō nibadhyatē*
> « Celui qui est uni au Divin, qui a renoncé aux résultats de l'action, atteint la paix éternelle. Celui qui n'est pas uni au Divin, qui est attaché aux résultats (de l'action) à cause de ses désirs, est lié par cette action. »

Mais par compassion, Amma prend une partie de notre karma, y compris de celui qui nous créons par nos actions quotidiennes. Les gens demandent parfois comment ils peuvent rendre Amma heureuse. Une des façons de le faire pourrait être de cesser de charger Amma du poids de notre karma, même si elle le prend volontiers.

Second don rare et précieux : le désir d'atteindre la libération

J'aurais aimé connaître dès mon jeune âge ce qu'est la perfection. Malheureusement, dans le monde, ce n'est pas ce dont on entend parler ou ce dont on fait l'expérience.

Déçu par la vie, je me suis jeté tout entier dans le « supermarché du monde », comme Amma l'appelle souvent. Et je profitais de tout. Les quelques amis que j'avais étaient plus équilibrés car ils avaient des projets, une famille, des ambitions pour leurs affaires. Mais je désirais connaître le sens réel de la vie ; rien de tout cela n'avait donc de sens à mes yeux.

Comme je ne trouvais pas de réponse, je me suis mis à voyager. Au bout de deux ans de voyages, avec quelques intervalles pendant lesquels je travaillais quelques mois pour gagner de l'argent, je me suis retrouvé sur l'île de Ko Pha-ngan en Thaïlande. J'ai aimé les voyages, le supermarché, jusqu'au moment où même cela n'a plus eu de sens pour moi.

Arrivé à ce moment de ma vie, je me suis senti vide et j'ai eu peur. J'ai ressenti une peur que je n'avais jamais éprouvée auparavant. J'ai eu le sentiment d'être arrivé au bout de l'existence, sans rien voir au-delà. J'étais comme un hamster qui tourne et tourne sans fin dans la même roue, du moins c'était ce que je ressentais.

Vous penserez peut-être : « Allez ! Tu as toujours eu tes repas quotidiens et un abri. » C'est vrai. Mais si cela avait été pour moi le sens de la vie, j'aurais au moins su quoi chercher. Quand il ne vous manque pour ainsi dire rien, quand vos parents vous ont donné des valeurs et de l'amour et que malgré tout, vous vous sentez vide, sans savoir ce qui vous manque ni ce que vous cherchez, alors qui peut vous aider ?

J'ai surmonté beaucoup de peurs moindres dans ma vie : passer des examens, passer mon premier entretien pour obtenir un emploi, le choc d'un accident de voiture où j'ai failli mourir ; j'ai voyagé dans des zones inconnues, dangereuses, j'ai été menacé par des soldats au milieu de l'Amazonie pendant que je descendais le Rios en bateau ; j'ai été cerné, la nuit, par des dingos sauvages en traversant le désert d'Australie. Et pourtant, rien de tout cela n'est comparable à l'abîme devant lequel je me trouvais alors.

Un jour, en Thaïlande, je suis entré dans une minuscule librairie et au milieu des livres en thaï et en anglais, j'ai trouvé un livre dans ma langue maternelle, l'italien. C'est uniquement pour cette raison que j'ai acheté le livre. Je ne me doutais pas qu'il allait changer ma vie pour toujours. C'était *Autobiographie d'un Yogi* de Paramahansa Yogananda. Si vous me demandez ce qui fait la grandeur de ce livre, je ne peux que dire : « C'est un excellent livre sur la spiritualité comme il en existe beaucoup d'autres, écrits par de nombreux autres maîtres. Chacun d'entre eux est unique dans sa manière de transmettre la vérité suprême. »

Quoi qu'il en soit, la lecture de ce livre a fait de moi une autre personne. Pour quelqu'un qui est né dans un milieu qui l'a nourri de spiritualité, il est courant de lire ce genre de livre. Mais pour quelqu'un comme moi, qui ignorait tout de la spiritualité à ce moment-là de ma vie, cela a été comme une explosion. Je ne lisais pas, je buvais chaque mot.

Plus je lisais, plus j'étais heureux, au point que je pouvais à peine contenir ma joie. Elle était sans limite. Mon être tout entier était imprégné de paix. Tout d'un coup, mon attachement au supermarché s'est envolé et quelques mois plus tard, je suis devenu végétarien. La quête était terminée. Par la grâce divine, j'avais reçu le second don rare et précieux, le désir d'atteindre la libération : *mumukṣhutvam.*

À partir de ce jour-là, le désir d'atteindre la libération est devenu ma seule raison de vivre. Comme le déclare le premier verset des *Brahma Sūtras* :

> *athāto brahmajijñāsā*
> « Maintenant, à partir d'ici, le désir de connaître Brahman (l'Absolu). »

Cela a eu sur moi un tel effet que pour la première fois de ma vie, je ne dépendais plus d'objets extérieurs ou de relations pour être heureux. J'étais si satisfait et si content que je n'ai même pas cherché de centre de méditation ou de communauté. C'était comme si je m'éveillais d'un rêve.

Comme le dit Arjuna au chapitre 18, verset 73 de la *Bhagavad Gītā*:

> *smṛitir labdhā*
> « Ô Seigneur, j'ai retrouvé la mémoire. »

Toujours seul

Extérieurement, rien n'avait changé. Je suis rentré en Italie, j'ai repris mon travail et j'ai passé les week-ends à la montagne, seul. J'étais étonné de constater que j'étais constamment envahi par la paix et la joie, sans aucune raison. Pendant quelque temps, j'ai continué à fréquenter mes amis mais nous nous sommes bientôt rendu compte que nous vivions dans deux mondes complètement différents.

Quelqu'un a un jour demandé à Amma : « Pourquoi tout le monde n'est-il pas enclin à la spiritualité ? »

Amma a répondu : « Nous sommes tous des êtres spirituels. Mais chez certains, il se peut que le *saṁskāra* de la spiritualité soit encore absent ; il n'a pas encore été semé. »

Alors je me suis dit que c'était la raison pour laquelle, à la fin du darshan, Amma vérifie soigneusement pour s'assurer que tout le monde, en particulier les nouveaux, a reçu son étreinte. Même s'ils ne reviennent pas, ils auront au moins reçu la graine spirituelle d'Amma et cette graine germera le moment voulu... Telle est la compassion infinie d'Amma.

Et il y a plus : quelqu'un a en outre demandé un jour à Amma pourquoi elle regarde dehors quand elle voyage alors qu'elle nous conseille de nous concentrer sur le mantra en évitant de regarder les distractions alentour. Amma a expliqué que son regard n'est pas un simple regard mais une bénédiction pour toute personne qui le reçoit. En fait, nous voulons tous qu'Amma nous regarde parce que nous sentons bien qu'il y a dans ses yeux, dans son regard, quelque chose de très spécial. Mais y a-t-il quelqu'un, un individu, derrière ce regard ?

Je me rappelle qu'il y a bien des années, pendant la tournée en Europe, j'ai filmé à Munich une interview avec la télévision nationale bavaroise pendant le darshan. Le journaliste a demandé : « Amma, qu'est-ce que cela vous fait d'être ainsi chaque jour au milieu de la foule ? Comment réussissez-vous à supporter cela ? Pouvez-vous nous dire quel sentiment cela vous donne d'être ainsi constamment entourée par des milliers de gens ? »

Amma a répondu : « J'ai le sentiment d'être seule. »

« Comment ? Qu'est-ce que vous voulez dire ? Comment pouvez-vous vous sentir seule alors que tous ces gens viennent vous voir ? » a demandé le journaliste.

Alors Amma a expliqué : « Je suis seule parce qu'en chaque personne qui vient au darshan, je ne vois que moi-même. »

Inutile de dire que cette réponse a étonné le journaliste et l'a plongé dans une certaine confusion. Mais qu'en est-il de nous, de moi ? Est-ce que je comprends vraiment ce qu'Amma veut dire ? Est-ce que je vois toujours chaque personne comme moi-même ?

La première chose qui me vient à l'esprit, c'est : « Amma voit certainement autour d'elle beaucoup d'Ammas. » Comme Amma l'affirme toujours : « Je ne suis pas limitée à ce corps. » Amma ne parle pas de son corps quand elle dit : « Je ne vois que moi-même. »

Les Écritures affirment clairement que le Soi ne peut pas être vu, touché, entendu ou senti par les organes des sens. Il n'a pas de forme, *na rūpa*. Dans ce cas, que voit donc Amma ? Si Amma ne me regarde pas, est-ce que je dois être triste ? Et si je suis triste, qui est triste ? Moi, le corps que l'on peut voir ou moi, le Soi qu'on ne peut pas voir ? Le Soi est unique, il est un. C'est ce dont les *ṛiṣhis* ont pris conscience après des années d'intenses austérités.

Dans les *Upaniṣhads*, la partie des *Vēdas* qui traite de la connaissance, le *ṛiṣhi* déclare :

> *atmaivēdam sarvam*
> « La conscience seule est tout ce qui existe. »

Alors qui regarde qui ? On entend souvent Amma dire : « Il faut être un zéro pour devenir un héros. » En d'autres termes, zéro forme, zéro couleur, zéro pensées, zéro désirs. Alors peut-être dans ce zéro, on peut avoir un aperçu de ce qu'Amma veut dire en affirmant : « J'ai le sentiment d'être seule, c'est moi-même que je vois constamment. »

J'ai été seul la plus grande partie de ma vie mais le sentiment de « l'autre » était toujours présent. En ce moment même, pendant que vous me regardez tous, je me sens peut-être un peu mal à l'aise. Mais imaginez que le sentiment de « l'autre » disparaisse soudain et que je prenne conscience que les milliers d'yeux qui me regardent sont en fait mes yeux ? Est-ce que je me sentirais bien ? Si la réponse est non, alors il est peut-être un peu effrayant de réaliser qu'en fait, autour de moi, il n'y a personne d'autre que moi-même.

Troisième don rare et précieux : Prendre refuge en un Maître parfait

Il y avait presque deux ans que j'avais lu l'Autobiographie d'un Yogi. Je ressentais toujours dans mon coeur cette joie intérieure mais je me demandais pourquoi personne d'autre n'éprouvait la même chose. Je suppose qu'ils étaient complètement plongés dans le monde extérieur et que leur bonheur dépendait des choses extérieures. Ils n'essayaient donc jamais de se tourner vers l'intérieur. Comment l'auraient-ils pu ? Personne ne leur avait jamais expliqué ce que cela signifie.

J'ai essayé de l'expliquer à mes amis mais tous mes efforts ont été vains. Je commençais à me sentir comme un martien en visite sur la Terre. Le pire, c'est que je sentais à nouveau une certaine attirance pour le monde. C'était la sonnette d'alarme ! Quelque chose n'allait pas, c'était clair.

Je ne pouvais pas imaginer revenir à un état où mon bonheur aurait dépendu des objets du monde. C'est alors que pour la première fois de ma vie, j'ai prié Dieu. J'expliquerai plus tard pourquoi c'était la première fois. J'ai prié pour recevoir un signe, en murmurant : « Seigneur, je ne sais pas comment prier mais je sais que Tu existes. Je T'en prie, ne m'abandonne pas. Ne laisse pas le monde m'attirer de nouveau à lui. »

Quelques larmes ont coulé de mes yeux, ce qui est inhabituel chez moi. Puis je suis resté silencieux, complètement vide et peu de temps après, un mot composé de seulement quatre lettres a traversé mon mental : I-N-D-E. L'Inde.

Aucun doute, il ne me restait rien d'autre à faire qu'à partir en Inde. Et la raison était claire comme du cristal : j'allais chercher un guru, le troisième don rare et précieux. Cette fois, le voyage était un aller simple.

En novembre 1997 j'ai atterri à l'aéroport de Trivandrum. J'étais vraiment heureux, enthousiaste : ma quête commençait. Il avait fallu des années à Yogananda pour trouver son guru, alors je me demandais combien de mois ou d'années il allait me falloir pour trouver le mien.

Devant moi, dans la queue de l'immigration, se trouvait une femme occidentale. J'ai saisi l'occasion pour lui demander si c'était sa première visite en Inde. Elle a répondu que non, qu'elle venait chaque année pour une seule raison : voir Amma. Puis elle a mis la main sur son cœur et s'est exclamé : « Oh, que j'ai hâte de la revoir ! »

L'aéroport est une zone neutre. C'est seulement une fois que l'on a passé les contrôles de l'immigration que l'on est officiellement autorisé à entrer dans le pays. Je n'avais donc même pas encore posé le pied sur la terre sacrée de l'Inde quand Amma est venue me chercher ! La quête était terminée avant d'avoir commencé.

Quand j'y repense, je vois bien que c'était la réponse à ma prière. Avant cela, j'avais passé trente ans à chercher, aspirant à quelque chose.... Je fais donc à Amma cette humble requête : « Dans ma prochaine vie, s'il y en a une, je T'en prie, ne me laisse pas jouer aussi longtemps dans le supermarché. »

La prière

Amma était en tournée à ce moment-là, j'ai donc décidé de passer trois jours à Amritapuri. Pour être honnête, j'étais un peu mal à l'aise et maintenant, je comprends pourquoi. Toute ma vie, je n'avais jamais vécu que pour moi-même. Je n'étais jamais allé dans une communauté spirituelle et je me retrouvais tout à coup au milieu de milliers de personnes qui faisaient des pratiques spirituelles *(sādhanā)* et du *seva*.

L'énergie produite était tangible. Les gens s'intéressaient plus à ce qu'ils pouvaient donner qu'à ce qu'ils pouvaient recevoir. Être ainsi soudain témoin d'un mode de vie complètement différent a eu sur moi un fort impact.

Amritapuri est sans aucun doute un îlot sur cette planète, un îlot qui génère continuellement une immense vague d'amour bénéfique au monde ; c'est possible grâce à tous les enfants d'Amma et au sacrifice constant d'Amma.

Laissez-moi vous expliquer ce que je voulais dire quand j'ai affirmé que j'avais prié Dieu pour la première fois de ma vie. Vous vous demanderez peut-être : « Vraiment ? » Enfant, on me disait bien de prier mais pour moi, Dieu n'était qu'un mot dépourvu de sens. Je n'avais aucune idée de ce que je faisais. Cela reposait sur un système de croyance. Mais c'était réellement la première fois que je priais Dieu du fond de mon cœur. Après la lecture du livre de Swami Yogananda, Dieu n'était plus pour moi une simple croyance, Il était devenu une réalité que j'ai depuis toujours ressentie à l'intérieur de moi.

Et après ma rencontre avec Amma, Dieu n'était plus un simple mot que l'on trouve dans les Écritures mais la manifestation de l'amour de Dieu sous une forme humaine. Certes, même en présence d'Amma il nous arrive de connaître la souffrance mais pensez à ceux qui souffrent et ne connaissent pas Amma. Nous oublions parfois à quel point nous sommes bénis.

Une fois que l'on a obtenu ces trois dons rares et précieux, peut-on avoir un autre but que celui de réaliser le Soi ? J'ai un temps prié pour l'obtenir mais ensuite, j'ai compris à quel point c'était stupide. Cela revient à poser une graine de manguier sur son autel et à prier pour obtenir des mangues. Cela ne fonctionne pas. Il faut semer la graine. Le second cadeau précieux, le désir d'atteindre la libération, est la graine ! La graine qu'il faut semer grâce à notre pratique quotidienne.

Amma est notre troisième rare et merveilleux cadeau, elle est notre Mère et notre Maître, c'est elle qui nous guide au cours de tout ce processus. Nous nous demandons peut-être ce que serait la vie si nous avions réalisé le Soi. Il suffit de regarder quelqu'un qui est établi dans cet état et nous n'avons pas à chercher bien loin. Amma est là, avec nous, elle est l'exemple parfait. Et que fait Amma depuis son enfance ? Elle sert et elle aime tous les êtres avec joie et sans condition. Voilà ce que sera notre vie une fois que nous aurons réalisé le Soi. Mais la vraie question, c'est ...faut-il attendre de réaliser le Soi pour aimer et servir tous les êtres ?

6

Pourquoi être triste ? Inutile

Medhini – Liban

Un guru donne un jour à son disciple un gros diamant et lui dit d'aller en ville le faire estimer. Comme le disciple ne connaît rien aux diamants, il croit qu'il s'agit d'un simple caillou. Il va en ville et le montre d'abord au marchand de légumes. Il lui demande : « Combien cela vaut-il à ton avis ? »

Le marchand de légumes dit : « Je t'en donnerai deux têtes de choux et une livre de haricots. » Le disciple répond : « Cela ne me paraît pas raisonnable. » Puis il va chez un marchand de tissus. Le marchand lui dit : « Cela a une grande valeur. Je t'en donnerai cent mètres de soie. » « Cela ne me semble pas juste non plus », pense le disciple. Puis il va chez le joaillier le plus réputé de la ville. Quand le bijoutier voit le diamant, il s'exclame : « C'est un diamant inestimable ! »

De même, comme le langage d'Amma est simple et que notre mental est grossier, impur et agité, la grandeur et la profondeur de ses paroles échappent parfois à notre compréhension. Pendant mon premier *room darśhan*[15], Amma m'a dit quatre mots très simples en anglais. Elle a répété deux fois ces quatre mots. Ils étaient si simples que je ne leur ai pas accordé beaucoup d'importance.

Peu après mon darshan, j'ai mentionné ces quatre mots au cours d'une conversation avec Swāmī Jñānāmṛitānandajī. La manière dont Swāmījī a répété ces mots, sa façon de vouloir en savoir plus à ce sujet, comme s'il se parlait à lui-même, cela a

[15] Un *room darshan* est le darshan qu'Amma donne dans sa chambre aux résidents de l'ashram.

suffi pour me faire comprendre qu'il y avait dans ces paroles quelque chose de très spécial. Il était pour ainsi dire le bijoutier qui dit au disciple : « C'est un diamant inestimable ». Depuis, ces quatre mots m'ont toujours accompagnée et mon humble contemplation de ces paroles constitue le sujet de ce satsang.

Ces quatre mots sont : « Pourquoi être triste ? Inutile. »

« *Why sad?* Pourquoi être triste ? » Par cette question, Amma m'encourageait à rechercher la cause de ma tristesse. Et par son affirmation : « *No need.* Inutile. » Amma remettait en question la validité du sentiment de tristesse, elle mettait en question la réalité de mon expérience en la confrontant à la vérité ultime dans laquelle elle est établie.

Laissez-moi vous raconter la vie d'une femme, tout d'abord sous l'angle des ténèbres, puis sous un angle plein de lumière. D'un point de vue grossier, le premier angle répondra à la question : *« Why sad? »* Le second angle expliquera l'affirmation d'Amma : *« No need. »*

« Why sad? »

Il était une fois une petite fille qui naquit au Liban pendant que la guerre civile faisait rage dans le pays. Son père était le chef d'un groupe spécial dans l'un des deux camps. Il était boulanger de métier mais il était impliqué dans du trafic d'armes et d'autres choses sur lesquelles elle n'a jamais posé de questions. Il gardait de la lutte des cicatrices sur le corps et il lui manquait un doigt.

Au bout de quelques années, son père perdit toutes ses illusions sur son parti politique. Il devint une cible politique. Pendant trois ans et demi, les premières années de sa vie, cette petite fille, sa mère et son frère aîné étaient souvent forcés de se cacher sous le lit pendant que les unités paramilitaires, lourdement armées, fouillaient leur domicile à la recherche de son père. Aujourd'hui encore, c'est le thème de ses cauchemards récurrents.

Sa mère la protégeait des grenades qui explosaient tout autour d'elles en se jetant sur la poussette de sa fille. Certains des plus gros éclats que sa mère a reçus alors ont été enlevés mais aujourd'hui encore, les plus petits restent logés dans son corps. Sa grand-mère maternelle, juive, avait été déplacée contre sa volonté, contrainte de quitter ce qui avait été la Palestine pour aller au Liban, où elle vécut jusqu'à sa mort dans un camp de réfugiés musulmans.

Pour leur sécurité, le père a compris qu'il leur fallait quitter le Liban mais la mère de cette petite fille n'avait ni papiers ni passeport. Il était difficile et dangereux de chercher à fuir.

Ils finirent par demander l'asile politique en Allemagne et on les installa dans un petit village. Une famille allemande s'attacha à cette petite fille. Ils l'élevèrent aux côtés de ses parents biologiques : ils lui apportaient un soutien scolaire et lui offraient un monde d'abondance et de plaisir.

Mais à cause des différences de culture et de tradition, les deux familles se critiquaient mutuellement devant l'enfant, chacune affirmant être les meilleurs parents. Ainsi le mot « foyer » devint ambigu, perdant sa clarté et le sentiment de sécurité qui lui est associé.

À l'âge de douze ans, la petite fille eut ses premières règles et donc, selon la culture de ses parents, elle avait atteint l'âge du mariage. Ils décidèrent qu'il était inutile qu'elle continue son éducation. Ses parents l'enfermèrent dans sa chambre et l'empêchèrent d'aller à l'école, ce qui aboutit à l'intervention de la police et des Services sociaux de l'enfance. Ils la placèrent dans une famille d'accueil pendant quelque temps.

À l'âge de vingt-et-un ans, elle acquit la nationalité allemande. Elle avait fait toute sa scolarité et ses études en Allemagne mais elle se rendait bien compte qu'elle n'y serait jamais vraiment à sa place. Et qu'elle ne pourrait pas non plus faire partie de la communauté libanaise car elle n'avait jamais appris l'arabe et ignorait tout de la culture libanaise, de l'histoire et des coutumes du Liban. La question qui la hantait, c'était donc : « Où est ma place ? »

Elle est partie en Suisse à l'âge de trente-deux ans. Elle avait un emploi bien rémunéré et un grand appartement avec vue sur le lac de Genève. De la terrasse, elle pouvait voir le soleil se coucher derrière les sommets enneigés des Alpes françaises. Mais ce haut niveau de confort, de richesse et de reconnaissance sociale était contrebalancé par un sentiment de vide intérieur tout aussi fort.

Sa quête d'un foyer et de la sécurité l'amenèrent à nouer plusieurs relations qui lui offrirent un refuge temporaire. C'était comme si un compagnon masculin était nécessaire dans une vie qui n'avait jamais eu de fondation solide, stable et sûre... mais aucune de ces relations ne dura. Après un mariage raté, elle comprit qu'aucune relation ne durerait et qu'elle était seule.

***

Pour comprendre l'affirmation d'Amma : « *No need* » (Inutile d'être triste), nous allons maintenant examiner la vie de cette même femme sous l'angle de la lumière :

Le père de cette femme avait survécu à la guerre et il avait eu le courage d'emmener toute sa famille loin des parents, des amis et de ce qui était pour lui son foyer, pour affronter un avenir totalement inconnu.

Sa mère aurait préféré sacrifier sa vie plutôt que de voir son bébé blessé et avait utilisé son propre corps comme bouclier.

Une fois en Allemagne, ses parents musulmans qui ignoraient la langue et à peu près tout du pays ont fait de leur mieux pour s'adapter et s'intégrer sans heurts dans la société. Ils ont essayé de trouver un équilibre et de préserver les joyaux de leur propre culture et de leur religion tout en abandonnant leurs aspects démodés et en accueillant les bons côtés de la culture occidentale.

Bien qu'ils aient appartenu à une religion différente, ils ont encouragé leur enfant à assister à l'office chrétien du dimanche, à l'église, comme le faisait le reste de la communauté. Ils avaient dans leur cœur le plus profond respect pour Allah et ils étaient heureux qu'Allah entre dans sa vie de cette manière. Ils ont même assisté à son baptême quand elle avait six ans.

Jésus-Christ devint sa première idole, le premier amour de sa vie. Elle regardait des films qui parlaient de Jésus et elle dessinait le Christ en croix. Un jour, quand elle n'avait que sept ans, elle s'est mise à sangloter, accroupie sur le sol, le cœur brisé par la crucifixion de Jésus, par le fait qu'un être aussi pur ait donné sa vie pour une humanité si cruelle et si hypocrite.

Malgré son jeune âge, elle voyait clairement le fossé entre les valeurs montrées par Jésus dans sa vie et le comportement des gens qui l'entouraient. Elle désirait être avec Jésus et se désespérait de n'avoir pas vécu à l'époque où il était vivant. Ce désir était une braise rougeoyante et couvant sous la cendre ; elle attendait que la brise de la Mère divine souffle pour devenir une flamme éclatante.

À l'âge de douze ans, elle aurait pu devenir une de ces millions de filles qui se retrouvent privées d'une véritable éducation. Mais elle se trouvait dans un pays où les lois rendent la scolarité primaire et secondaire obligatoire. C'est ainsi que cette enfant a pu non seulement passer son baccalauréat mais encore obtenir un diplôme universitaire.

Et de plus, l'amour l'a emporté sur la tradition. Comme ils ne voulaient pas perdre leur fille, ses parents lui ont tenu la main de toutes les façons possibles. Son père faisait régulièrement à bicyclette les vingt kilomètres jusqu'à son internat rien que pour lui apporter des fruits et peut-être l'apercevoir, puis il refaisait les vingt kilomètres à vélo. Ils essayaient de regagner sa confiance. Il a fallu dix ans. Finalement, avec le temps, elle a acquis de la maturité. Au lieu de s'accrocher au passé, ses parents lui ont enseigné que seul le moment présent est entre nos mains. Et que c'est maintenant que l'on peut retenir ou exprimer l'amour.

À l'âge de trente-deux ans, déçue par les limites de la réussite dans le monde et par les plaisirs qu'il offre, elle a cherché une formation professionnelle pour faire de la physio-thérapie sous une forme ou une autre. Par la grâce divine, elle a été amenée à suivre un cours de massage ayurvédique. Il était temps pour elle de se préparer à rencontrer son guru, notre Amma. Il était temps pour les braises de devenir une flamme éclatante.

***

C'est au cours d'Ayurveda qu'elle a vu une photo d'Amma. Elle fut aussitôt captivée par ce qui en a attiré tant d'autres : le visage radieux d'Amma, ses yeux pleins de lumière, le regard plein de compassion d'Amma.

Elle est allée au programme d'Amma à Winterthur. En voyant la tendresse et l'affection avec lesquelles Amma recevait chaque personne, elle a eu les larmes aux yeux. Une conviction profonde s'est installée en elle : « Ô Amma, toutes les vertus que je chérissais enfant, que je voyais chez mon bien-aimé Jésus-Christ, je les vois là, devant moi, dans ce corps féminin que tu as choisi pour t'incarner. » Le regret douloureux de la petite fille de sept ans qui désirait tant vivre en présence de Jésus se transforma en gratitude débordante. Aujourd'hui encore, les mots me manquent pour exprimer la profondeur de cette prise de conscience.

Pendant trente-trois ans, elle n'avait jamais pu trouver de réponses aux questions : « Où est mon foyer ? Où est ma place ? » Mais un an ou deux après avoir rencontré Amma, ces questions qui l'avaient hantée ont disparu pour ne plus jamais revenir. Elle avait trouvé son vrai foyer ; elle avait trouvé sa place.

L'itinéraire de cette enfant n'est ni spécial ni unique. Les différents satsangs que nous avons entendus depuis plus d'un an en sont la preuve. En jetant un regard plein de gratitude sur le passé, elle voit que la protection divine l'enveloppait déjà dans le ventre de sa mère. Telle est la vérité : à chaque pas de notre chemin, notre Amma nous tient la main et parfois même nous porte. Comment la Mère de l'univers entier (Jagadjananī) pourrait-elle jamais abandonner son enfant chéri ?

***

Il dépend de chacun de nous de détourner son esprit de la lumière et d'aller vers les ténèbres ou bien de faire le choix conscient d'être heureux et d'ouvrir tout grand ses fenêtres à la lumière. Comme le dit Amma : « Le bonheur est une décision ». Et cette décision, il faut la prendre à chaque instant et se rappeler : « *Why sad? No need.* Pourquoi être triste ? Inutile. » Comment se remémorer cela ? Voilà trois choses qui m'ont aidée et m'aident encore.

1. *Kīrtanam :* Je voudrais employer ce terme au sens de « vibrations sonores bénéfiques ». Nous stockons les expériences sous la forme de mémoires. Que sont les mémoires ? Les mémoires sont des pensées. Que sont les pensées ? Ce sont des vibrations sonores. Les vibrations sonores sont très subtiles. Même notre intellect est trop grossier pour saisir ces vibrations. C'est pourquoi, quand on essaie de raisonner,

si on ne va pas plus loin, on échoue forcément. Dans mon expérience, il me suffit de réciter un *archana* (les Mille noms de la Mère divine) par jour pour éloigner les cauchemars que j'ai mentionnés plus haut. Quand je récite la *Bhagavad Gītā*, je ressens une force intérieure, comme si on me redressait de l'intérieur, un sentiment de confiance et de calme qu'aucun support extérieur ne pourrait me donner.

2. *Abhyāsa – vairagya :* une pratique constante et le détachement. Suis-je vraiment triste ? La tristesse n'est-elle pas une des modifications variées du mental que « je » peux observer comme n'importe quel objet extérieur ? Et tout ce que je peux observer n'est-il pas différent de « moi » qui suis le témoin de ce sentiment de tristesse ? À cause de notre identification avec le mental, nous nous lions d'amitié avec ces émotions passagères et nous identifions à elles ; c'est ainsi que nous sommes ballotés par les expériences opposées de la vie. Quiconque s'est sincèrement efforcé de maîtriser le mental est parvenu à la même conclusion qu'Arjuna dans la *Bhagavad Gītā* : « C'est extrêmement difficile. » Au chapitre 6, verset 35 de la *Bhagavad Gītā*, le Seigneur Kṛiṣhṇa dit à son disciple Arjuna :

> *asaṁśhayaṁ mahā-bāhō manō durnigrahaṁ chalam*
> *abhyāsēna tu kauntēya vairāgyēṇa cha gṛihyatē*
> « Cela ne fait aucun doute, Ô Arjuna aux bras puissants, le mental est difficile à maîtriser et instable ; mais on peut réussir à le maîtriser grâce à la pratique et au non-attachement, Ô fils de Kunti. »

Le Seigneur mentionne *abhyāsa*, la pratique constante, et *vairāgya*, le détachement, comme moyens de maîtriser le mental. Pour garder l'équanimité, il faut acquérir la capacité de se détacher et de détourner son attention de l'objet, ici le sentiment de tristesse, pour la tourner vers le témoin, le *sākṣhi*. Pour cela le détachement *(vairagya)* est essentiel.

Amma donne l'exemple d'un conducteur qui doit savoir freiner. Pour être capable de réorienter peu à peu le mental vers l'intérieur, vers le substrat immuable et non-affecté, vers notre nature réelle, il est indispensable de savoir freiner en réfléchissant, en contemplant la nature changeante des émotions. Cela doit être fait non pas une fois ni deux fois mais constamment, grâce à *abhyāsa*, une pratique constante.

3. *Samarpaṇam*, l'abandon au guru. Même si nous fournissons tous les efforts possibles, si nous sommes réguliers dans notre *sādhanā*, dans notre *seva* et dans l'étude des Écritures, même si nous accomplissons nos actions en pensant à Dieu et que nous en recevons les fruits avec l'attitude de *prasāda buddhi* (accepter tout ce qui vient comme un cadeau de Dieu), nous aurons peut-être le sentiment que des impressions profondes venues du passé refont malgré tout surface régulièrement et nous tirent vers le bas. Pourquoi ? Il y a de nombreuses raisons à cela mais j'aimerais en énoncer deux :

> a. Nous sommes face à la puissance d'illusion du Seigneur, *māyā*, qui est presque aussi forte que le Seigneur Lui-même.
> b. Comme les impressions que nous portons en nous ne viennent pas seulement de cette vie mais d'innombrables vies passées, nos efforts sont comparables à ceux de quelqu'un qui voudrait vider l'océan en utilisant un brin d'herbe.

Prenons donc refuge en Celle dont dépend l'existence de māyā elle-même, en Celle qui nous donne l'assurance que si nous fixons notre mental sur elle et nous en remettons uniquement à elle, nous nous éveillerons à notre vraie nature.

Bref, mieux vaut se concentrer sur le côté lumineux que sur le côté sombre. Et plutôt que de se concentrer sur le côté lumineux, il vaut encore mieux se concentrer sur le substrat des deux qui est notre Amma, notre vraie nature.

Puissions-nous commencer là où nous en sommes, avec une confiance totale en notre conducteur de char, notre Amma bien-aimée. Sa lumière nous montre la voie et le but mais c'est à nous d'être prêts à faire le chemin.

Amma a prononcé quatre mots en apparence tout simples : « *Why sad? No need.* » (Pourquoi être triste ? Inutile.). Mais ces quatre mots contiennent la *Gītā* tout entière. Le premier chapitre de la *Bhagavad Gītā* qui s'intitule *Arjuna Viṣhāda Yōga* (Le Yoga de la tristesse d'Arjuna) est contenu dans la question, « *Why sad?* » et l'enseignement du Seigneur exposé dans les dix-sept chapitres suivants est caché, encapsulé, dans les deux mots « *No need* ».

Puissions-nous accorder tout notre respect aux paroles d'Amma avec la ferme conviction : « J'écoute la sagesse qui a été transmise depuis des temps immémoriaux. J'écoute Celle qui réside dans le cœur de tous les êtres et qui nous tend la main pour nous élever jusqu'à Elle, jusqu'à notre vraie nature. »

***

Pour conclure, je vais vous raconter comment mes parents ont rencontré Amma pour la première fois :

Quand l'été 2010 est arrivé, mon père s'est retrouvé en chaise roulante. Je lui ai touché la main : elle était devenue décharnée et fragile. J'en ai eu le cœur brisé ; j'étais encore la petite fille qui cherchait son invincible père.

Plus tard dans l'année, mon père s'est retrouvé la plupart du temps cloué au lit. Il ne voulait pas être placé dans un foyer, il ne voulait pas d'infirmières, ma mère devait donc tout faire pour lui. Cela a déclenché quelque chose en moi. Je voyais bien qu'il ne restait plus beaucoup de temps.

Ma mère souffrait encore d'être séparée de sa propre mère. Il était impossible de les réunir mais je savais qu'Amma pouvait la prendre dans ses bras. Après toutes les épreuves que mes parents avaient traversées, après tous les sacrifices qu'ils avaient faits pour notre famille, je désirais intensément qu'ils rencontrent Amma.

Le programme allemand avait lieu à Munich et mes parents habitaient à dix heures de route au nord de Munich. Mais j'étais déterminée à faire le voyage, à aller chercher mes parents et à les conduire jusqu'à Amma. Quand je suis arrivée, ma mère m'a dit : « On ne peut pas partir, il est trop mal en point, il ne va vraiment pas bien. » Je l'ai suppliée : « Je t'en prie, s'il te plaît, essayons. »

Dans la tradition arabe, quand on va voir quelqu'un d'exceptionnel, on lui offre quelque chose d'exceptionnel. Ma mère se demandait bien quel cadeau serait approprié pour Amma. Je lui ai répondu : « Si tu allais voir ta mère, quel cadeau lui offrirais-tu ? »

Pendant le trajet, toutes les demi-heures, mon père demandait : « Où allons-nous ? » et je répondais : « Nous allons à Munich, rencontrer une Indienne. » Puis j'énumérais les nombreuses œuvres caritatives d'Amma, ce à quoi mon père répondait : « Ah bon ? Mais il y a de très bonnes personnes qui font cela au Liban. Qu'est-ce qu'elle a de si extraordinaire ? »

Cela s'est reproduit toutes les demi-heures pendant sept heures, jusqu'à ce que je dise finalement : « Nous allons à Munich rencontrer cette Indienne. C'est quelqu'un de très important pour moi. » Alors il a répondu « D'accord » et il n'a plus posé de questions.

Quand ma mère est allée au darshan, elle a donné à Amma deux des objets auxquels elle tenait le plus et qu'elle avait rapportés d'un pèlerinage à La Mecque : un Qur'an (le livre sacré de l'Islam) et un misbaha, un rosaire musulman. Amma a embrassé ces objets plusieurs fois et a enveloppé ma mère de ses bras pour une étreinte très longue et très belle.

J'ai ressenti un grand soulagement. Après de longues années, ma mère recevait enfin l'étreinte maternelle et aimante qu'elle désirait désespérément. C'était comme si quelque chose s'achevait : la lutte, la souffrance, les regrets. Pour moi, cela signifiait qu'une fois au moins, elle pouvait éprouver une paix, une détente totales, un sentiment de sécurité absolue.

Je ne suis pas sûre que mon père ait compris ce qui se passait. Il n'a jamais vraiment regardé Amma. Il a reçu une pomme et un bonbon comme *prasād* d'Amma. Elle s'est montrée très tendre avec lui. J'avais enfin pu faire en sorte que mes parents reçoivent ce qui était le plus précieux à mes yeux, un cadeau bien plus grand que tout ce que j'aurais pu leur donner, moi, leur fille.

Quand le darshan du matin s'est terminé, les gens ont formé une haie le long du chemin qu'Amma empruntait pour sortir.

Comme mon père était en chaise roulante, il était devant, ma mère assise à côté de lui et j'étais debout derrière eux.

Amma est arrivée. Quand elle a vu mes parents, elle s'est tournée vers eux et s'est arrêtée juste devant nous. Amma a donné à ma famille un darshan surprise et à ce moment-là, un photographe se trouvait là pour prendre une photo. Le visage de mon père s'est éclairé et j'ai eu la sensation qu'il comprenait ce qui rendait Amma si spéciale. Quand nous avons quitté le programme, il a demandé à ma mère : « Est-ce que c'est une sorte de sainte, une sainte femme ? »

Mon père est mort deux mois et demi plus tard. Je suis allée voir son corps : il n'avait jamais été aussi beau. Il était totalement en paix. Il n'y avait aucun froncement de sourcils, aucune dureté dans son visage. Finalement, après un long voyage qui avait commencé dans de profondes ténèbres, il était plein de lumière. Ma mère conserve la photo de mon père et d'elle avec Amma dans son Qur'an, son livre bien-aimé.

Ma prière est que les enfants et les parents n'abandonnent jamais l'espoir d'une bonne relation et qu'ils croient toujours qu'un jour viendra où les choses iront mieux grâce à nos efforts sincères, à nos prières et à la grâce divine. Et quand nous, les enfants, voyons la douleur ou la colère contre nos parents se réveiller en nous, rappelons-nous qu'avant de devenir notre père ou notre mère, ils ont vécu des épreuves qui les ont profondément affectés.

Rappelons-nous les sacrifices que nos parents ont faits pour nous élever. Et puissent les parents laisser aux enfants le temps et la distance nécessaires pour guérir et comprendre, tout en restant en contact avec eux.

En tant que fille, ma guérison a commencé avec le pardon qui se fondait sur l'amour et la compréhension, inspirés par les enseignements et l'exemple d'Amma. En ce qui concerne mon père et ma mère, ma prière est que l'étreinte d'Amma reste profondément gravée dans leur cœur. Tant que cette empreinte demeure, aucune ténèbre ne peut recouvrir leur lumière.

Je prie pour que l'amour et la compassion qui se sont développés en moi au travers de l'histoire de ma famille puissent grandir et prendre des dimensions plus vastes encore. Pour cela, je prie humblement Amma de transformer cette enfant en une de ses belles fleurs d'amour et de paix.

7

Le chemin de vie d'une mère de famille avec Amma

Anita Sreekumar - Inde

Quand Amma a demandé à ses enfants qui sont pères et mères de famille de venir raconter leur expérience, je me suis préparée à la tâche après une hésitation de plusieurs mois ; il y a à cela deux raisons :

D'abord, j'ai le devoir d'obéir à Amma qui est mon guru. Amma, tu as souvent dit que tu cherchais des moyens de répandre ta grâce sur nous, tes enfants. Ton amour pour nous t'incite à trouver des actions faciles à exécuter : boire de l'eau de riz avec les repas, marcher tous les matins, donner des *satsangs*, faire notre *sādhanā*, etc. Le fait d'accomplir ces actions, associé à ta grâce, nous aide à progresser vers notre but ultime. Je m'incline avec gratitude devant un tel amour inconditionnel.

Deuxièmement, je voudrais aussi exprimer ma gratitude envers ceux qui ont partagé avec moi la richesse de leurs connaissances et de leur expérience. Tout cela m'a beaucoup aidée à apprendre. Comparée à vous tous, je ne suis pas qualifiée pour parler des Écritures ou d'Amma. Je vais donc plutôt vous raconter les expériences et les leçons que j'ai reçues d'Amma, ce que j'ai appris en vivant à l'ashram en tant que mère de famille.

Amma dit : « Les parents sont les premiers gurus. Les enfants manifestent ensuite ce qu'on leur a enseigné, ce qu'ils ont vécu en grandissant. Chacune de vos paroles, chacune de vos actions crée une impression profonde dans le mental de l'enfant et pénètre profondément dans son cœur, parce que ce sont les premières choses que l'enfant voit et entend. »

Quand j'étais enfant, mes parents maintenaient un très bel équilibre entre leur vie professionnelle et leur vie familiale. Non seulement ma mère travaillait à l'extérieur mais elle était pleine de dévotion et observait des vœux, tout en tenant la maison d'une manière impeccable.

Mon père avait à la maison une bibliothèque qui comportait une collection de biographies et d'enseignements de différents saints. J'aimais lire, j'ai donc lu ces livres avec grand intérêt. Adolescente, l'impact que ces livres avaient sur moi a abouti à des discussions avec mon père sur le sujet de la spiritualité. Je demandais « Qui est Dieu ? Qu'est-ce que Dieu ? »

Certains membres de ma famille étaient déjà des dévots d'Amma depuis longtemps quand j'ai découvert son existence : mon oncle m'a fait cadeau de sa biographie pour mon mariage. Tout arrive conformément à la destinée, en temps et en heure.

Je lisais chaque matin quelques pages de la biographie d'Amma après le départ de mon mari qui allait travailler. Je ne m'arrêtais qu'environ une heure avant son retour pour le déjeuner. La biographie était si fascinante qu'il m'était difficile de m'arracher à sa lecture.

Chaque soir, quand mon mari rentrait du travail, je lui racontais ce que j'avais lu ce jour-là pour qu'il connaisse lui aussi la vie et les enseignements d'Amma.

Un jour, en allant chercher le courrier, j'ai trouvé un dépliant qui annonçait la visite d'Amma à Washington DC l'été suivant. Cela m'a beaucoup étonnée car il n'y avait pas de dévots d'Amma dans notre voisinage et mon mari n'avait aucun lien avec Amma.

Comment notre nom était-il arrivé sur la liste des courriers envoyés pour annoncer l'arrivée d'Amma ? Le dépliant nous était clairement adressé. Qui avait bien pu nous l'envoyer ? Nous ne l'avons jamais découvert mais nous comprenons maintenant qui a dû ajouter notre nom.

Amma avait capté l'aspiration profonde de ce cœur à la rencontrer et elle y a répondu en envoyant le dépliant ; elle nous a appelés à elle. On dit que quand le disciple est prêt, le maître apparaît.

***

Nous avons assisté au programme de Washington DC ; c'est là que nous avons rencontré Amma physiquement. Les swamis qui accompagnaient Amma paraissaient tous calmes et tranquilles ; une aura tangible de sérénité les entourait.

Quand j'ai rencontré Amma, il m'a semblé que je rendais visite à un membre de ma famille. Amma dit que nous avons déjà été proches d'elle dans des vies antérieures. Elle s'en souvient mais nous, non.

Cela me rappelle ce que dit le Seigneur Kṛiṣhṇa (Dieu incarné) à son dévot Arjuna au chapitre 4, verset 5, de la *Bhagavad Gītā* :

> *bahūni mē vyatītāni janmāni tava chārjuna*
> *tānyahaṁ vēda sarvāṇi na tvaṁ vēttha parantapa*
> « Nous avons tous les deux vécu de nombreuses vies, Arjuna. Je les connais toutes mais tu en ignores tout, Ô destructeur des ennemis. »

Ce qui m'attirait le plus chez Amma, c'était son étreinte affectueuse et maternelle. Quand j'étais plus jeune, notre famille avait rendu visite à quelques *mahātmās* (êtres éveillés) mais nous n'étions pas autorisés à les toucher. Traditionnellement, on peut voir un Maître mais pas le toucher. Mais j'avais très envie de les toucher car c'étaient des êtres réalisés : les toucher, c'était donc toucher Dieu.

Ce souhait a été exaucé quand j'ai reçu le darshan d'Amma. Non seulement, j'ai pu la toucher mais j'ai reçu des étreintes, des baisers, des sourires, de douces paroles murmurées à mon oreille, du *prasād* et son tendre baiser indien, dans lequel elle inspire et touche notre joue de son nez. En vérité, quand Dieu donne, elle donne en abondance !

Après la rencontre avec Amma, il s'est passé quelque chose en nous. Nous pensions sans cesse à elle et la vie ordinaire du monde n'avait plus aucun attrait. Nous avons cessé de fréquenter des gens. Nous avons contacté des groupes de *satsang* et nous avons participé aux *bhajans* qui avaient lieu toutes les semaines. C'est devenu notre corde de sauvetage. Nous trouvions plus de joie à être avec les dévots d'Amma qu'à entretenir des relations mondaines. Cela avait aussi plus de sens pour nous.

À la maison, nous ne regardions que des vidéos d'Amma et écoutions ses *bhajans* toute la journée. Nous étions fous d'amour pour Amma ! Elle est devenue notre but et notre seule raison de vivre.

Lors de la visite suivante d'Amma, nous sommes allés au darshan pour lui dire que nous ne pouvions plus vivre sans elle. Avec beaucoup de bonté et de compassion, elle nous a permis de venir vivre à l'ashram après sa tournée d'été. C'est ainsi que nous sommes arrivés à l'ashram d'Amritapuri pour la première fois, avec notre fille de six ans et notre fils, âgé de deux mois.

Avant notre départ, certains se sont demandé si nous avions bien pesé notre décision : déménager dans un environnement totalement nouveau avec deux enfants en bas âge.

Mais comme Amma était au volant de notre vie, la transition n'a pas été difficile. Elle nous a rendu les choses faciles. Nous avons su tout de suite que nous étions là où nous devions être.

Amma dit : « Sur la voie qui nous mène au but, nous rencontrerons peut-être beaucoup d'obstacles. Ne prêtons pas l'oreille aux paroles qui pourraient nous détourner du but. »

Cela me rappelle une histoire qu'Amma raconte à ce sujet :

Un troupeau de chèvres regardait avec envie de verts pâturages perchés en haut d'une montagne escarpée. Elles désiraient toutes manger cette herbe mais l'ascension en pente raide leur faisait peur. Un petit chevreau se mit pourtant à grimper, tout seul.

Déconcertées, toutes les chèvres du troupeau, à l'exception de sa mère, tentèrent de le décourager et se moquèrent de lui. Le petit les ignora et continua à grimper, pendant que sa mère priait pour qu'il arrive sain et sauf. Le chevreau réussit finalement à atteindre le sommet de la montagne et savoura l'herbe abondante. Les autres chèvres, étonnées, demandèrent à sa mère : « Comment se fait-il que ton fils ait ignoré nos avertissements et qu'il ait réussi l'ascension qu'aucune d'entre nous n'a osé entreprendre ? »

La mère a répondu : « Mon enfant est sourd. »

La morale de l'histoire, c'est qu'il faut apprendre à se concentrer sur son but et faire la sourde oreille à tous les discours indésirables et décourageants que l'on risque d'entendre.

Amma dit : « Soyez fermes dans votre engagement sur le chemin spirituel. »

Nous n'avons jamais regretté d'être venus vivre à Amritapuri. Les enfants se sont ouverts sans effort à Amma et acceptent volontiers qu'elle les guide dans tous les domaines. Les contacts qu'ils ont avec Amma sont de rares bénédictions et des moments qu'ils chérissent.

Grâce à l'aide et au soutien des résidents de l'ashram, notre installation a été facile ; nous leur sommes reconnaissants à jamais pour leur altruisme.

***

Amma insiste sur la nécessité de donner la priorité aux valeurs de la spiritualité, en disant : « Si nous cessons de donner aux valeurs morales la place qu'elles méritent, notre vie pourrira, comme une bûche infestée par les termites. Nous n'aurons pas le courage d'affronter les problèmes de la vie. »

C'est pourquoi les ṛiṣhis de jadis considéraient *dharma bodham* (la conscience du *dharma*, de l'action juste) comme essentielle. Si nous voulons être certains que nos interactions sociales soient bénéfiques et aux autres et à nous-mêmes, il est indispensable de garder cette conscience. Ce principe est reflété dans les écoles Amrita Vidyalayam fondées par Amma. Ces écoles associent de manière unique l'éducation moderne et les valeurs culturelles et spirituelles.

Selon Amma, la vie de famille doit servir à se rapprocher de Dieu et non pas à s'en éloigner. C'est ce qu'elle nous conseille.

Amma dit : « Un chef de famille doit se tenir dans le feu sans se brûler, c'est cela, sa vie. Sans chaussures, il doit marcher sur les épines et ne pas se blesser. Les chaussures symbolisent la liberté, l'absence de liens dans le monde. Les chefs de famille ne sont pas libres. Réussir à appeler Dieu au milieu de tout le *prārabdha* (effets des actions passées) de la famille, c'est absolument remarquable. »

Elle nous dit aussi que les inquiétudes concernant la famille nous dérobent notre bonheur et qu'il faut vivre en considérant que tout ce qui arrive est la volonté de Dieu.

La vie de famille est intense et prenante. Où que l'on vive, on ne peut pas échapper aux obligations, aux devoirs qui nous incombent, que ce soit envers le conjoint, les enfants ou les beaux-parents s'ils vivent sous le même toit.

Dans l'ensemble, ma vie est centrée sur les enfants : m'occuper d'eux, m'impliquer dans leur éducation, leur scolarité, les activités extra-curriculaires, les devoirs, passer des nuits blanches s'ils tombent malades, etc. Je suis sûre que ces expériences parlent à la plupart des parents qui suivent la même voie.

Nous ne pouvons pas accourir dès que la cloche sonne pour le programme comme le font la plupart des résidents de l'ashram, pour assister à la méditation avec Amma ou pour la voir. Et nous manquons aussi beaucoup d'autres activités spirituelles.

Mais les paroles d'Amma qui nous dit de considérer tout ce qui nous arrive comme la volonté de Dieu nous ont aidés à accepter notre rôle dans cette vie. C'est Amma qui maîtrise tout et cela nous console.

Comme Amma l'indique, le bénéfice que reçoivent les enfants élevés dans une atmosphère spirituelle, ce sont les valeurs qu'ils assimilent. Ces valeurs les aident à développer une culture du cœur alors qu'ils sont encore très jeunes. Amma insiste sur l'importance d'inculquer les valeurs spirituelles aux enfants : cela les aide à devenir des adultes sains, qui ont la maîtrise d'eux-mêmes et la compassion nécessaires pour traiter les autres avec amour et respect.

Amma compare parfois les enfants élevés dans une atmosphère spirituelle à une plante que l'on transplante en laissant un peu de la terre d'origine autour des racines. Quel que soit le lieu où ces enfants iront, ils emporteront toujours un peu de leurs valeurs spirituelles. Ces valeurs aident les adultes que nous sommes à réorganiser leur vie, à faire l'inventaire de leurs priorités et à vivre correctement.

Amma travaille constamment sur nous ; elle crée différentes situations qui lui permettent de nous ciseler en enlevant les négativités indésirables, aussi douloureux que ce soit, afin de révéler notre vraie nature.

Je me rappelle le temps où le regard d'Amma et les échanges avec elle me remplissaient de béatitude ! Puis il y a eu des moments où j'avais beau être devant Amma, j'avais le sentiment qu'elle ne me voyait pas. C'est une plainte commune de la part des dévots, ses enfants.

En réponse, Amma a suggéré que nous nous rappelions le nom 283 du *Lalitā Sahasranāma* :

> *ōm sahasrākṣhyai namaḥ*
> « Je me prosterne devant Celle qui a des milliers d'yeux. »

Amma dit : « Mes enfants devraient essayer de voir Amma à l'intérieur. Amma n'est pas limitée à ce corps physique. »

Amma dit aussi qu'il existe un raccourci pour oublier la conscience du corps : se souvenir des paroles, des actions du guru, de son visage, de son sourire, de la manière dont elle nous a regardés, etc.

Amma continue ainsi à m'enseigner des leçons sur la manière de surmonter l'attraction et la répulsion ainsi que d'accepter les situations avec *prasāda buddhi* (l'attitude qui consiste à accepter tout ce qui vient comme une bénédiction de Dieu).

Amma travaille parfois sur mon ego dans les situations les plus inattendues. Par exemple, quand je fais la queue pour avoir à manger et que quelqu'un coupe la queue juste devant moi. Je sens monter en moi l'irritation devant cette injustice mais en faisant un effort conscient, je réussis à faire preuve de patience pour ne pas perdre ma paix intérieure. J'essaie de me rappeler les paroles d'Amma, qui dit que nous avons le choix d'être heureux ou triste, joyeux ou irrité, calme ou agité.

Grâce à de nombreuses situations de ce genre, Amma en tant que guru nous fait passer par un processus de nettoyage. Il ne lui faut pas longtemps pour nous attraper et bien frotter !

***

Au cours des années que nous avons passées ici, nous avons découvert de riches trésors accessibles à tous. Ce sont : le mode de vie conforme à celui d'une *gurukula*[16], les cours sur la *Gītā*, les cours sur les Écritures, le chant védique, les cours de danse et de musique, le cours de sanscrit, les *bhajans*, la méditation, différents *sevas*, les cours d'anglais oral pour les chefs de famille et le fait de donner des *satsangs*.

Et le summum, c'est que l'incarnation de Saraswatī elle-même préside à toutes ces activités et que nous en sommes témoins. Pendant les *bhajans*, Aṃma nous donne des leçons pratiques de musique, tout en nourrissant nos âmes avec des doses de la sagesse des Écritures ; c'est une *līlā* (un jeu divin) que rien ne pourrait remplacer.

Au sujet de l'importance du système d'éducation des *gurukulas*, Amma a dit : « L'éducation moderne qui ignore les valeurs, le développement qui néglige l'environnement sont des menaces pour la société. Autrefois, dans le cadre du système d'éducation des *gurukulas*, on enseignait aux élèves à respecter les anciens, les enseignants et les parents. Mais le système d'éducation moderne ignore ces valeurs sociales et le résultat, c'est une société qui se dégrade. »

Concernant la nécessité d'un changement radical dans le système d'éducation en place, le Dalaï Lama a dit : « Il faut entamer des discussions sérieuses pour trouver un moyen d'inclure les anciennes traditions de l'Inde dans le système éducatif. L'Inde a la capacité d'associer l'éducation moderne à ses traditions anciennes pour contribuer à résoudre les problèmes dans le monde. »

---

16 Mot à mot : le clan (*kula*) du précepteur (guru) ; école traditionnelle où les élèves vivaient avec le guru pendant toute la durée de leurs études. Ils étudiaient les Écritures.

Cette déclaration est vraie, nous en sommes tous témoins, et la preuve tangible, ce sont les écoles et les universités d'Amma. Elles sont fondées sur une synthèse d'innovation technologique et de méthodes traditionnelles d'apprentissage. Elles sont la réémergence des universités Nālanda et Takṣhaśhilā de l'Inde ancienne, aujourd'hui renommées Amrita Vishwa Vidyapeetham, l'offrande d'Amma au monde moderne.

Amma dit qu'il existe deux sortes d'éducation : l'éducation pour gagner sa vie et l'éducation pour vivre. Amma réunit les deux ; dans tous les domaines, elle forme des professionnels dotés des savoir-faire, de la force intérieure et du cœur capables d'aider le monde.

En formant de jeunes esprits aux pratiques de la méditation consciente et aux valeurs morales, on leur forge un bon caractère et ils acquièrent la force intérieure et la confiance en soi nécessaires pour affronter les difficultés de la vie avec courage, au lieu de succomber au stress, à la dépression et au suicide.

De tels enfants sont notre espoir pour l'avenir et le monde, qui souffre dans la canicule de sociétés dégénérées, dépourvues de valeurs humaines et de principes spirituels, cherchera auprès d'eux le réconfort. Je tremble en pensant à ce qu'aurait été notre destin à tous sans Amma.

Quand on lui demande à quand remonte l'origine des Védas, Amma répond : « Il est impossible de dire exactement quand a commencé la culture védique. Elle est *anādi* (sans commencement). Les Védas existaient avant la race humaine. C'est en Inde qu'est née la culture védique. » Nous avons une chance immense d'avoir accès à ce trésor antique que constitue le *Sanātana dharma*, qui nous est donné directement à travers les enseignements d'Amma et les cours sur les Écritures qui ont lieu ici.

Au sujet du sanskrit, Amma dit : « Si vous êtes réellement intéressé, apprenez le sanskrit car sinon, il n'est pas facile de comprendre la vraie signification du *Vēdānta*[17]. Pour étudier la *Gītā* et les *Upaniṣhads* il est très utile de connaître le sanskrit.

Dans le *Lalitā Sahasranāma*, le nom 992 décrit Dēvī ainsi :

> *ōm avyāja karuṇā mūrtayē namaḥ*
> « Je me prosterne devant Celle qui est pure compassion. »

Cela me rappelle un incident où la compassion infinie d'Amma a fait rien moins qu'un miracle. Mon fils jouait un jour dehors pendant le darshan d'Amma. Il était petit et il aimait beaucoup faire du vélo. Il avait une tendance innée *(vāsanā)* à aimer la vitesse ; Amma le savait mais nous l'ignorions. Sur ses conseils, nous ne lui avons pas acheté de bicyclette, alors qu'il en réclamait une. Ce soir-là, il a emprunté la bicyclette d'un ami pour faire du vélo.

Je l'attendais dans le réfectoire quand une étudiante est arrivée, tenant mon fils dans ses bras. Elle m'a dit qu'il était tombé de vélo et qu'il s'était blessé. Elle l'a tourné pour me montrer du sang qui coulait à l'arrière de sa tête.

J'ai couvert la blessure d'une main et j'ai couru à l'hôpital en le portant, traversant la foule qui se trouvait dans le hall. J'ai informé l'infirmière qu'il s'agissait d'une chute mais que j'ignorais les détails. On l'a rapidement porté à l'intérieur, on a suturé la blessure et on lui a mis un bandage. Elles ont dit que la coupure était profonde et très proche du crâne.

Nous avons interrogé notre fils sur les circonstances de l'accident. Il a dit qu'il se dirigeait à grande vitesse vers le réfectoire pour m'y rejoindre quand il a vu devant lui une femme âgée. Pour éviter une collision, il a freiné dur, ce qui a bloqué les pneus ;

---

17 « La fin des *Védas* ». Cela désigne les *Upaniṣhads*, qui traitent de Brahman, la vérité suprême, et de la voie qui mène à la réalisation de cette vérité.

mais en conséquence, il a été projeté au sol et s'est cogné la tête contre un banc en béton.

Le personnel de l'hôpital nous a suggéré de le porter jusqu'à Amma et de l'informer de l'accident. Amma l'a tenu dans ses bras et a dit : *Kṛipā rakṣhichu*, « La grâce l'a sauvé ». Ces paroles, prononcées de manière très simple, nous ont fait comprendre qu'Amma l'avait en fait protégé et sauvé d'un accident plus grave, avant même d'avoir été informée.

Cela m'a révélé cette vérité : son regard toujours vigilant ne nous quitte jamais, nous sommes toujours sous sa protection, l'objet de sa grâce salvatrice. À cette Mère universelle, à la volonté de laquelle le destin lui-même se soumet, j'offre mon immense gratitude.

Amma a été une mère dans tous les sens du terme pour les enfants que j'ai eu la bénédiction de mettre au monde. Je me considère comme une mère adoptive qui fait simplement son devoir en les élevant. L'affection et la compassion maternelles d'Amma sont infinies. Comme une rivière dont les eaux rafraîchissent, elle soulage toute personne qui prend la peine d'y entrer pour trouver un réconfort à ses souffrances.

Quand on lui a demandé quelles étaient les caractéristiques de l'hindouisme, Amma a répondu : « Le Divin est latent en tout être humain. Le Créateur se manifeste sous la forme de la création. Le but ultime de la vie est de réaliser cette vérité non-duelle. Cette religion, l'hindouisme, est appelée *Sanātana dharma*, le principe éternel, parce qu'elle est adaptée à tous les pays et à toutes les époques.

Cette culture est la somme totale des expériences de nombreux *ṛiṣhis* qui ont vécu à différentes époques et qui ont fait l'expérience directe de la vérité ultime. C'est une philosophie de la vie qui englobe tout. Dans le *Sanātana dharma*, il n'y a pas d'enfer éternel. Quelle que soit la gravité du péché commis, il est malgré tout possible de se purifier grâce à de bonnes pensées et à de bonnes actions, pour finalement réaliser Dieu. Tout péché peut être lavé grâce à un repentir sincère. Nous commettons peut-être beaucoup d'erreurs dans notre vie. Mais les enfants d'Amma ne devraient pas se décourager à cause de cela. Il est naturel de faire des erreurs mais il faut s'efforcer de ne pas les répéter. Si vous chutez, pensez que vous êtes tombé pour vous relever. »

Amma, dans mon ignorance, j'ai commis beaucoup d'erreurs. Je sais que j'ai trébuché plus de fois que je ne me suis relevée. Parmi tous les morceaux de métal rouillé que tu as recueillis pour en faire de l'or, dis-tu, j'ai le sentiment d'être parmi les plus rouillés. Mais ne m'abandonne pas.

Amma, tu as dit : « Sachez qu'Amma est toujours avec vous. Mes enfants, il est inutile d'avoir peur. Si vous appelez Amma avec innocence et foi, elle est toujours prête à vous aider. »

J'ai mis ma main dans la tienne car j'ai besoin de ton aide pour atteindre le but. Ta compassion infinie et ta patience sans limite sont mon seul espoir d'atteindre tes pieds de lotus, dans lesquels je désire me fondre éternellement.

Je prie pour que chaque fois que nous chancelons et tombons, tu nous tiennes fermement la main, que tu nous relèves et nous permettes de nous fondre en toi. J'offre mes paroles et mes prières, guirlande de gratitude, comme un ornement à tes pieds de lotus.

8

Les sandales du guru

Sadānand -États-Unis

Le verset 1 du *Guru Pādukā Stōtram* (Hymne aux sandales du guru) dit :

> *ananta saṁsāra samudratāra*
> *naukāyitābhyāṁ gurubhaktidābhyām*
> *vairāgya sāmrājyada pūjanābhyām*
> *namō namaḥ śhrī gurupādukābhyām*
> « Je me prosterne devant les sandales sacrées du guru qui servent de bateau pour traverser l'océan infini du *saṁsāra*, qui nous confèrent la dévotion envers le guru et qui, si on les vénère, nous accordent la bénédiction du renoncement *(vairāgya).* »

Pendant les tournées d'Amma à l'étranger, il m'est arrivé d'aller trouver Amma tard dans la nuit pendant le *Dēvī Bhāva* pour lui poser des questions. Maintenant, pendant le confinement, c'est Amma qui pose des questions aux résidents de l'ashram. Après les *bhajans*, ils lèvent la main et Amma demande à quelques personnes de répondre. Au début, je ne participais pas.

Amma a un jour appelé les dévots occidentaux au darshan. J'y suis allé sans aucune intention particulière. Après le darshan, Amma m'a parlé. Elle m'a dit : « Tu devrais prendre la parole après les *bhajans.* » Avant que je puisse faire la moindre objection, Amma a ajouté : « Il serait bon pour toi de réfléchir à ces questions. »

Quelques jours plus tard, pendant une séance de questions-réponses, j'ai levé la main. Amma m'a donné la parole pour que je réponde à sa question. J'avais les jambes qui tremblaient tout le temps : trois longues minutes. Amma s'attaquait à ma peur. Amma a créé de petits marche-pieds pour m'aider à aborder quelque chose qui me semblait au-dessus de mes forces : faire un discours de trente minutes. La spiritualité avec un maître parfait, c'est cela : on avance pas à pas. On ne sait peut-être pas où on va mais le guru, lui, le sait.

Récemment, lors de *Guru Pūrṇimā*[18], Amma a dit que la présence spirituelle du guru était plus importante que sa forme physique. Voyons comment la présence subtile du guru nous guide. Cela a commencé avant même que je rencontre Amma.

Enfant, j'aimais les histoires de science-fiction. Une de mes histoires favorites, c'était La Guerre des Étoiles. Le personnage principal s'appelle Luke : c'est un jeune homme qui mène une vie normale mais le destin fait en sorte qu'il rencontre un maître de Jedi, Yoda, qui fait figure de guru. Luke s'entraîne pour apprendre à manier 'La Force,' la puissance subtile qui coule et pénètre tout l'univers. Yoda, ce petit personnage sage, très vieux, qui joue le rôle d'un guru, enseigne à Luc :

« Mon alliée, c'est la Force... Son énergie nous entoure et nous lie. Nous sommes des êtres de lumière, nous ne sommes pas cette matière brute. Tu dois sentir la Force autour de toi... partout. »

Beaucoup de gens sont sceptiques au sujet de la spiritualité. Je l'étais aussi. Je suis devenu athée quand j'étais au lycée. Je désirais que Dieu soit une réalité mais je n'avais pas de preuve. Je pensais que les Écritures et les incarnations divines étaient des mythes, créés pour donner un sens à la vie avant que la science moderne puisse fournir une explication.

---

[18] Le jour de la pleine lune, *pūrṇimā*, du mois hindou *āṣhāḍha* (Juin-Juillet) ; c'est le jour où les disciples honorent le guru.

Tard dans la nuit, je me livrais à la contemplation : « Un jour, je mourrai et je cesserai d'exister. » La pensée de ne plus exister me terrifiait. Au cours de cette période, je suis souvent retourné voir La Guerre des étoiles. J'aurais souhaité que la vie soit une fiction. Je me suis inscrit à l'Université du Michigan ; c'était l'étape suivante d'une vie normale.

Pour apaiser mon angoisse, je me suis tourné vers les thérapies holistiques. Un jour, pendant une séance de thérapie psycho-corporelle, je me suis senti très en paix. Soudain, des vagues de joie se sont levées en moi et des couleurs magnifiques ont surgi devant mes yeux. J'ai éclaté de rire. Je me sentais merveilleusement bien. Je n'avais jamais rien ressenti de tel auparavant : le sentiment d'une joie indescriptible.

Alors je me suis demandé : « Était-ce le summum de la joie ? Comment en faire de nouveau l'expérience ? »

Je n'étais pas sûr que Dieu existe. Mais je cherchais à tout prix le moyen de trouver la béatitude.

Le besoin urgent de trouver un guide s'est éveillé en moi. Chaque cellule de mon corps criait, en s'adressant à l'univers : « Aidez-moi ! Il faut que je rencontre un chevalier Jedi ! Il faut que je rencontre Yoda ! » C'était le langage que j'employais. Je ne savais pas ce qu'était un guru. Dans La Guerre des étoiles, Yoda est le plus fort des Jedis de l'univers. Je voulais un mentor qui ressemble tout à fait à Yoda : sage, humble, doté d'une puissance immense et en même temps drôle, innocent et caché, bien que visible de tous. Yoda parlait un anglais simple et maladroit, sa voix était grave et rauque.

Mon appel a été entendu.

Une voix intérieure a dit : « Dans deux semaines, tu rencontreras la personne qu'il te faut rencontrer. » Pendant les deux semaines suivantes, j'ai dû avoir l'air bien étrange. Partout où j'allais, je gardais les yeux grand ouverts, cherchant un Jedi...ou le moyen d'en trouver un.

Deux semaines plus tard, j'ai rencontré un dévot d'Amma et j'ai entendu le nom d'Amma pour la première fois. Le dévot a dit : « Certains considèrent Amma comme une incarnation divine, comme Jésus-Christ, Bouddha ou Kṛiṣhṇa. »

Aujourd'hui ? Les incarnations existaient-elles réellement ? Il fallait que je me fasse ma propre opinion. La tournée d'été 2007 d'Amma aux États-Unis venait juste de commencer. Je suis parti aussitôt pour San Francisco.

Deux jours plus tard, j'étais dans les bras d'Amma à l'ashram de San Ramon, en Californie. L'énergie universelle et pleine d'amour était là, devant moi, manifestée sur terre. J'ai pris refuge aux pieds d'Amma et j'ai reçu mon mantra. Le destin m'a fait passer d'une vie normale à « La légende d'Amṛita ».

Au départ, il y avait beaucoup de choses dans la tradition indienne que je ne comprenais pas. La nourriture, par exemple ! Pourquoi était-elle si épicée ?

pourquoi les gens adoraient les pieds du Maître. Tout en gardant l'esprit ouvert, j'ai interrogé les gens autour de moi. L'adoration des pieds du Maître n'est pas spécifique aux dévots d'Amma. Elle fait partie de la tradition spirituelle de l'Inde. La totalité du *satguru* (le guru authentique) est contenue dans ses pieds. Les pieds du guru sont la source de toute connaissance. On m'a répondu que la connaissance intérieure se développe naturellement chez ceux qui s'asseyent aux pieds du Maître, comme les fleurs s'épanouissent naturellement à la lumière du soleil.

Certes, le savoir intellectuel a son utilité mais l'expérience directe pénètre dans le coeur. Je me rappelle la première fois que j'ai vu les pieds d'Amma. C'était en été 2008, au programme de Chicago. J'étais assis juste à côté d'Amma. Les chaussettes d'Amma ont été enlevées. Et là, j'ai vu les pieds d'Amma. Les pieds d'Amma rayonnaient de lumière ; j'ai ressenti une paix profonde.

En présence d'Amma, j'ai éprouvé des sentiments d'amour et de bonheur qui se sont ensuite manifestés par de la gratitude et le désir de servir. Le temps passé avec Amma a fait grandir une relation intérieure avec le Divin. À mesure que cette relation prenait de l'importance, mes autres centres d'intérêt me quittaient, comme les feuilles sèches tombent des arbres à l'automne.

Le *Guru Pādukā Stōtram* dit :

> *gurubhaktidābhyām, vairāgya sāmrājyada pūjanābhyām*
> « Les sandales du guru confèrent la dévotion au guru ; en les vénérant, on reçoit la grâce de *vairāgya* (le renoncement) »

C'est en août 2009 que je suis arrivé pour la première fois à Amritapuri, pour y passer un mois. J'avais vingt-et-un ans et voilà que je me retrouvais à l'endroit le plus magique de la Terre : un château rose dans une forêt de cocotiers ! Cela ressemblait à un conte de fées. Je parlais aux photos d'Amma comme si elles pouvaient me répondre et j'écrivais mon journal comme si les pages étaient vivantes et écoutaient.

Après cette première visite, je me suis dépêché de finir mes études et je suis retourné à Amritapuri en janvier 2010 avec un aller simple, dans l'intention de devenir un renonçant.

***

J'ai toujours éprouvé le *prasad* d'Amma comme quelque chose de spécial. Je conservais les paquets de *vibhūti* (cendre sacrée) vides et les papiers de bonbons de *prasad*. J'ai soigneusement fait sécher et conservé dans le Michigan le trognon de ma première pomme de *prasad*, j'ai gardé aussi les pétales de *Dēvī Bhāva* et l'eau sacrée, un cure dent d'Amma, utilisé pendant un arrêt pour le *chai*, une épingle à nourrice cassée du sari d'Amma... J'en ai des boîtes pleines. Tout cela a été touché par Amma, la Mère divine.

Dans le monde entier, dans toutes les traditions, des histoires rapportent les propriétés miraculeuses de guérison que possèdent des objets touchés, utilisés ou portés par des saints, des sages et, plus rare encore, des incarnations divines. Ils permettent à l'humanité de se relier plus fortement au Divin. Dans le monde entier, les gens ont été bénis et ont reçu le *prasad* d'Amma, qu'ils gardent précieusement chez eux. En touchant le *prasad* d'Amma on peut éprouver les mêmes sensations que celles associées au darshan. Cela me rappelle un souvenir très particulier.

C'était en novembre 2011 et le *Dēvī Bhāva* à Détroit venait juste de se terminer. J'allais rester six mois sans revoir Amma car je travaillais pour économiser l'argent nécessaire pour aller vivre en Inde. La poche de mon sweatshirt était remplie de pétales de fleurs du *Dēvī Bhāva* et de *prasad* d'Amma : deux petits chocolats (kisses ou baisers) Hershey. J'ai eu la grande chance d'aller dire au revoir à Amma à l'aéroport.

Le lendemain, j'avais l'intention d'aller rendre visite à ma grand-mère dans l'Ohio. Elle était mourante, la dernière d'une grande famille de chrétiens du Liban. Je n'ai jamais dit physiquement à Amma qu'elle était à l'hôpital, je ne lui ai jamais montré sa photo car j'avais foi en l'enseignement d'Amma, qui dit qu'une fois qu'on se concentre sur la spiritualité, Dieu s'occupe de tout le reste. Quand mes parents sont venus me chercher, nous avons reçu un coup de fil urgent : « Grand-mère ne va pas bien. N'attendez pas demain. Venez maintenant. » De l'aéroport, nous sommes donc partis aussitôt pour l'Ohio, juste après le *Dēvī Bhāva*.

Je suis entré dans la chambre de grand-mère. Elle a souri paisiblement sur son lit et a dit : « Oh, vous êtes venus me dire au revoir. Tous mes frères m'attendent. » Elle était en paix, contente, et acceptait totalement sa mort prochaine.

J'ai cherché dans ma poche les pétales d'œillets, inodores, que j'avais recueillis et je les ai répandus sur son corps. Elle a inspiré profondément et a dit : « Ahh, ils ont un parfum céleste ». Ma mère et mon frère aussi ont senti le parfum de roses d'Amma. Une présence angélique tangible remplissait l'air. C'était sacré, comme si Amma était présente. Le lendemain, ma grand-mère est devenue inconsciente. Une semaine plus tard, elle est morte en paix, entourée de ceux qui l'aimaient.

Souvent, la vie sépare les gens tandis que la mort les rassemble. Quand toute la famille s'est retrouvée, il y avait un gâteau sur la table. J'ai pris les petits chocolats de prasad que j'avais gardés, je les ai coupés en tous petits morceaux dont j'ai saupoudré tout le gâteau.

D'autres membres de ma famille rencontreront-ils jamais Amma ? Je l'ignore. Mais je savais qu'ils allaient manger du gâteau. Et même s'ils ne recevaient pas un seul petit morceau de *prasad*, je savais que Dieu s'occupe des générations qui précèdent et de celles qui suivent un chercheur spirituel. Amma me l'a prouvé.

Le *Guru Pādukā Stōtram* dit :

> *ananta saṁsāra samudratāra naukāyitābhyām*
> « Les sandales sacrées du guru servent de bateau pour traverser l'océan du *saṁsāra*. »

J'en ai vraiment fait l'expérience.

Un jour à Amritapuri, je suis passé devant la table du *prasad* d'Amma ; elle propose des objets qu'Amma a portés ou utilisés, ou qui ont été donnés à Amma. Les dons reçus sont utilisés pour les œuvres caritatives d'Amma. Une dévote m'a appelé.

Elle m'a montré un bac rempli du trésor le plus précieux de la terre : les sandales d'Amma ! Il n'y avait pas qu'une seule paire, il y avait bien une douzaine de paires de sandales blanches qui avaient été données à Amma et qui venaient de la chambre d'Amma. J'ai eu un moment l'impression de rêver : Où suis-je ? Comment peut-il y avoir une telle abondance d'une chose si rare et si précieuse que les sandales de la Mère divine ?

J'étais à Amritapuri, la ville, *puri*, de l'immortalité, *amṛita.* Amritapuri : la Ville de l'immortalité, le pays des contes de fées. Quand j'ai pris la paire qui se trouvait sur le dessus, j'ai senti un courant électrique et une présence profondément rafraîchissante qui m'a rappelé Amma. J'ai reçu la chose la plus précieuse de l'univers, les *pādukās* (sandales) du guru.

Une nuit, j'étais au lit à l'ashram et Amma me manquait. Nous étions ensemble à Amritapuri, je n'étais donc pas séparé d'elle physiquement. Mais je désirais être encore plus près, je souhaitais secrètement pouvoir être au service personnel d'Amma. J'ai posé les sandales d'Amma sur ma poitrine et je me suis endormi ainsi, espérant m'offrir corps et âme aux pieds d'Amma, dans un abandon total de moi-même.

Cette nuit-là, j'ai fait un rêve intéressant. Je prenais l'avion avec Amma et je franchissais l'océan pour me rendre dans trois pays étrangers où je n'étais jamais allé. J'étais en tour avec Amma. Le darshan se terminait ; une des personnes au service d'Amma m'a lancé les chaussures d'Amma et je les ai attrapées. Je me suis réveillé très paisible, comme si j'avais été avec Amma, comme si j'avais reçu son darshan.

Plusieurs mois plus tard, au printemps, j'ai fait la tournée avec Amma et je suis allé en Malaisie, à Singapour et en Australie pour la première fois. J'ai même eu la chance d'être dans le même avion qu'Amma. Au premier programme, Prāṇā, une des personnes qui s'occupe du service d'Amma pendant le darshan, est venue me voir et m'a dit : « Il faut que je te parle au sujet des chaussures d'Amma ». J'ai eu des frissons.

Elle a ajouté : « Quand Amma termine le darshan, un dévot de la région l'aide à mettre ses chaussures avant qu'elle quitte la salle. On a besoin de quelqu'un qui apporte les chaussures d'Amma à ce dévot. »

J'étais vraiment surpris : tout était exactement comme dans mon rêve avec Amma. Les prières que j'avais faites à Amritapuri avaient été exaucées : j'ai pu être au service personnel d'Amma, tout proche d'elle au moment où elle quitte la salle, un des plus beaux moments du programme.

Quand Amma marche vers la sortie, elle s'arrête et donne beaucoup d'amour et d'attention aux dévots qui forment une haie le long du chemin. Ce déferlement d'amour se reflète sur des centaines de visages souriants et rieurs, ivres d'amour divin.

C'est un miracle de pouvoir passer autant de temps avec Amma ; les disciples de Jésus n'ont passé que trois ans avec lui.

Mais parfois, il m'arrive de faire comme si le *prasad* et la présence d'Amma allaient de soi. Je ne fais pas l'effort spécial de savourer mes expériences ou de noter dans mon journal ce qui s'est passé.

Chaque objet de *prasad* transmet la *śhakti* (l'énergie divine) d'Amma et sa conscience. Avec le *prasad*, Amma nous donne peut-être un *saṅkalpa* (une résolution divine). Si on traite le *prasad* avec respect, il peut nous donner un enseignement. Cette attitude influencera notre relation avec d'autres objets, d'autres personnes et avec la nature.

Le *prasad* est un cadeau qui nous aide à grimper sur l'échelle de l'amour, à voir le Divin en toute chose, à reconnaître que le Créateur et la création ne sont pas deux entités séparées mais ne font qu'un. Par exemple, la plupart des gens voient un papier de bonbon et pensent qu'il va à la poubelle. Mais les dévots qui voient un papier de bonbon pensent à Amma et à ses vibrations d'amour.

Amma nous demande de traiter toute chose avec révérence, d'honorer même un stylo avant de s'en servir. Cette attitude de respect pour l'ensemble de la création nous permet de grandir et de considérer toute chose comme un *prasad*, comme sacrée. En faisant cela, les vibrations qui entourent ces objets changent. Ils sont imprégnés d'une *śhakti* particulière et bénéfique, qui vient de notre attitude, de nos mantras, et de nos visualisations.

***

Avec le temps, les souvenirs pâlissent, alors capturons les moments passés avec le guru. Il y a là un mystère, un puzzle, qu'il s'agit d'étudier avec amour. On ne comprend certaines choses que des années plus tard. D'autres continuent à révéler encore de nouvelles significations.

Un jour à la plage, après la méditation, un dévot a eu l'occasion de parler au micro et par amour pour Amma, il s'est mis à faire son éloge. Amma l'a interrompu et a dit : « Ehhh ? *Screws loose, me !* », indiquant qu'elle était folle. J'ai ri de tout mon cœur. Elle me rappelait Yoda ! Je me suis souvenu de ma prière qui était au départ de rencontrer un Jedi. Amma est vraiment comme Yoda, elle parle un anglais simple mais secrètement, elle est toute-puissante. J'ai obtenu infiniment plus que tout ce dont j'aurais pu rêver : la Mère universelle.

Deux ans après ma lune de miel avec Amma, pendant la tournée d'été 2009 aux États-Unis, Amma m'a donné le nom de Sadānand, béatitude éternelle. Elle m'a fait soigneusement répéter trois fois la prononciation de ce nom, que je massacrais avec mon accent du Michigan.

J'ai répété : « SAAdanand ».

« Non, SadAAnand » a répondu Amma.

Je me suis corrigé : « SadAAnand ».

Le *brahmachārī* qui traduisait m'a expliqué que mon nom était composé de deux mots : *sadā*, toujours, et *ānand*, béatitude. Sadānand peut se traduire par « toujours heureux », ou « béatitude éternelle ».

Un dévot indien m'a dit que Sādanand signifie en fait déprimé, dépourvu de toute béatitude ! La prononciation fait donc vraiment une énorme différence. Des années plus tard, je me suis rappelé que mon but spirituel initial était la béatitude éternelle. Amma était là au début et sera là à la fin. Amma est là à chaque pas du chemin.

Malgré ce nom, je ne suis pas toujours joyeux. Parfois, je suis déprimé et je m'identifie à Sādanand. J'ai plaisanté avec un ami en lui disant qu'en faisant le tour du monde avec Amma, j'ai découvert que je pouvais être triste sur des îles tropicales, dans d'anciennes cités de l'Inde, à Paris, dans le désert, n'importe où ! Mais pourquoi ? En la présence si pure, si divine d'Amma, je vois constamment le contraste entre elle et mes faiblesses et mon égoïsme. Il n'y a pas d'échappatoire.

J'ai fait l'expérience de mon incapacité à changer grâce à l'effort personnel. C'est complètement dégrisant. Malgré cela, j'avais bien souvent trop honte pour venir parler directement à Amma de mes *vāsanās*[19]. À Dallas, j'ai posé la question à Amma. Elle a souri tendrement, m'a touché le visage et a dit : « Ne t'inquiète pas. Tout le monde est pareil. Il y a un *bhajan* qui dit : " Je t'offre ma honte et mon orgueil. " Imagine que tu es comme

---

[19] Tendance latente ou désir subtil qui se manifeste sous forme de pensée, d'intention et d'action ; impression dans le subconscient acquise par l'expérience. Ici l'auteur désigne spécifiquement les tendances négatives du mental.

un oignon et que tu offres tout à Amma, en enlevant toutes les pelures de l'oignon. »

J'avais envie d'offrir à Amma toute ma négativité mais je ne savais pas comment faire. J'ai pensé à fabriquer un oignon en origami avec mes *vāsanās* écrites sur les différentes pelures, mais je n'ai pas réussi à le faire. Peu à peu, j'ai oublié cette idée.

Cette année-là, la tournée s'est terminée à Tokyo avec la célébration de *Guru Pūrṇimā*, suivie du *Dēvī Bhāva*. Je faisais le tour du monde en avion avec Amma, ce qui était mon désir le plus cher, et j'étais malgré tout torturé par mon mental et mes désirs. Je n'arrivais pas à savourer pleinement ces moments exceptionnels.

À la fin du *Dēvī Bhāva*, un objet dans la poubelle a attiré mon attention. C'était une boîte qui avait contenu du *prasad* offert à Amma. Elle était magnifique, fabriquée avec amour, avec beaucoup de soin. Soudain, tout est devenu clair. Cette boîte allait devenir ma boîte à *vāsanās*. J'allais la remplir de mes déchets psychiques, l'offrir à Amma et lui demander de vider les immondices. Ce serait mon offrande pour *Guru Pūrṇimā*.

J'ai écrit mes *vāsanās* en malayalam sur différents morceaux de déchets propres trouvés dans la poubelle pour qu'Amma puisse les lire un par un sans avoir besoin de traducteur. De cette manière, tout se passerait dans la discrétion et resterait entre nous deux. J'ai écrit chaque *vāsanā* sur un support différent : plastique, carton, papier, aluminium et tissu, j'ai mis le tout dans un sac en plastique transparent et j'ai placé le sac dans la boîte à vāsanās.

Si vous offrez votre honte au guru, soyez prêt à tout. Amma a pris la boîte et lentement, elle a lu les *vāsanās* devant tout le monde, une par une, à plusieurs reprises. *Krōdham, kāmam, duḥkham,* etc. : la colère, le désir, la dépression, la concupiscence, la paresse, l'avidité, la rivalité, la jalousie, la haine, la honte et l'orgueil.

Amma a dit : « Tu as oublié la compétitivité ! » Puis elle a ajouté une seconde fois la concupiscence. Amma a pris ma honte et mon orgueil et elle a fait en sorte de rendre la chose aussi publique que possible. Elle m'a regardé avec un amour surnaturel, immense. Amma ayant eu la boîte à *vāsanās* entre les mains, les *vāsanās* sont devenus *prasād*.

De retour à Amritapuri, chaque fois qu'Amma me voyait, elle disait : « Ce garçon m'a donné une boîte à *vāsanās*. Elle était remplie de colère, de concupiscence, de dépression etc. » Elle a parlé à tout le monde de la boîte à *vāsanās*. J'ai reçu un torrent incroyable d'amour et d'attention.

Amma a même fait apporter la boîte, qui se trouvait dans sa chambre, aux *bhajans* du soir et l'a montrée à tout l'ashram, comme un enfant qui montre et explique à l'école.

Au printemps suivant, en Australie, Amma m'a dit : « Tu es célèbre maintenant, à cause de la boîte à *vāsanās*. Elle est sur Facebook, elle est dans le magazine de l'ashram, Matruvani, et sur le site internet de l'ashram. Elle est aussi dans le livre de Swāminī Amma (Swāminī Kṛiṣhṇāmṛita Prāṇā). » On en a même fait un *bhajan* en anglais.

J'aimerais terminer par une conclusion heureuse du style : « J'ai donné toutes mes *vāsanās* à Amma et elles ont toutes disparu ! » Mais c'est un processus de longue haleine. Amma m'appelle « Boîte à *vāsanās* », surtout quand je me suis mal conduit, et elle me rappelle ainsi sa nature omnisciente. Disons simplement qu'Amma m'appelle encore souvent « Boîte à *vāsanās* ».

Mais j'ai tout de même remporté une victoire. Rien qu'en essayant de donner mes faiblesses à Amma, elle m'a récompensé par son amour inconditionnel et infini. L'amour d'Amma est la grâce salvatrice, c'est lui qui nous donne l'enthousiasme nécessaire pour nous relever et continuer sur la voie, quel que soit le nombre de nos échecs et de nos chutes.

Swāminī Śhrī Lakṣhmī Prāṇājī m'a dit récemment que la boîte à *vāsanās* était toujours dans la chambre d'Amma.

Cela prouve qu'Amma n'est pas dégoûtée par nos faiblesses. Nous sommes comme des bébés dont la couche est sale. Un bébé ne peut pas changer sa couche. Avec patience, avec un amour sincère, sa mère fait le nécessaire. Je suis comme ce bébé totalement impuissant dont la couche est sale et qui a besoin de la grâce salvatrice.

Dans la *mānasa pūjā* (adoration intérieure) d'Amma, dédiée à la Mère, il y a une prière :

« Ô Mère, Tu es pur amour. Je suis trop impur pour mériter ta grâce. Mais sois patiente avec moi, Mère, je T'en prie, reste avec moi. Tu es la rivière la plus sacrée et je suis une mare stagnante et sale. Coule à travers moi et purifie-moi, fermant les yeux sur mes faiblesses et pardonnant mes erreurs. »

Puissions-nous tous traverser l'océan du saṁsāra, guidés avec un tendre soin et une compassion infinis par notre Amma bien-aimée. Notre Mère patiente et toujours attentive est aussi notre maître, notre amie qui, sans jamais perdre son enthousiasme, descend à notre niveau. Avec Amma, nous avons tous gagné le gros lot à la loterie universelle.

Nous progresserons tous, c'est certain, tant que nous sommes patients et que nous restons dans le bateau. Si nous tombons du bateau et risquons la noyade, alors tendons de toutes nos forces la main vers les sandales d'Amma, merveille des merveilles ; sacrées, elles seront notre salut si nous nous y accrochons. Amma est là, proche de nous, prête à nous sauver sans jamais nous abandonner. C'est certain.

9

Le satsang et le seva dans ma vie

Nihsima M Sandhu - États-Unis

Pour commencer, je vais vous parler un peu de mon passé et vous raconter comment je suis arrivée à Amritapuri, la demeure sacrée d'Amma.

Je suis pleine de gratitude envers toi, Amma, pour m'avoir donné une incarnation humaine et plus encore, dans une famille Sikh où régnaient l'amour et la spiritualité. Pendant mon enfance, tu nous as donné la grande chance d'avoir comme guru de famille et comme guide Bābājī, un saint du Punjab encore vivant. Nous allions souvent dans son ashram pour y faire du *seva*, assister aux *satsangs* et recevoir ses conseils spirituels. Par la grâce d'Amma, nous avons aussi reçu la bénédiction d'autres saints et sages. Sathya Sai Baba, par exemple, nous a rendu visite chez nous, à Delhi.

Atithi dēvō bhava, la culture qui consiste à traiter un hôte comme Dieu était d'une grande importance dans notre foyer. Des invités pouvaient arriver à tout moment pour un repas ou pour passer la nuit ; certains sont restés des mois.

Notre monde plein de bonheur et d'amour s'est effondré quand ma mère et ma grand-mère nous ont quittés soudainement, tuées dans un tragique accident de voiture. J'avais quinze ans. Ce fut ma première vraie leçon sur l'impermanence de la vie humaine et pour nous, un terrible cauchemar ; notre foi a été réellement mise à l'épreuve. Mon frère nous a encouragés à rester forts, à nous remémorer les sacrifices faits par nos gurus Sikh, afin de nous inspirer et de nous insuffler foi et courage.

Notre ancrage dans la spiritualité nous a donné du courage et a évité que nous nous laissions aller à être victimes des circonstances. Nous avons au contraire galopé comme de vrais guerriers spirituels, avec une foi entière dans le Seigneur.

J'ai réussi mon bac à Delhi avec de très bonnes notes et j'ai reçu la bénédiction de pouvoir continuer mes études aux États-Unis. En arrivant aux États-Unis, j'ai eu la déception de découvrir qu'un parent proche nous avait volé une grosse somme d'argent dont la plus grande partie était destinée à financer mon éducation et mon séjour en Amérique.

Sans perdre espoir et pour ne pas peser inutilement sur mon père financièrement, j'ai décidé de travailler et de payer mes études. La grâce divine m'a aidée à passer facilement d'un style de vie luxueux à une vie très simple. Travailler à plein temps et étudier à plein temps m'a aussi appris à être très concentrée, disciplinée et à bien employer mon temps.

Le Seigneur s'est montré bon envers moi et a récompensé mes efforts sincères. Je suis sortie première de mon école de commerce et j'ai même figuré sur la liste nationale établie par les recteurs d'université ; je faisais partie des 2% meilleurs diplômés de l'année aux États-Unis. Grâce à cela et à une bonne expérience du monde du travail, ma carrière a pris un très bon départ et j'ai rapidement monté les échelons dans le monde de l'entreprise.

Je touchais un salaire élevé, j'avais une carte de crédit illimitée, une belle voiture, un appartement luxueux à San Francisco, beaucoup d'amis et je passais mes vacances dans des hôtels cinq étoiles un peu partout dans le monde. Que de bénédictions ! Ma carrière m'a aussi permis de rencontrer des gens qui avaient réussi, des célébrités, des politiciens de haut niveau et des chefs d'entreprises dont le budget était de plusieurs milliards de dollars. Mais je me suis vite rendu compte qu'aucune de ces personnalités ne paraissait goûter la liberté que l'on trouve en la présence joyeuse et pleine de simplicité des sages que j'avais rencontrés dans le passé.

La plupart de mes désirs matériels avaient été satisfaits et j'en étais reconnaissante au Seigneur. Mais je commençais aussi à m'apercevoir qu'*apāra prakṛiti*, le monde extérieur des sens, impliquait aussi beaucoup de souffrances.

Je me suis mise à lire des livres sur la spiritualité et, à mesure que ma soif de découvrir le Divin en moi s'approfondissait, je me suis tournée de plus en plus vers l'intérieur. Je voulais *samatvam*, l'équanimité du mental, qui m'aiderait à surmonter les nombreuses souffrances de la vie, comme on patauge pour traverser une mare.

J'ai prié le Seigneur de me montrer la voie et en six mois, Il a répondu à mes sincères prières d'une manière inimaginable : la Mère divine elle-même est entrée dans ma vie.

Le nom 742 du *Lalitā Sahasranāma* dit :

> *ōm bhava dāva sudhā vṛiṣhtyai namaḥ*
> « Je me prosterne devant Celle qui est le nectar de la pluie tombant sur le feu de forêt qu'est la vie dans le monde. »

Voici comment j'ai rencontré Amma : ma sœur Guramrit a vu dans le journal local un article sur Amma, « La sainte qui étreint ». Elle habitait à Marin County, en Californie et le programme d'Amma avait lieu à trois kilomètres seulement de chez elle. Guramrit m'a invitée à venir avec elle le lendemain, 19 novembre 2000, pour que nous ayions ensemble le darshan d'Amma.

Nous sommes arrivées sur les lieux à neuf heures le lendemain matin, pleines d'enthousiasme. Mais à notre grand désarroi, on ne nous a pas permis d'entrer ; on nous a dit que c'était le dernier jour d'une retraite. Nous ne savions pas quoi faire et nous étions au bord des larmes, parce que nous ne voulions pas attendre jusqu'à l'année suivante pour avoir le darshan d'Amma. C'est alors qu'un dévot de longue date est apparu comme par magie ; il nous a aidées à obtenir la permission de nous inscrire à la retraite, malgré notre arrivée tardive. Nous lui vouons une reconnaissance éternelle pour son aide ; nous avons vraiment eu la sensation qu'il s'agissait d'une intervention divine.

Nous nous sommes dépêchées de nous inscrire, on nous a donné des tickets de darshan et nous avons pris place. L'atmosphère paraissait magique et surréelle. Peu après, nous avons entendu le son céleste de la conque, annonçant l'arrivée du plus beau des êtres divins, vêtue d'un simple sari blanc.

Avec un sourire rayonnant, elle s'est dirigée vers le *pīṭham* (un siège ayant l'aspect d'une petite plateforme) après une émouvante cérémonie d'accueil, une *pāda pūjā*. La méditation a commencé et j'ai glissé dans une profonde méditation ; j'ai eu la vision du Seigneur Gaṇēsha et du Seigneur Kṛiṣhṇa, debout à la droite de Gaṇēsha. Quand j'ai peu à peu ouvert les yeux après la méditation, mon regard est tombé directement sur la revue Immortal Bliss (Béatitude éternelle) qui se trouvait devant moi.

J'ai ouvert la revue au hasard et je suis restée sidérée. Sur la page de gauche se trouvait une image du Seigneur Gaṇēsha et à sa droite, le Seigneur Kṛiṣhṇa. Étonnée par cette coïncidence, j'ai pris cela comme un présage favorable : le Divin m'avait amenée au bon endroit.

Quand nos numéros ont été appelés, nous nous sommes assises avec joie dans la queue du *darshan*. Amma nous a prises ensembles dans ses bras et de fortes émotions se sont levées en moi.

J'ai d'abord éprouvé une joie profonde : celle de retrouver mon foyer et d'être réunie à l'être aimé ; puis est montée une profonde douleur, causée par les années de séparation, et j'ai pleuré de manière incontrôlable dans les bras d'Amma. En me relevant de son étreinte divine, je me suis sentie beaucoup plus légère, comme si on m'avait enlevé des épaules un poids énorme...

Le nom 631 du *Lalitā Sahasranāma* dit :

> *ōm divya gandhāḍhyāyai namaḥ*
> « Je me prosterne devant Celle qui possède en abondance un parfum divin. »

Étrangement, pendant les quelques jours qui ont suivi notre darshan, j'ai souvent senti dans mon appartement un parfum de rose et j'ai entendu le doux murmure d'une voix qui me disait en hindi : *« Āo merī beṭī āo »* ce qui signifie, « Viens, ma fille, viens. »

Quelques semaines plus tard, mon Amma intérieure m'a amenée à lire le livre *Sur le chemin de la liberté*, écrit par l'un des plus anciens disciples d'Amma, Swāmī Paramātmānandajī. Dans un des chapitres du livre, il raconte qu'il était profondément triste de quitter Amma, à quel point sa présence lui manquait et comment il a ensuite, pendant tout le voyage, senti un parfum de rose dans le compartiment du train. Amma lui a dit plus tard qu'elle ne l'avait jamais quitté et l'avait accompagné tout au long du voyage, aussi dans le compartiment.

À sa manière inimitable, Amma me faisait connaître son omniscience et sa présence quotidienne dans ma vie, à travers sa voix et son parfum de rose. Elle m'appelait.

Saint Kabir, dans l'un de ses *bhajans*, chante la gloire du guru, sans l'aide duquel il est impossible de franchir l'océan de la transmigration :

> *guru gōvind dōnō khaḍe kākē lāgū pāy*
> *balihārī guru āpnē gōvind diyō batāy*

> « Si à la porte se présentaient en même temps Dieu, sous la forme de Gōvind, et le guru, de qui devrais-je d'abord adorer les pieds ? »

Il donne lui-même la réponse en disant : « Il faut d'abord adorer les pieds du guru car sans lui, comment aurais-je pu connaître Dieu ? »

Dans la *Bhagavad Gītā*, Chapitre 4, verset 34, le Seigneur Kṛiṣhṇa dit :

> *tad viddhi praṇipātēna paripraśhnēna sēvayā*
> *upadēkṣhyanti tē jñānaṁ jñāninas tattva darshinaḥ*
> « Sache que si tu abordes un maître avec humilité, si tu lui poses des questions et te mets à son service, ce sage qui a réalisé la vérité te l'enseignera. »

Mon *satguru* était arrivé à ma porte et m'avait sauvée, marquant le début d'un nouveau chapitre de ma vie. Avec la grâce d'Amma, j'ai commencé à fréquenter le centre de San Ramon tous les samedis pour participer au *satsang* et au *seva.*

***

En 2001, j'ai été ravie de recevoir un mantra d'Amma. Le mot 'mantra' est un composé de deux mots : *mananāt*, (par la répétition constante) et *tra* ou *trāyate* (on est sauvé). Mantra signifie donc : « Par la répétition constante de cela, on est sauvé. »

Le Guru Granth Sahib, le livre sacré des Sikhs, dit que le *mantra japa* (la répétition du mantra) est le moyen de vaincre les cinq maux que sont l'ego, l'avidité, l'attachement, la colère et la concupiscence, transformant le mental impur en un mental pur, contemplatif et fort. Je voyais bien que j'étais largement pourvue de vāsanās, je souhaitais ardemment purifier mon mental et aussi garder un lien constant avec Amma ; je me suis donc mise à réciter mon mantra de façon si obsessionnelle qu'au bureau, il s'en fallait de peu pour que je réponde au téléphone par mon mantra. Je commençais par Om...puis j'ajoutais rapidement bonjour, me rattrapant juste à temps.

Amma, omnisciente, connaissait aussi mon amour profond pour la musique et pour la danse. Pendant mes premières années avec Amma, chaque fois que j'étais dans la queue du darshan, il se trouvait comme par miracle qu'on passait justement l'enregistrement d'un bhajan en langue punjabi. Alors à la grande joie d'Amma, quand j'allais dans ses bras pour le darshan, j'étais absorbée dans un mouvement de danse bhangra du Punjab et mes épaules esquissaient le mouvement, comme par jeu.

Pendant d'autres *darshans*, j'étais en larmes, je demandais d'éprouver l'amour vrai ou encore de pouvoir satisfaire mon profond désir de servir les pauvres.

Je pleurais ou je riais, mais Amma berçait toujours affectueusement son enfant adulte, comme un bébé, d'un côté, puis de l'autre, et répandait sur moi une pluie de baisers, un immense amour.

Dans un autre *bhajan*, Saint Kabirji chante :

> *sabai rasāyan mai kiyā prēm samān na kōī*
> *rati ek tan mē sancharai sab tan kanchan hōī*
> « J'ai essayé toutes sortes de remèdes mais rien n'est comparable à l'amour pur. Il suffit d'en boire une goutte pour que l'être soit transformé en or pur. »

Le bouton de fleur de ma nouvelle vie s'ouvrait doucement, un pétale après l'autre, sans rien forcer. Les amitiés qui n'étaient pas en harmonie avec ma voie se dissolvaient très naturellement. J'ai commencé à aimer la solitude. Un petit livre, une édition de poche de la *Gītā*, est devenu mon nouvel ami et j'en ai même pris des exemplaires en réserve pour les distribuer à tout chercheur que cela intéresserait.

Le samedi, mon père, ma soeur et moi allions à l'ashram de San Ramon pour le *satsang* et pour faire du *seva*, le dimanche nous allions au Gurdwara (temple Sikh) et le lundi nous allions au *satsang* à San Francisco ; c'était notre emploi du temps régulier. Je faisais chaque jour mes pratiques *(sādhanā)* : *archana*, *mantra japa* et méditation ; de plus, je me suis mise au régime végétarien, favorable à la santé, et j'ai commencé à faire quotidiennement le sūrya namaskār (la salutation au Soleil).

***

Ma sœur et moi suivions Amma comme bénévoles pendant les tournées aux États-Unis et nous aidions aussi à organiser des collectes de fonds, ainsi que par exemple des concerts ou des repas pour récolter des fonds. Ensuite, nous avons toutes les deux obtenu la bénédiction d'Amma pour coordonner les *satsangs* et même avoir la chance de les accueillir chez nous.

J'étais vraiment inspirée par l'amour inconditionnel d'Amma et par la façon dont elle servait l'humanité. Je désirais ardemment faire quelque chose qui ait plus de sens que mon travail dans les services financiers d'une entreprise. En juin 2003, au programme de San Ramon, j'ai donc demandé à Amma si je pouvais quitter mon emploi et venir en Inde pour la servir, tout cela à temps pour assister aux fêtes marquant son cinquantième anniversaire.

Amma a hésité et m'a demandé d'attendre l'été ; comme nous étions déjà en été, je n'ai pas bien compris, j'étais dans la confusion. Mais à ma grande surprise, quelques mois plus tard, c'est-à-dire en août, j'ai reçu une lettre de ma société m'annonçant qu'ils fermaient leurs bureaux sur la côte ouest et m'offraient une indemnité de départ très confortable.

Ma joie était infinie ; Amma m'avait sauvée ! Si j'avais démissionné, j'aurais perdu la grosse somme donnée en indemnité.

J'ai assisté avec joie aux célébrations du cinquantième anniversaire d'Amma. J'étais bénévole dans l'équipe de *seva* des femmes et j'ai pu assister à cet événement spirituel exceptionnel. En outre, j'ai reçu de nombreuses leçons d'humilité et d'abandon de soi.

Pendant la tournée d'été 2004 aux États-Unis, Amma m'a donné le nom de Nihsīma, sans limites. J'en ai fait mon nom légal et selon le vœu d'Amma, cette même année, j'ai commencé une nouvelle carrière en tant que créatrice de bijoux.

Amma était mon inspiration ; je ne pensais plus seulement à mes besoins personnels. Je voulais maintenant que mon travail fasse partie de ma *sādhanā*, qu'il contribue à aider l'humanité, surtout les femmes et les enfants. Je priais pour que tout en accomplissant mon *svadharma* (mon devoir), je puisse sentir la présence d'Amma partout où j'irais.

Amma avait réveillé en moi l'artiste et la création de bijoux est devenue pour moi une forme de méditation. Les bijoux créés sont un des instruments d'Amma et contribuent à soutenir sa mission. Chaque pièce de la collection porte le nom d'une déesse universelle. La carte de remerciement accompagnant le bijou explique les qualités divines de cette déesse afin que la personne qui le porte puisse les cultiver et ainsi se relier à sa propre nature divine. Des enfants d'un orphelinat de Jaipur ont fabriqué avec amour de jolies pochettes pour y ranger les bijoux et chaque carte de remerciement se termine par le mantra védique : l*okāḥ samastāḥ sukhinō bhavantu* (Puissent tous les êtres dans tous les mondes être heureux).

Par la grâce d'Amma, j'ai reçu la bénédiction d'une superbe équipe avec laquelle j'ai travaillé. J'ai pu raconter mon expérience avec Amma à des milliers de femmes tout en soutenant leur cause lors de différentes collectes de fonds aux États-Unis. C'est ainsi que de nombreuses personnes ont découvert Amma et ses œuvres humanitaires. J'ai aussi eu la joie de voir certaines de ces personnes venir au darshan d'Amma.

Pendant la tournée d'été 2009, Amma m'a demandé de créer une boutique de bijoux pour tous les tours en Occident. Transportée de joie, j'ai ressenti une immense gratitude à l'idée d'être un petit instrument entre les mains d'Amma dans ce nouveau seva.

Il ne restait plus que deux mois et demi pour préparer le tour d'Europe. J'ai donc fait une pause dans mon propre commerce, réglé tout ce qui était en suspens et quelques semaines plus tard, j'ai pris l'avion pour Jaipur. J'ai passé mes commandes de bijoux à Jaipur et je suis arrivée à Amritapuri quelques semaines plus tard pour montrer à Amma les nouveaux modèles de bijoux.

***

Quand je me suis renseignée, on m'a informée que la tournée en Europe était connue pour être physiquement la plus éprouvante à cause du froid, des longs trajets en bus et des longues heures de *seva.*

Mon dos étant resté très fragile à la suite de blessures reçues lors de plusieurs accidents de voiture, je n'étais pas sûre qu'il survive à des trajets de vingt-quatre heures sans se bloquer. Je me demandais si cela ne risquait pas de m'empêcher de faire mon *seva* avec le maximum d'efficacité et de *śhraddhā.*

Dans la *Bhagavad Gītā*, chapitre 2 verset 7, Arjuna dit :

kārpaṇya dōṣhōpahata svabhāvaḥ
pṛichchhāmi tvāṁ dharmasammūḍha chētāḥ
yachchhrēyaḥ syān niśhchitaṁ brūhi tanmē
śhiṣhyaste'haṁ śhādhi māṁ tvāṁ prapannam

> « Ma nature est affectée par une faiblesse intérieure, mon mental ne voit pas clairement quel est mon *dharma* (devoir). Je T'en prie, dis-moi ce qui est bon pour moi. Je suis ton disciple ; prodigue-moi ton enseignement car j'ai pris refuge en Toi. »

Je me trouvais moi aussi dans un état de *kārpaṇya dōṣham*, (faiblesse intérieure), mon mental était très agité, j'étais frustrée et incapable de prendre une décision alors qu'il ne restait plus que quelques semaines avant le tour d'Europe. J'ai finalement décidé de demander conseil à Amma, en espérant qu'elle me soulagerait de mes peurs et de mon inquiétude par des paroles de sagesse réconfortantes.

Pendant le darshan, j'ai confié mon tourment à Amma et elle a rapidement répondu : « Réfléchis et reviens ». Déçue, sans solution, je suis rentrée dans ma chambre le cœur lourd.

Ce soir-là, ma sœur m'a offert un livre. C'était la biographie d'un saint du Punjab appelé Tapasvijī Mahārāj. Une forte impulsion m'a poussée à en commencer la lecture le soir même et je n'ai pas pu m'arrêter... Il s'agit de ce saint qui naquit dans la famille royale du Punjab, le prince Kṛiṣhṇa Siṅgh.

Le jeune prince en avait assez des troubles politiques dans le royaume de son père, qui généraient un état de guerre perpétuel avec les états voisins. Il est donc parti à cheval pour Delhi afin de demander l'aide de l'empereur, dans un ultime effort pour apporter la paix au royaume et trouver la paix intérieure.

Quand le jeune prince a rencontré l'empereur Bahādur Shāh, celui-ci était en train de répéter le nom du Seigneur et de faire *japa* sur son *mālā* (rosaire). Quand il a entendu ce qui tourmentait le jeune prince, l'empereur a dit : « Prince Kṛiṣhṇa Siṅgh, ni vous ni moi n'avons la paix intérieure. J'ai maintenant le sentiment que la dévotion envers Dieu apporte plus de bonheur à l'être humain que la possession d'un empire et que la vie d'un saint est préférable à celle d'un roi. Je vous dis adieu. Que la paix soit avec vous. »

Ces paroles eurent un effet très profond sur le prince. Au lieu de retourner dans son royaume, il changea de direction et chevaucha vers Haridwar. L'esprit du renoncement brûlait en lui. Il enleva ses bijoux de prix, ses habits princiers et son épée.

Il fit un ballot de tout cela et le mit sur le dos de son cheval. Puis il écrivit un message qu'il attacha au cou du cheval : il demandait à la personne qui trouverait les bijoux de prendre soin du cheval. Ensuite, Kṛiṣhṇa Siṅgh renonça au monde dans le but d'atteindre *mōkṣha.*

Il se livra à de sévères austérités : Il passa vingt-sept ans debout, un bras levé quand il dormait ou méditait et cinq autres années assis près d'un feu intense, même sous le soleil brûlant de l'été indien. Il accomplit toutes ces austérités rien que pour obtenir une vision du Seigneur Kṛiṣhṇa.

Cette histoire m'a profondément touchée et m'a fait prendre conscience de l'immense chance qui est la nôtre : le Seigneur Kṛiṣhṇa et la Mère divine elle-même sont descendus jusqu'à notre plan d'existence sous la forme d'Amma ; j'avais reçu la chance incroyable de pouvoir servir.

Par-dessus tout, le fait que nous ayons la chance d'avoir son darshan par le toucher, la vue, l'ouïe, à travers les paroles et les pensées, rendait jaloux même les dēvas et les dēvīs, les dieux et les déesses ; dans tous les mondes, ils étaient jaloux.

J'ai fini par comprendre. Il fallait que je saute le pas final avec foi et que j'abandonne toutes mes peurs à ses pieds de lotus. J'ai compris que mon corps n'avait jamais été mien, qu'il appartenait au Seigneur et que seul le Seigneur connaissait le meilleur usage que je pouvais en faire.

On dit souvent que notre foi devrait ressembler à celle du bébé singe qui s'accroche à sa mère. Le petit s'abandonne totalement, sans jamais douter car il sait que sa mère ne le laissera jamais tomber. La maman singe saute d'arbre en arbre mais le bébé s'accroche fermement, avec une foi immense. C'est le genre de foi que les humains sont supposés nourrir envers le Seigneur.

Quand je suis retournée au darshan, les mains jointes et des larmes ruisselant sur mes joues, j'ai imploré le pardon d'Amma pour mon manque de *śhraddhā* et de confiance. J'ai ajouté que tout était clair pour moi désormais et que je me sentais bénie de pouvoir la servir pendant tous les tours hors de l'Inde, en commençant par le tour d'Europe. Heureuse de ma réponse, Amma m'a prise dans ses bras, elle m'a donné de nombreux baisers et m'a permis de rester assise auprès d'elle pendant des heures.

Avec la grâce d'Amma, j'ai réussi à dormir très confortablement et sans douleur pendant les longs voyages en bus. Pendant toute la tournée européenne, j'ai donc pu assurer mon service avec enthousiasme et vigueur, malgré les longues heures de seva.

Par la grâce d'Amma, depuis 2009, notre boutique a beaucoup grandi et Amma m'a donné la bénédiction d'être son petit instrument dans de nombreux autres *sevas* en Inde et à l'étranger.

Merci Amma pour ta grâce et pour ton amour infini. Mon humble prière est que nous vivions chaque jour conformément à ton enseignement et que, comme le dit le *bhajan* :

> *śhyām śhyām kūkadī maiṅ āpē śhyām hō ga yī*
> « À force de répéter sans cesse ton nom, Ô Śhyām (un des noms de Kṛiṣhṇa), puissé-je ne faire plus qu'un avec toi. »

Amma je t'en prie, accorde nous à tous la bénédiction de *parābhakti* (la dévotion suprême) afin que nous puissions finalement nous fondre dans tes pieds de lotus en psalmodiant ton nom sacré.

10

Le centre de mon univers spirituel, l'étreinte divine d'Amma

Susi – Allemagne

Le nom 92 des 108 noms d'Amma dit :

> *ōm śhiṣhya saṅkrāmita svīya projjvalad brahma varchasē namaḥ*
> « Je me prosterne devant Amma qui a transmis son éclat divin à ses disciples. »

Pour commencer, je voudrais remercier Amma d'avoir inspiré à tant de ses enfants chéris des témoignages magnifiques qui ont éclairé pour nous les jours si sombres de ce terrible confinement. Désormais, nous ne serons plus entourés de visages inconnus ; nous pourrons les relier à une histoire vécue et ainsi, avoir le sentiment d'être une véritable famille, unie en Amma.

Au milieu des années 90, il s'est déroulé un incident qui prouve que, dès cette époque, Amma voyait qu'il nous faudrait traverser des temps difficiles. Pendant une des tournées en Europe, à Munich, j'ai informé Amma que mon père l'avait invitée à visiter son jardin le dimanche matin, pour qu'elle puisse s'y reposer.

Mon père avait beaucoup de mal à comprendre qui pouvait bien être Amma, et elle le savait parfaitement. C'était un homme d'affaires, un conservateur ; cette sainte femme venue d'Inde pour laquelle sa fille éprouvait une telle attirance le mettait mal à l'aise. Amma a accepté de venir dans le jardin et mon cœur s'est mis à battre la chamade en pensant que ces deux mondes allaient se rencontrer pour la première fois : Amma et mon père.

Le dimanche matin est arrivé et Amma est partie pour aller au jardin de mon père. Mon appartement était juste au coin de la rue, à moins de deux minutes à pied de la maison de mes parents, j'ai donc eu juste le temps de me précipiter chez eux pour les avertir de l'arrivée imminente d'Amma. Mes parents étaient en train de prendre un bain de soleil dans le jardin, en short et en tee-shirt ; ce n'était pas une tenue très appropriée pour recevoir Amma mais ils n'avaient plus le temps de se changer : Amma et les swāmīs étaient déjà là.

Amma est allée droit vers mon père et l'a pris dans ses bras. Imaginez un peu la scène : Amma pareille à un beau nuage blanc, étreignant un homme encore plus grand et plus fort que moi, habillé en short, sa tenue de jardinage du dimanche matin...

Très vite, Amma a mis mon père tout à fait à l'aise en entamant une conversation sur notre entreprise familiale. Les cloches d'une église proche se sont soudain mises à carillonner. La maison de mes parents est en face d'une grande église catholique, si bien que le son était assourdissant. Mon père a dit à Amma que les voisins étaient si ennuyés par les cloches qu'ils avaient porté plainte auprès des autorités de la ville pour essayer d'empêcher l'église de les faire sonner.

Amma est devenue très pensive et a dit : « Aujourd'hui, le son des cloches les dérange mais dans le futur, les temps vont devenir si durs que les gens se languiront d'entendre les cloches carillonner, rien que pour avoir un peu d'espoir. »

Nous nous sommes demandé alors, à quel moment de l'avenir Amma pouvait bien faire allusion mais actuellement, avec l'isolement auquel les gens sont soumis pendant cette pandémie, beaucoup sont déprimés et ont le sentiment d'être emprisonnés chez eux, privés de contacts sociaux et de la liberté de se déplacer comme ils veulent. Aujourd'hui, le son des cloches leur donne très probablement l'espoir que cette pandémie passera et qu'ils verront bientôt des jours meilleurs.

***

Le darshan d'Amma est le centre de mon univers spirituel. Pour moi, toutes les questions trouvent leur réponse dans ce geste de compassion unique, qui dit tout. En regardant Amma donner le darshan pendant des heures et des heures, j'ai fini par comprendre la nature du Divin : c'est un flot constant d'amour entre Dieu et sa création.

Pendant le darshan d'Amma, le principe qui soutient la création se déploie devant nos yeux. Elle est sans aucun doute la guerrière la plus puissante et la plus sacrée de tous les temps car elle défend ce principe d'amour et de compassion à chaque respiration. Elle ne se contente pas de l'enseigner par des paroles, elle l'incarne par ses actions et crée des exemples tangibles, comme par exemple le vaste réseau d'œuvres caritatives que tous peuvent voir et auquel chacun peut participer.

Une fois que l'on a absorbé une bonne quantité du tendre amour inconditionnel d'Amma, il arrive un moment où on se pose les questions suivantes : « Comment puis-je faire l'expérience constante de ce flot d'amour ? Comment transformer ma tristesse, ma colère, mes négativités et mes peurs afin de rester dans un état intérieur où je fais constamment l'expérience du Divin ? »

Venant d'un milieu catholique où l'on vit dans la peur constante du péché, l'image du Divin créée par Amma offre un contraste frappant. Ce fut l'une des plus grandes révélations de ma vie : connaître Dieu sous la forme d'une Mère qui répand sur nous l'amour quelles que soient nos actions. Cette expérience m'a guérie et réconfortée, elle m'a donné une solide base émotionnelle, sur laquelle j'ai pu construire ma vie. Amma nous prend là où nous en sommes et nous enseigne patiemment comment mener une vie décente.

Voici une autre qualité que l'on peut apprendre en étant témoin du darshan d'Amma : accepter l'agréable et le désagréable avec équanimité.

Amma se promenait un jour avec nous à Munich dans le quartier où j'ai grandi. Nous sommes arrivés dans un petit parc et Amma s'est assise sur un banc. Nous nous sommes tous assis par terre autour d'elle. Au bout d'un moment un passant s'est arrêté et a regardé Amma fixement. Il n'en croyait pas ses yeux : Amma était là, assise sur un banc. Il débordait de joie et lui a demandé : « Amma, mais que fais-tu ici ? »

Amma a répondu humblement qu'elle faisait juste une promenade pour prendre l'air après un long voyage. Cet homme a joint les mains en signe de respect et lui a dit qu'il n'aurait jamais imaginé rencontrer Amma dehors dans un parc, en petit comité. Il s'est senti béni et a remercié Amma d'avoir pris une minute pour lui parler.

Quelques minutes plus tard, un autre passant s'est arrêté. Lui aussi a regardé Amma et son entourage mais sa réaction a été totalement opposée. La vue de ce petit groupe à l'allure exotique pendant sa promenade du soir avait apparemment dérangé cet homme.

Il a crié quelque chose comme : « Pourquoi ne retournez-vous pas là d'où vous venez ? » puis il est parti.

J'étais très contrariée par son impolitesse mais Amma a dit calmement : « Telle est la nature du monde ; en quinze minutes, deux expériences se sont succédées, l'une bonne et l'autre mauvaise. Il faut apprendre à accepter les deux avec la même attitude, avec équanimité. »

Comment Amma pourrait-elle gérer son vaste réseau humanitaire si elle ne possédait pas une équanimité parfaite ? Des difficultés et des problèmes innombrables surgissent et pourtant, je n'ai jamais vu Amma découragée ni vaincue. Elle y met un enthousiasme infini, gère calmement chaque situation et motive ses enfants à faire la même chose.

Une autre qualité divine que l'on peut observer chez Amma, c'est une patience infinie. J'ai un jour demandé à Swamiji : « Quelles sont les questions les plus fréquentes que les dévots posent à Amma ? » Il a répondu que c'étaient les mêmes dans le monde entier : des questions qui concernent les relations, la santé, la carrière et l'argent. Comment Amma a-t-elle pu écouter avec une telle patience les mêmes questions et y répondre pendant les trente dernières années ?

***

Avant de rencontrer Amma, j'ai recouru à la psychothérapie pour surmonter le traumatisme vécu lorsque j'avais huit ans. Ma mère souffrait déjà depuis de nombreuses années de dépression et de psychose quand elle a décidé de mettre fin à ses jours. Pour moi, le message caché de son acte de désespoir était que je n'étais pas assez bien pour qu'elle ait la volonté de vivre. J'ai développé un fort sentiment de rejet de moi-même qui m'a suivi comme une ombre pendant des années.

Quand j'ai eu mon premier darshan, j'ai ressenti l'amour inconditionnel auquel j'aspirais depuis tant d'années. La tristesse qui se manifestait dans ma gorge comme la sensation d'un bloc de fer s'est envolée au moment où Amma m'a étreinte et elle n'est jamais revenue. Ce que la psychothérapie n'avait pas pu guérir en de nombreuses sessions, le *darshan* d'Amma l'a transformé en une seule étreinte. Mais sans la souffrance extrême causée par ce traumatisme, je n'aurais pas pu évaluer l'ampleur de la bénédiction que nous offre l'étreinte d'Amma. Je me suis sentie soulagée comme jamais auparavant dans ma vie.

C'est en été 1990 que j'ai découvert la biographie d'Amma, dans une librairie. La jeune femme indienne sur la photo en noir et blanc de la couverture rayonnait d'un amour pur qui a instantanément conquis mon cœur. J'ai acheté le livre, je l'ai lu en une journée et j'ai dit à tout le monde que j'étais déterminée à trouver cette sainte, coûte que coûte. Qui aurait pu penser que ma rencontre avec Amma était imminente et que je n'aurais même pas besoin d'aller où que ce soit ?

En juillet de la même année, j'ai épousé un Indien brahmane de Bangalore. Parmi les amis que j'avais invités à mon mariage, certains ont refusé l'invitation : Amma avait un programme à Munich le même jour. Seigneur ! J'étais déchirée entre deux désirs contradictoires !

Je désirais moi aussi rencontrer Amma tout de suite. Cela semblait peu probable mais je nourrissais pourtant dans mon coeur l'espoir que je pourrais peut-être m'échapper une fois les festivités du mariage terminées et rencontrer Amma avant notre départ pour l'Inde où nous attendait une cérémonie de mariage hindou traditionnelle.

Mon souhait s'est réalisé ! La veille de notre départ pour l'Inde, mon mari, ma belle-mère et moi avons pris la voiture pour aller en centre ville, au programme d'Amma de Munich.

Pendant que nous avancions dans la ligne de *darshan* en nous rapprochant d'Amma, elle nous a vus de loin et m'a lancé un regard qui a fait bondir mon cœur de joie. C'était comme si j'avais plongé dans un océan d'amour. Des souvenirs de ma vie ont défilé à toute vitesse et quand notre tour d'aller au darshan est arrivé, j'étais sûre qu'il allait se produire quelque chose d'important.

Quand Amma a ouvert les bras, elle a dit : « Vous voilà enfin, mes enfants. » J'étais plus que surprise d'entendre ces paroles et en même temps, elles sonnaient parfaitement juste. Amma a parlé longtemps à ma belle-mère qui sanglotait et se déchargeait du poids de son angoisse : son fils unique épousait une chrétienne et ce mariage allait mettre fin à leur lignée de brahmanes.

Avec beaucoup d'affection, Amma l'a grondée en lui disant que mon mari et moi étions faits l'un pour l'autre. Ne le voyait-elle pas ? Puis elle a ajouté : « Ce sont mes enfants, ne t'inquiète pas, Amma s'occupera de tout. »

À partir de cette nuit du 28 juillet 1990, Amma a fait en sorte que notre mariage soit harmonieux sous tous les aspects. Les deux familles, issues de cultures différentes, se sont magnifiquement rapprochées. Tout s'est déroulé comme dans un rêve et quand je regarde en arrière, je vois que tout cela n'a été possible que par la bénédiction et la grâce d'Amma.

***

Une fois rentrée d'Inde, j'ai contacté l'organisatrice principale du programme de Munich et je me suis inscrite pour faire du *seva* pour le groupe de *satsang* local. Quand mon mari a invité Amma et les swamis à loger dans notre maison, Amma a gracieusement accepté.

Depuis 1992 et jusqu'à maintenant, nous avons eu la bénédiction de recevoir Amma quand elle donne des programmes à Munich. Chaque fois qu'Amma arrivait, sa vibration divine remplissait toute la maison. C'était comme si tout le quartier était plongé dans un calme et une paix profonds.

Au fil des années, nous avons eu le sentiment que notre famille guérissait ; ceux qui viennent dans cette maison peuvent toujours y sentir la présence d'Amma.

Amma m'a dit un jour de ne jamais la vendre car comme elle y est venue tant de fois, c'est devenu un temple. Quand je suis finalement venue vivre à Amritapuri, la maison a été transférée au nom d'Amma. Elle appartient maintenant à la Fondation M. A. Allemagne.

Alors que bien des choses ont changé dans ma vie, Amma seule est demeurée à mes côtés, mon support immuable.

Avec le temps, il devint clair que je ne pouvais pas avoir d'enfant ; c'est un fait qui ne m'a jamais rendue malheureuse.

Dans mes prières, j'ai promis à Amma : « Si tu ne me fais pas vivre l'expérience d'avoir des enfants, je ferai de mon mieux pour suivre ton exemple de mère universelle. » Ce fut le premier exercice spirituel que je m'efforçai de mettre en pratique : prendre le temps d'écouter les gens et tenter de mon mieux de les aider à résoudre leurs problèmes.

En 1994, j'ai reçu un mantra d'Amma. Je me suis concentrée sur la répétition du mantra quelle que soit mon activité et c'est devenu le fondement de ma vie. Ce qui se passait à l'extérieur n'avait plus d'importance car grâce à la répétition du mantra, je me sentais reliée à Amma.

Tant que j'ai mené la vie d'une femme mariée, il ne m'a pas été possible de passer beaucoup de temps en présence physique d'Amma. Malgré cela, je sentais un lien intérieur très fort avec elle. Ma *sādhanā* était très simple : assister au *satsang* hebdomadaire à Munich et essayer de penser à Amma dans toutes les situations.

De plus, j'avais toujours vécu dans l'abondance matérielle. Avant de rencontrer Amma, j'avais le sentiment que la richesse était une chose vide de sens. Mais quand j'ai connu Amma, j'ai appris que l'argent était une bénédiction de Dieu et qu'il fallait l'utiliser pour aider les autres.

Au bout de dix ans de mariage, il devint évident que mon mari envisageait notre avenir d'une manière totalement différente de la mienne. Du jour où nous avions rencontré Amma, j'avais pensé que nous consacrerions de plus en plus notre vie à son service et que si j'attendais assez longtemps, mon mari partagerait mon idéal.

Il était très actif quand Amma venait à Munich, il aidait énormément à la préparation du programme. En dehors de cela, il ne partageait pas mon désir de vivre avec Amma. Les années ont passé et peu à peu, nos vies se sont éloignées.

Amma a décrit ce que je vivais quand elle a dit : « L'amour humain est un amour qui lie, l'amour divin est un amour qui libère. C'est un flot constant de béatitude, une lune de miel sans fin. » Il y a eu des moments où j'étais tellement ivre d'amour pour Amma que tous les autres, y compris mon mari, me paraissaient des étrangers. Mon mental luttait pour trouver la réponse à cette question : Mon *dharma* (mon devoir) était-il de rester mariée ou de partir et de suivre Amma ?

En 2005, les médecins ont diagnostiqué chez moi un cancer des ovaires ; j'ai dû être opérée et faire une chimiothérapie. J'ai pris conscience que cette expérience, la possibilité de la mort, était nécessaire pour que j'aie la force d'affirmer ce que je voulais et de ne plus faire de compromis. Une fois sortie de l'hôpital, je me suis installée près du centre équestre proche de Francfort qui est maintenant l'ashram allemand.

Quand il est devenu clair que mon mari ne me rejoindrait pas dans mon nouveau foyer, j'ai dit catégoriquement à Amma que je n'irais pas le retrouver. C'est ainsi que mon mariage a pris fin.

Par la grâce d'Amma, je me suis très rapidement rétablie de mon cancer ; j'étais prête pour l'étape suivante. En décembre 2008, je suis venue vivre à Amritapuri. Je n'ai pas pris d'autre résolution que de rester toujours en présence physique d'Amma.

Chacun des enfants d'Amma a son propre chemin. Et personne, excepté notre Mère divine, ne peut guider correctement ses millions d'enfants.

Un de mes *sevas* est d'embellir les couloirs et les salles d'attente d'AIMS (Amrita Institute of Medical Sciences, Kochi). Lors d'un darshan, j'ai dit à Amma qu'il me semblait que l'aspect de l'hôpital ne reflétait pas la haute qualité des soins médicaux prodigués à AIMS.

Sans hésiter, Amma a appelé l'administrateur d'AIMS. Elle lui a dit que j'avais un diplôme universitaire dans le domaine de l'art et que j'allais venir embellir AIMS.

La tâche qui me revenait était de mettre des photos de la nature qui auraient un effet apaisant sur les patients pendant qu'ils attendaient de voir leur médecin. J'ai essayé d'imaginer ce qui pourrait intéresser les malades, j'ai donc choisi différents thèmes comme « Les monuments historiques du Kerala », « Le Gange sacré », « Les animaux d'Afrique ».

Ce qui rend AIMS si spécial, c'est que dès qu'on entre dans le bâtiment, on y ressent un esprit de famille. C'est un esprit qui désire offrir le meilleur traitement possible, de la plus haute qualité, associé à une sollicitude affectueuse chez tous ceux qui travaillent l'hôpital, à quelque niveau que ce soit.

***

Je voudrais terminer ce *satsang* avec une histoire qui s'est déroulée en 2006. Quand notre ego dépasse les limites, il est parfois nécessaire qu'Amma nous corrige un peu. Les leçons que donne Amma sont douloureuses pour l'ego mais cela ne dure qu'un moment ; en même temps, elle nous offre le remède qui calme la douleur : son amour qui nous secoue, nous tire de notre état d'inertie *(tamas)* et nous rend plus vigilant et plus prudent.

Je suis passée personnellement par la machine à laver l'ego d'Amma et voici une expérience que je n'oublierai jamais. Quand Amma rentrait en Inde après sa tournée aux États-Unis, elle faisait parfois une courte halte en Allemagne.

Pour qu'Amma puisse avoir quelques heures de repos, personne n'était censé savoir qu'elle venait. Quand Amma est arrivée, je suis allée la chercher à l'aéroport et j'ai informé Amma avec une pointe d'orgueil dans la voix qu'absolument personne n'était au courant de cette halte à Munich.

Amma a ri et j'ai pensé qu'elle appréciait que l'on ait gardé sa visite secrète. Mais en réalité, c'était le contraire ! Amma n'était pas du tout contente et elle a déclaré qu'elle voulait donner le *prasād* (nourriture bénie par Amma) aux principaux organisateurs du programme de Munich ce soir-là avant de repartir pour l'aéroport. J'ai pensé à ce moment-là : « Tout va bien, on peut encore s'assurer qu'Amma ait quelques heures de repos. »

Mais en fait, la suite des événements a été bien différente de tout ce que j'aurais pu imaginer. Toute personne ayant reçu Amma chez elle sait qu'une fois qu'Amma et son groupe sont arrivés, on est sans cesse occupé : servir à manger, aider à laver le linge, installer la Wi-Fi, etc. J'ai été tellement prise que je n'ai vraiment pas eu le temps d'appeler les huit organisateurs principaux du programme. Je n'ai appelé qu'une seule personne et je lui ai demandé d'appeler les sept autres. De plus, dans l'agitation du moment, j'ai dû oublier de dire à cette personne qu'en dehors de ces huit organisateurs, personne d'autre n'était censé savoir qu'Amma était à Munich. Je n'ai jamais pu savoir qui avait répandu la nouvelle mais Amma venait juste de s'installer dans sa chambre pour se reposer quand on a sonné à la porte. Le premier groupe de dévots est entré dans le jardin et s'est assis dans l'herbe en attendant de voir leur Amma bien-aimée.

Par la fenêtre, j'ai vu affluer de plus en plus de gens. Ma détresse était totale. J'ai d'abord débranché la sonnette de la porte pour qu'Amma ne soit pas dérangée par le bruit. Puis j'ai débranché le téléphone pour empêcher les gens d'appeler pour savoir à quelle heure ils pourraient voir Amma ce soir-là.

J'ai fait le tour de la maison et tiré les rideaux pour empêcher les dévots de regarder à l'intérieur en espérant ainsi préserver un peu d'intimité pour le groupe d'Amma. Puis, je suis allée à la cuisine et j'ai préparé le *pāyasam* (pudding de riz sucré) pour le *prasād* en y mettant autant d'amour qu'il en restait dans mon cœur ; le reste n'était que culpabilité !

Amma avait dû être informée de ce qui se passait car elle est sortie dans le jardin quelques heures après son arrivée. À ma grande surprise, elle a demandé une chaise, s'est assise et a regardé tous ses enfants avec un sourire rayonnant. Elle semblait ravie de voir chacun d'entre eux.

Comme si je ne m'étais pas rendue assez ridicule, je me suis levée pour annoncer : « Amma ne donnera pas le *darshan*, juste le *prasād* ! » J'essayais de « sauver » Amma et de lui épargner l'effort physique de donner le *darshan*...

Amma m'a regardée comme si j'étais devenue folle et affectueusement, elle a fait signe aux dévots de venir un par un pour recevoir le darshan.

Renonçant à son propre confort, Amma a transformé cette après-midi-là en une fête d'amour pour ses enfants. Quel souvenir béni ! Ce fut une pluie de grâce inattendue que les dévots se rappellent aujourd'hui encore avec vivacité.

En reconduisant Amma à l'aéroport, j'ai demandé pardon à Amma d'avoir été incapable de préserver le peu de temps qu'elle avait en Allemagne pour se reposer. La réponse d'Amma résonne aujourd'hui encore à mes oreilles. Elle a dit : « Mais à quoi t'attendais-tu ? Tu ne peux pas arrêter le flot d'amour d'une mère pour ses enfants. »

Puissions-nous tous être dignes de cet amour divin qui se répand maintenant sur nous et qui brillera encore pour bien des générations à venir.

11

L'adoration avec forme et sans forme

Sugata Duygu Akartuna – Turquie

Au chapitre 12 de la *Bhagavad Gītā*, le Seigneur Kṛiṣhṇa parle en détail de la *bhakti* et de l'adoration de deux aspects différents du Divin. Je vais m'efforcer de faire le lien entre cette forme d'adoration et mes propres expériences avec notre Amma bien-aimée.

Les deux aspects se nomment *saguṇa* et *nirguṇa* en sanskrit et viennent de la racine *guṇa*, qui signifie qualité, attribut ou forme. *Saguṇa* signifie avec attributs (dans ce contexte, avec forme) et *nirguṇa* signifie sans attribut (dans ce contexte, sans forme). Le sage Nārada, dans le verset 2 de ses *Bhakti Sūtras*, définit la *bhakti* ainsi :*312n paramaprēmarūpā*

« Bhakti est la forme de l'amour suprême pour Dieu »

Pendant une séance de questions-réponses avec Amma, j'ai voulu lui poser une question à ce sujet : « Comment présenter les connaissances exposées dans la *Bhagavad Gītā* à des personnes qui ont des religions différentes et dont beaucoup croient seulement à un Dieu sans forme, à l'aspect *nirguṇa* du Divin ? » Cette question s'est imposée à moi à la suite des difficultés que je rencontrais pendant mes travaux de recherche en vue d'obtenir mon doctorat.

Amma m'a lancé un regard et a fait un signe approbateur de sa tête, si belle ; cela signifiait que je devais poser ma question. Mais avant que je puisse me lever, le micro est passé du côté des hommes. La personne a commencé à parler sans regarder Amma pendant que je restais là, debout, silencieuse. C'était drôle. Amma a fait un tendre geste d'impuissance : « Que faire ? »

J'étais un peu triste parce que je partais le lendemain. Mais on m'a rapporté que le mardi suivant, pendant la séance de questions-réponses, Amma avait demandé si j'étais là. Comme il est précieux d'être dans le cœur et dans l'esprit de notre Mère. Puissions-nous être dignes de son amour infini.

Voici pourquoi je me suis intéressée à ce sujet, à ces deux aspects : *saguṇa* versus *nirguṇa bhakti.*

Mes parents viennent tous les deux de Turquie. Mon père est fermement opposé à toute forme de religion organisée et ma mère, bien qu'elle vienne de la lignée d'un saint soufi, n'est pas non plus très intéressée par la religion ou la spiritualité.

Je suis née et j'ai grandi dans une jolie petite ville d'Allemagne où j'ai passé la plus grande partie de mon temps dans la nature. J'avais sept ans quand la nièce de nos voisins est venue un jour me raconter qu'elle allait suivre un cours pour apprendre à lire le Coran et à écrire en arabe. Cette idée m'enchantait et j'ai demandé à mon père si je pouvais moi aussi participer. Il a refusé.

Quoi qu'il en soit, Dieu n'est pas limité à une religion quelconque. Mes camarades de classe étaient en majorité des Allemands et donc chrétiens. Une femme du voisinage animait un groupe d'étude de la Bible où nous écoutions des récits tirés de la Bible, chantions des chants dévotionnels et faisions des travaux manuels. J'assistais à tout cela et j'aimais beaucoup le *satsang.*

Quand je me remémore ces années-là, j'ai le sentiment que le *saṁskāra*[20] qui nous pousse à chercher Dieu vient de nos vies antérieures et nous rapproche de Dieu. Rien ni personne ne peut faire obstacle à notre quête.

---

[20] Les *saṁskāras* sont des impressions laissées dans le mental par des expériences des actions et des pensées passées. Ces impressions modèlent le caractère d'un individu, ses tendances et ses réactions à de futures situations. C'est pourquoi les rites traditionnels du *Sanātana dharma* sont aussi appelés *saṁskāras.*

Une fois mes études universitaires achevées, j'ai bien réussi dans le monde de l'entreprise. J'habitais dans le quartier le plus chic d'Istanbul, je possédais une voiture et je profitais de la vie au maximum. En 2003, j'ai découvert le yoga et en 2007, à la suite du décès de mon ex-fiancé, je me suis plongée dans le yoga. Cela a complètement transformé mon mode de vie. Je suis devenue plus introvertie et j'ai ressenti plus de dévotion.

Bien que la Turquie soit un état laïque sans religion officielle, l'Islam est la religion que pratiquent la plupart des habitants. Dans l'Islam, Dieu est vénéré comme Celui qui est au-delà de tout attribut. Les peintures, les images ou les statues ne sont pas autorisées. En langue turque, le mot *put*, qui signifie « idole » est dérivé du nom du Seigneur Bouddha. L'Islam a été propagé de manière agressive dans les clans turcs qui pratiquaient auparavant le tengrisme, le bouddhisme et le shamanisme. Comme je suis née avec un esprit inquisiteur, la philosophie, la religion et la spiritualité ont toujours été et sont encore des domaines où je me sens dans mon élément.

***

Le chapitre 12 de la *Bhagavad Gītā* commence ainsi : Arjuna (Prince, guerrier et disciple de Kṛiṣhṇa ; il est aussi mon héros personnel) demande quel est celui qui connaît le mieux le yoga. La question s'impose à lui après qu'il a reçu la vision de la *viśhvarūpa* (forme universelle) du Seigneur. Il demande au Seigneur :

> *ēvam satatayuktā yē bhaktāstvām paryupāsatē*
> *yē chāpyakṣharam avyaktam tēṣhām kē yōgavittamāh*
> « Quels dévots ont la meilleure connaissance du yoga,
> ceux qui T'adorent exclusivement sous cette forme

> (Kṛiṣhṇa) ou bien ceux qui vénèrent le Brahman (l'Absolu) impérissable non-manifesté ? » (12.1)

Quand il a commenté ce verset, notre enseignant à l'ashram a déclaré pendant un cours : « Les dévots qui font des efforts réguliers se répartissent en deux catégories : ceux qui vénèrent une forme du Seigneur *(saguṇa)* et ceux qui vénèrent le Seigneur sous son aspect sans forme *(nirguṇa).* »

Quelle sorte de dévotion est supérieure ?

Dans le verset suivant, le Seigneur Kṛiṣhṇa parle de *saguṇa bhakti* :

> *mayyāvēśhya manō yē māṁ nitya-yuktā upāsatē*
> *śhraddhayā parayopētās tē mē yukta-tamā matāḥ*
> « Je considère comme les meilleurs yogis ceux qui fixent leur pensée sur Moi, Me vénèrent avec détermination et possèdent une foi *(śhraddha)* parfaite. » (12.2)

Dans les versets suivants, Kṛiṣhṇa insiste sur les difficultés que pose *nirguṇa bhakti.*

> « Mais en vérité, ils viennent à Moi ceux qui adorent l'Impérissable, l'Indéfinissable, le Non-manifesté, l'Omniprésent, l'Inconcevable, l'Inaltérable, l'Immuable, l'Éternel et qui, ayant maîtrisé leurs sens, accueillent tout avec équanimité et œuvrent pour le bien de tous les êtres. » (12.3 – 4)
> « Certes, l'effort est plus important pour ceux qui fixent leurs pensées sur le Non-manifesté car il est très difficile pour les créatures incarnées d'atteindre le Non-manifesté. » (12.5)

Kṛiṣhṇa glorifie *saguṇa bhakti* parce que cette voie est plus facile pour nous. Pourquoi ? Est-il possible de penser l'Impensable ? Ou le Non-manifesté... l'Increé ? On ne peut penser qu'à des choses qui sont manifestées, observables. Nous sommes sans cesse attirés dans le monde de la dualité car nous nous identifions au corps, au mental et à l'intellect. Par conséquent, la voie de l'*avyakta* (le Non-manifesté) est difficile.

Nous sommes pour la plupart esclaves de nos pensées et de nos émotions. Cependant, grâce au *seva* et à la *sādhanā*, on peut observer certaines émotions et les maîtriser. Les émotions sont subtiles, elles sont donc difficiles à gérer. Certaines pratiques éprouvées permettent de les apaiser : taper sur un oreiller quand on est en colère, soulager son chagrin en pleurant près d'une plante ou d'un arbre, parler à son animal familier quand on est triste, aller se promener quand on s'est disputé avec quelqu'un ou regarder un film comique quand on est frustré.

Un aspect spécifique des émotions peut être utilisé pour cultiver *saguṇa bhakti* : quand on se concentre totalement sur un objet matériel perceptible par les sens, on peut appréhender ses éléments subtils ; de même, quand on se concentre sur un objet de foi que l'on peut percevoir, cela provoque de fortes émotions orientées vers le Divin.

Au chapitre 12, versets 6 – 7 de la *Bhagavad Gītā*, le Seigneur Kṛiṣhṇa dit :

> « Mais ceux qui dépendent exclusivement de Moi et M'offrent toutes leurs actions, Me considèrent comme le but ultime, méditent sur Moi avec une dévotion que rien ne vient distraire, en vérité, Ô Pārtha (Arjuna), Je ne tarde pas à délivrer de tels dévots de l'océan du *saṁsāra*. »

Nous sommes des êtres humains limités et il nous est donc difficile d'imaginer l'aspect sans-forme du Divin. N'est-il pas vrai que nous ne réussissons généralement pas à voir Amma en tous les êtres, surtout quand on nous critique de manière injustifiée ?

Kṛiṣhṇa nous donne donc une marche à suivre en trois étapes ; si on suit ses instructions, alors il est certain qu'Il nous prendra la main pour nous faire traverser le *saṁsāra*, le cycle des naissances et des morts.

1. Fixer les sens et le mental uniquement sur le Seigneur
2. Lui offrir toutes nos actions
3. Méditer sur Sa forme

Kṛiṣhṇa dit d'abord : « Fixe tes sens et ton mental sur Moi. » Comme le mental est naturellement extraverti, il serait vraiment laborieux de fixer les sens sur quelque chose que l'on ne peut pas percevoir. Le mental et les sens sont comme des enfants. Il faut toujours garder un œil sur eux et les occuper. Sinon, ils risquent de provoquer le chaos.

Dans le *Sanātana dharma*, nous avons la possibilité d'effectuer l'adoration en prenant des objets comme support :

- Nous avons des idoles et des images pour les sens de la vue et du toucher.
- Nous avons l'encens, la flamme et le prasādam pour les sens de l'odorat et du goût.
- Nous avons des cloches et des bhajans pour le sens de l'ouïe.

Ainsi, tous nos sens sont impliqués dans l'adoration et aucun d'entre eux ne peut s'échapper pour vagabonder

Mais ces supports ne sont pas utilisés dans *nirguṇa bhakti*. Une personne qui a maîtrisé ses sens, dont l'équilibre n'est pas perturbé par les émotions, dont le mental est calme et stable et l'intellect vigilant, une telle personne est considérée comme qualifiée pour chercher Dieu sans attributs. Il peut toutefois être difficile de fixer son attention sur Dieu si l'on ne maîtrise pas vraiment ses pensées. Pour être concentré uniquement sur Dieu, le chercheur doit être doté de discernement et de détachement ; ces qualités ne se manifestent qu'une fois que le mental et l'intellect ont été purifiés grâce au *karma yōga* (la voie de l'action désintéressée) et à l'étude des Écritures. Mais de nos jours, combien de personnes dans le monde pratiquent ces disciplines ?

***

Au chapitre 7 de la *Bhagavad Gītā*, Kṛiṣhṇa décrit les quatre sortes de dévots :

Ārta : un dévot qui n'appelle Dieu que quand il souffre
Arthārthī : un dévot qui appelle Dieu quand il a un désir qu'il souhaite satisfaire.
Jijñāsu : celui qui est en quête de la connaissance.
Jñānī : celui qui est établi dans la connaissance.

J'ai grandi dans un milieu où l'on cultivait la dévotion d'un *ārta* ou d'un *arthārthī*. Si ma famille ou moi-même avions un désir ou un problème, nous allions au *türbe* (la tombe d'un saint) pour prier. Si notre souhait était exaucé, ma mère distribuait des sucreries ou des simits (pain turc). N'est-ce pas l'exemple parfait de ce qu'Amma mentionne fréquemment comme « une relation avec Dieu fondée sur une attitude commerciale » ?

Quand j'observe ces actions accomplies sans la moindre compréhension des principes supérieurs de l'adoration, au nom de la foi ou de la religion, cela devient pour moi un sujet de profonde contemplation. Mais bien entendu, je ne juge aucune religion.

Le mental et les sens cherchent naturellement quelque chose à quoi s'accrocher. Comme le mentionne notre Amma bien-aimée, le bouddhisme enseigne la théorie de *śhūnyata* (le vide) et pourtant, dans les temples, il y a la statue du Seigneur Bouddha. Dans l'islam, Dieu est perçu comme sans attribut et omniprésent mais pour prier, les fidèles se tournent vers la

Kiblah, en direction de la Ka'aba, le monument sacré en forme de cube qui se trouve à La Mecque.

Il est cependant risqué de parler de ces choses dans la société. Le célèbre saint soufi du 10ème siècle, Mansoor Al-Hallaj, était un jour en état d'extase divine et marchait comme ivre dans les rues de Bagdad. Il répétait constamment Ana'l Haq (Je suis la vérité). Les musulmans othodoxes interprétèrent cela comme un blasphème, croyant qu'il se proclamait Dieu. Ils finirent par couper les membres de Mansoor et l'exécuter. On dit qu'après l'exécution, chaque membre et chaque goutte de sang répétait encore An-al Haq.

Du côté de ma mère, j'ai moi aussi des saints dans ma famille et cela remonte au 16ème siècle. Mon ancêtre Gülbaba (mort en 1541) venait d'Ankara. Gülbaba est un mot turc qui signifie « Père des roses ».

Je ne me suis rendue sur la tombe de Gülbaba (à Budapest) qu'après avoir entendu dire dans notre cours sur les Écritures à Amritapuri que le fait d'avoir un *sannyāsi* (moine) ou un saint dans la famille avait son importance.

À ma grande surprise, j'y ai vu une citation de Gülbaba qui est parfaitement en harmonie avec l'enseignement de notre Amma bien-aimée :

> Ne cesse pas de prier
> Sois modeste
> Ne t'attache pas trop au monde
> Gagne ta vie honnêtement
> Fais la charité et de bonnes actions
> Aie le cœur bon

Quand j'ai rencontré Amma, j'étais persuadée d'être un professeur de yoga fantastique ; parlons de modestie ! J'étais déjà en Inde et je travaillais dans une école de yoga à Goa. À la suite d'une dispute avec mon professeur de yoga, je suis partie, complètement désespérée à l'idée que j'avais perdu le fil directeur de ma vie. Comme je ne savais pas quoi faire, j'ai finalement décidé d'aller à Tiruvannamalai, à l'ashram de Ramana Maharshi, dont j'avais simplement entendu parler. Mais j'ai manqué ma correspondance et je me suis retrouvée à Mangalore. Il n'y avait pas de train pour Tiruvannamalai ce soir-là, j'étais donc obligée de passer la nuit à Mangalore. C'était la première fois que je me retrouvais en Inde hors de Goa et je ne connaissais pas bien la région. Quand je suis arrivée à l'hôtel, j'ai regardé une carte. J'ai vu que Mangalore était proche de la frontière du Kerala et cela m'a fait penser à Amma. J'avais lu des ouvrages sur Amma et je désirais absolument la rencontrer.

Soudain, il y a eu dans ma tête l'équivalent d'un feu d'artifice digne du cinéma : j'ai pris conscience du fait qu'Amma était mon guru et que je devais aller la voir. Le lendemain, des amis ont pris contact avec moi ; ils m'ont dit qu'ils étaient à Kochi et qu'ils avaient pensé à moi en organisant un voyage jusqu'à Amritapuri. Ils avaient déjà réservé un taxi et m'ont invitée à venir avec eux. Je n'ai absolument rien eu à faire ; par la grâce d'Amma, le chemin était tout tracé. Je suis arrivée à Amritapuri en janvier 2011.

Depuis, Amma m'a tenu la main, elle m'a accompagnée sur l'escalier roulant spirituel qui mène au but. Bien que mon comportement soit parfois infantile et qu'il m'arrive de faire une crise de colère quand je veux redescendre cet escalier roulant qui monte, Amma me guide avec amour pour que je revienne sur le chemin et avance.

Guidée par Amma et avec sa grâce infinie, j'ai terminé ma maîtrise en philosophie à l'université Amrita. Ces deux années ont sans aucun doute été les plus difficiles de ma vie. Tous les deux jours, je voulais abandonner. Je pleurais sur le chemin du retour, entre l'université et l'ashram. Ma connaissance des Écritures de l'Inde était nulle, j'ignorais tout de Kṛiṣhṇa ou de Dēvī, la Mère divine, tandis que mes camarades indiens avaient grandi dans cette culture, avec ce savoir. J'étais bien loin derrière eux.

Je suis un jour allée au *kaḷari*, le petit temple des débuts de l'ashram, pour essayer de me relier au Seigneur Kṛiṣhṇa. Je lui ai dit : « Il paraît que Tu es un Dieu bon et tendre mais je ne Te connais pas. Pourrais-Tu, s'il Te plaît, m'aider à Te connaître et à T'aimer ? » Amma, sous la forme de notre cher Kṛiṣhṇa, m'a accordé sa grâce et m'a aidée à terminer ma maîtrise avec une mention très bien.

Devinez quel était le sujet de ma maîtrise ?

« La *Bhagavad Gītā* – Un trésor de richesse psychologique. »

Quel privilège de chanter la gloire du Seigneur Kṛiṣhṇa !

On ne peut pas aimer quelqu'un que l'on ne connaît pas. La dévotion donne à la connaissance de la beauté et un doux parfum.

C'est ce dont j'ai fait l'expérience avec le Seigneur Kṛiṣhṇa. La connaissance donne de la profondeur à la dévotion. Plus j'avais de connaissances sur le Seigneur Kṛiṣhṇa, plus mon amour grandissait. Sans la dévotion, la connaissance reste intellectuelle, tandis que la dévotion sans connaissance est fragile et se laisse facilement ébranler. C'est ce qu'on appelle un cercle vertueux : plus on a de *bhakti*, plus on veut de *jnāna*. Plus on reçoit de *jnāna*, plus on a d'amour pour le Divin.

***

Si nous lui faisons totalement confiance, Dieu nous tient la main. J'ai un jour rêvé d'Amma, un rêve lucide qui illustre bien cela.

Nous étions à l'ashram et Amma jouait à cache-cache avec nous. Dans mon rêve, Amma était très jeune. Amma s'est mise à monter des escaliers tout en me lançant un regard malicieux.

J'étais juste derrière elle et je riais et pouffais de rire. Puis Amma a continué à grimper. L'escalier était une pile de chaises et de tables. Il n'était pas stable du tout ; il était branlant et un peu effrayant. Mais comme je voulais attraper Amma, je ne me souciais pas de la situation. Nous avons grimpé de plus en plus haut mais j'ai perdu Amma de vue. Je suis arrivée à une table empilée au-dessus d'une chaise. En me hissant sur la table, j'ai remarqué un *brahmachāri* sans bras qui s'occupait d'un bébé aveugle. Cela m'a choquée. « Comment peux-tu t'occuper de ce bébé ? lui ai-je demandé, il pourrait tomber de toute cette hauteur et tu ne peux pas le tenir. »

Le *brahmachāri* a répondu : « Ne t'inquiète pas, Amma s'en occupe. »

À ce moment-là, j'ai perdu l'équilibre et je suis tombée en appelant Amma. Quand je me suis réveillée (toujours dans le rêve), j'étais allongée sur un doux tapis d'herbe verte. Mes yeux se sont gonflés de larmes. J'ai demandé à une sœur à côté de moi comment j'étais arrivée là. Elle a répondu : « Amma t'a portée jusqu'ici. »

Je me suis réveillée de ce rêve en pleurant, émue par la compassion d'Amma. Quoi que nous fassions, Amma est toujours là pour nous. Ne dévions jamais de notre foi en Amma.

Quand l'ashram a fermé ses portes à cause du Covid, j'étais en Turquie avec ma famille. Un de mes oncles est mort du virus, puis ma mère l'a attrapé. J'ai été témoin de l'angoisse et de la souffrance de ma famille quand ma mère a été hospitalisée en soins intensifs. Personne n'avait la moindre idée de ce qu'était ce virus et nous nous sentions tous perdus.

Les *satsangs* d'Amma étaient comme de petites bougies qui illuminaient les épaisses ténèbres. Amma a sauvé ma mère des griffes du dieu Yama (le dieu de la Mort). Je m'incline encore et encore avec gratitude pour la présence de notre Amma bien-aimée dans ma vie.

Ces événements m'ont enseigné de précieuses leçons ; ils m'ont montré toute la souffrance qu'il y a dans le monde. Ainsi s'est rallumée en moi une flamme, celle de l'amour de l'humanité et le désir de la servir tout en répandant la gloire de notre Mère divine.

Quand on suit les instructions d'Amma, on est toujours intérieurement guidé par elle. Il s'agit seulement d'être vigilant et de ne pas céder aux murmures de nos désirs personnels, qui sont simplement la voix de notre ego.

Si on donne des conférences sur la spiritualité, cela n'a peut-être pas beaucoup d'impact sur les gens mais par contre, si on met ses paroles en pratique, cela a une influence énorme. Si nos actions inspirent notre famille et nos amis, cela peut déclencher une réaction en chaîne, comme une bougie qui en allume une autre. L'effet se propage : de l'individu à la famille, de la famille à la société et de la société au monde entier.

Nous avons un petit groupe de *satsang* en Turquie et pendant la pandémie, nous nous réunissions en ligne tous les jeudis pour faire la méditation des fleurs blanches d'Amma et ainsi prier pour la paix dans le monde. Nous avons aussi aidé un orphelinat à Istanbul et une école à Kaș en achetant des tablettes pour les élèves qui avaient besoin de suivre les cours en ligne. Dans le cadre de notre responsabilité envers Mère Nature, nous avons aussi apporté notre aide financière et physique quand il y a eu des incendies de forêt dévastateurs en Turquie.

Je désire remercier Amma pour sa grâce et remercier tous ceux qui ont contribué à ces *satsangs* chaque semaine. Nous prions pour qu'Amma sanctifie la Turquie du contact de ses pieds sacrés et rétablisse le *dharma* dans notre pays.

***

Les miracles d'Amma sont inexplicables. Ceux qui me critiquaient sévèrement parce que je suivais les enseignements d'Amma sont eux-mêmes devenus des dévots. En 2019, lors du dernier tour d'Europe, ma mère et la plus jeune de mes cousines sont venues au programme qui se tenait à l'ashram allemand. Ma tante s'était lamentée auprès de moi en me confiant que ma cousine était devenue athée. Mais quand cette cousine a rencontré Amma, elle l'a tout de suite aimée. Il s'est passé la même chose avec ma mère. J'ai vu ma mère se transformer : au départ, elle était jalouse et critiquait Amma, puis elle est devenue une enfant qui désirait intensément une poupée Amma. Quand nous sommes allées ensemble au darshan, en famille, Amma nous a appelées Gülkizlarim ce qui signifie « mes filles de roses ». Nous étions sidérées car je n'avais jamais parlé à Amma de notre ancêtre saint Gülbaba.

Comment Amma sait-elle tout cela ?

Amma dit : « Le guru est la forme incarnée de l'Absolu sans forme. Il ou elle est Dieu même car Dieu est un nom que nous donnons au Soi suprême quand il choisit de prendre un nom et une forme. »

Amma n'est pas séparée de nous. Amma connaît chacune de nos pensées et de nos prières parce que nous ne faisons qu'un avec elle. Amma est la vérité suprême que nous recherchons en Dieu, que nous le concevions avec forme ou sans forme. Puissions-nous comprendre cette grande vérité et ne jamais l'oublier.

Je voudrais conclure en vous racontant une anecdote qui montre qu'Amma entend nos prières et y répond instantanément.

Amma donnait un jour le *darshan* dans le temple de Kāḷī à Amritapuri. Pendant que je faisais la queue, je priais Amma : « Amma je t'en prie, accorde-moi de la dévotion *(bhakti).* » Il restait encore une ou deux personnes avant moi dans la queue quand j'ai regardé sur le côté et j'ai vu Bhakti, le chien d'Amma, sur la scène. J'ai appelé « Bhakti ! ». Bhakti est venue vers moi en courant, en agitant la queue, et m'a embrassée à la manière des chiens. Quand Amma a vu cela, elle s'est exclamée : « Ohhh Bhakti ! » Et elle a ri du rire de Kāḷī. Notre Mère Lalitāmbikā (Celle qui aime jouer) répond à nos prières de façon exquise pour que nous ne les oubliions jamais.

12

Ahaṅkāra - L'ego

Dr. Sriram Ananthanarayanan - Inde

Un homme voit un jour un adorable chaton au coin de la rue et le rapporte chez lui. Il montre le chaton à son guru et lui demande de le baptiser. Le guru nomme le chaton Ego. Ego grandit rapidement et devient un fléau. Il renverse le lait dans la cuisine et rapporte des rats morts dans la maison. La femme de cet homme lui dit alors : « Ego doit quitter la maison *(must go)* ! »

L'homme remet Ego au coin de la rue où il l'avait trouvé. Une minute plus tard, Ego est de retour dans la maison. Alors l'homme dépose Ego quelques rues plus loin et l'abandonne là. Mais Ego revient bien vite. Il décide d'abandonner Ego dans un endroit très éloigné. Après avoir marché longtemps et fait de nombreux détours, il lâche Ego loin de chez lui et prend le chemin du retour. Mais il se perd et appelle sa femme. Il lui demande : « Est-ce qu'Ego est là ? » La femme répond : « Oui, il est revenu il y a une demi-heure. » « Peux-tu me passer Ego, dit l'homme, je me suis perdu et j'ai besoin qu'il me guide ! »

Cette histoire montre à quel point il est difficile de se débarasser de l'ego. Amma dit : « L'ego est le plus grand obstacle que l'on rencontre sur le chemin de la vérité. » Comment peut-on surmonter cet obstacle et réaliser la vérité suprême ?

Pendant un darshan, un homme a un jour demandé à Amma une définition simple de la spiritualité. Amma a répondu : « Regarder les autres avec compassion, c'est la spiritualité. » Puis, Amma a raconté l'histoire suivante.

« C'est l'histoire d'un homme qui dormait la bouche grande ouverte. Une mouche est entrée en volant dans sa bouche et l'a réveillé. L'homme a eu des inquiétudes. Il lui semblait sentir la mouche bourdonner à l'intérieur de lui. Il a consulté différents médecins mais tous lui ont dit qu'il n'y avait rien. Notre homme n'était pourtant pas convaincu. Il est allé voir un *mahātmā* (un être réalisé). Le *mahātmā* a écouté son problème puis, il a dit : « Oui, vous avez raison. Je peux voir une mouche en vous. » L'homme était ravi. Enfin, quelqu'un comprenait son problème et était d'accord avec lui !

Le *mahātmā* lui a dit de s'allonger, l'a recouvert d'une couverture et lui a dit de fermer les yeux et de rester tranquille. Il est ensuite allé dans une autre pièce, a attrapé une mouche vivante et l'a rapportée dans une bouteille. Puis, il a fait semblant de vouloir attraper la mouche à l'intérieur de l'homme. Le *mahātmā* s'est écrié : « Ça y est, je l'ai attrapée ! » Puis, il a demandé à l'homme d'ouvrir les yeux et lui a montré la mouche dans la bouteille. L'homme exultait et toutes ses inquiétudes et sa souffrance ont pris fin. »

Amma a expliqué ensuite qu'en réalité, il n'y avait jamais eu de mouche à l'intérieur de l'homme. Pourtant, il souffrait. Seul le *mahātmā* s'est mis à la portée de l'homme et l'a aidé. Les autres sont restés à leur niveau de compréhension et n'ont pas pris en compte le ressenti du patient. Amma a ajouté : « Fils, c'est là tout le processus de la réalisation du Soi. Le maître prend en compte la mouche du disciple, celle de l'ignorance, et il fait comme si elle était réelle. Puis il aide le disciple à s'éveiller à la réalité. »

Dans sa compassion infinie, Amma descend à notre niveau. À nos yeux, l'ego semble très réel.

Nous avons le sentiment d'être des individus séparés, séparés du reste du monde. Ce sentiment de séparation, c'est l'ego. L'ego nous limite à nos petits désirs personnels et à nos peurs ; attraction et répulsion ! On ressent alors du stress et de l'inquiétude. L'ego est pareil à une prison. Amma dit que cet ego est notre propre création, le fruit de notre imagination. C'est la racine de toute notre souffrance. Pour Amma, le sentiment de séparation n'existe pas, il n'y a pas d'ego en elle. Là où l'ego est absent, il n'y a pas de peur. Quand il n'y a pas d'ego, il n'y a que l'unité ; il n'y a que l'amour pur.

Comme les ténèbres s'évanouissent en présence de la lumière, le guru accorde la connaissance du Soi et l'ego disparaît. L'ego est le nœud qui nous lie à nos actions passées. Quand l'ego disparaît, les chaînes de toutes nos actions passées se brisent.

***

Il y a environ dix ans, Amma venait juste de rentrer d'une de ses tournées et elle a appelé tous les résidents de l'ashram dans le temple de Kāḷī pour le darshan. Au moment où j'arrivais, Amma est entrée, venant de la direction opposée. J'étais debout entre deux autres hommes. Amma a regardé la personne à ma gauche et lui a souri. Puis, elle a regardé la personne à ma droite et lui a fait un tendre sourire. Et en m'ignorant complètement, elle a continué son chemin. Quel coup pour mon ego ! Amma a ensuite commencé à donner le darshan dans le temple.

Je me suis assis par terre à la droite d'Amma, un peu derrière elle. Je ne suis pas allé au darshan et Amma ne m'a accordé aucune attention. Je suis resté là et j'ai observé Amma. Quatre ou cinq heures ont passé. J'ai vu le directeur de l'université s'entretenir avec Amma d'un côté pendant que de l'autre côté, les petits enfants lui montraient leurs dessins et que devant, la queue du darshan avançait. La pensée m'est venue que certes, je n'avais jamais vu le Seigneur Kṛiṣhṇa tenir comme par jeu la montagne Gōvardhana sur son petit doigt, mais que j'étais témoin de la manière dont Amma prend soin de ses institutions comme si elle les tenait au creux de la main, tout en admirant simultanément les dessins des enfants et en donnant le darshan avec la même facilité, comme si c'était un jeu d'enfant.

Mentalement, j'ai dit : « Amma, tu es Kṛiṣhṇa ! » L'instant d'après, Amma s'est tournée de mon côté, elle m'a regardé et a fait un geste m'invitant à venir au darshan. J'étais stupéfait ! On aurait dit qu'elle venait juste de répondre à mes pensées. Malgré cela, j'hésitais à aller au darshan.

Quelques minutes plus tard ma femme, qui était assise ailleurs, est venue me dire : « Allons au darshan ! » Comment pouvais-je refuser ? Après le darshan, Amma a gardé ma main dans la sienne et ne l'a pas lâchée, tout en étreignant la personne suivante.

Il était clair qu'Amma voulait me dire quelque chose. J'ai dit : « Amma, tu es Kṛiṣhṇa ! » Amma m'a lancé un regard radieux, rayonnant d'amour et de compassion. Puis j'ai demandé à Amma de m'enseigner la *Bhagavad Gītā* et Amma a souri.

Amma enseigne par l'expérience. Aujourd'hui encore, je reçois son enseignement, d'une manière parfois très inattendue. Cette expérience m'a enseigné qu'Amma connaît toutes nos pensées. Comment est-ce possible ? C'est parce qu'Amma est le pur *ātmā*, le Soi suprême, l'essence de notre être : la conscience qui illumine le mental.

Au chapitre 10, verset 20 de la *Bhagavad Gītā*, le Seigneur Kṛiṣhṇa dit à son dévot Arjuna :

> *aham ātmā guḍākēśha sarva-bhūtāśhaya-sthitaḥ*
> *aham ādiśh cha madhyaṁ cha bhūtānām anta ēva cha*
> « Ô Arjuna, Je suis le Soi universel qui demeure dans le cœur de tous les êtres ; Moi seul suis le commencement, le milieu et la fin de toutes les créatures. »

Amma donne souvent l'exemple du soleil qui se reflète dans de nombreux pots remplis d'eau. Bien que les reflets soient nombreux, il n'existe réellement qu'un seul soleil. De même, la conscience est reflétée dans chaque mental sous la forme du « je ». En réalité, il n'existe qu'une seule conscience, un seul « Je ». Amma dit que cette conscience, qui ne connaît ni naissance ni mort, est notre nature réelle.

***

Nous étions un soir tous rassemblés devant le temple de Kāḷī, ici à Amritapuri. Le soleil se couchait, une douce brise soufflait dans les arbres et nous étions en la présence divine d'Amma, dans ce cadre si agréable. Amma a guidé la méditation des fleurs blanches, avec ses visualisations. La méditation terminée, une substance blanche a atterri sur mes genoux. L'oiseau perché sur la branche au-dessus de moi non seulement aimait méditer mais il aimait aussi lâcher une substance blanche pendant la méditation.

Le lendemain, je me suis assis ailleurs. Malgré cela, un autre oiseau a eu la même idée. Cette fois, il était parfaitement synchronisé. Juste au moment où le swāmī disait : « Visualisez des fleurs blanches qui tombent doucement du ciel », la substance blanche est tombée sur ma tête et sur mes vêtements !

L'oiseau essayait peut-être de m'enseigner quelque chose. J'ai regardé en l'air. L'oiseau semblait me parler. Il a dit : « *Sarvam Brahmamayam*, tout cela est Brahman (l'Absolu). Mes excréments sont Brahman. Toi aussi, tu es Brahman. De Brahman, Brahman a émergé et a atterri sur Brahman, alors où est le problème ? » J'ai répondu : « Je n'ai pas complètement assimilé les enseignements du *Vēdānta.* » L'oiseau a dit : « Eh bien alors, continue à pratiquer *śhravaṇam* (l'écoute des Écritures) et *mananam* (la contemplation). »

L'oiseau a ajouté : « Écoute les enseignements des Écritures et contemple leur signification. Ensuite seulement, tu pourras pratiquer *nididhyāsana*, c'est-à-dire assimiler les enseignements du *Vēdānta* et les mettre en pratique dans toutes les situations ». Si on considère les choses du point de vue de la dévotion, connais-tu cette prière : « Seigneur, accorde-moi la sérénité d'accepter les choses que je ne peux pas changer, le courage de changer ce que je peux changer et la sagesse nécessaire pour discerner entre les deux. » ?

J'ai répondu : « Oui, je la connais. »

L'oiseau a dit : « En ce qui concerne les excréments que tu as reçus sur la tête et sur tes vêtements, tu ne peux pas partir au milieu de la méditation, alors accepte la situation. Amma dit que l'acceptation est l'abandon de soi. L'abandon de soi n'est-il pas le but de la dévotion ? »

J'ai répondu : « Si, c'est le but ! Tu m'as enseigné comment affronter la situation avec *jñāna* (la connaissance) et *bhakti* (la dévotion). S'il te plaît, enseigne-moi aussi la voie du *karma yoga* (la voie de l'action désintéressée). »

L'oiseau a dit : « Certainement. Tu es venu t'asseoir pour méditer. Tu as visualisé les fleurs blanches de la paix en train de tomber sur le monde entier. Tu as accompli toutes ces actions de manière désintéressée, dans un esprit d'adoration : *pūjā manō bhāva*. J'ai lâché sur toi une substance blanche, c'était le *prasād*. Quand tu accomplis une action avec cette attitude de *pūjā manō bhāva* et de *prasāda buddhi*, c'est-à-dire en acceptant tout ce qui en résulte comme le cadeau de Dieu, c'est du *karma yoga*. *Samatvam yoga uchyatē*, l'équanimité, c'est le yoga. »

Je me suis prosterné mentalement devant l'oiseau pour cette leçon de *Bhagavad Gītā* inattendue. Amma dit que le *karma yoga* et le *bhakti yoga* sont comme les deux ailes d'un oiseau et que le *jñāna yoga* est comme la queue de l'oiseau. Je prie Amma de m'aider à assimiler ces enseignements pour que l'oiseau n'ait pas besoin de répéter la leçon !

Amma dit : « Le problème, ce n'est pas le monde. Le problème, c'est le mental humain, l'ego. Le problème fondamental, c'est que nous nous identifions avec le corps-mental et non avec notre Soi réel. Cette fausse identification avec le corps-mental est un conditionnement très profondément ancré. Le sentiment de l'ego naît de l'ignorance et l'ego crée des désirs égocentriques. Toutes les tendances négatives du mental telles que la concupiscence, la colère, l'avidité, l'orgueil, l'attachement et la jalousie proviennent de l'ego. Tous les conflits et toutes les guerres, que ce soit entre les individus ou entre les nations, sont causés par l'ego. »

***

Avant de rencontrer Amma, celle qui anéantit l'ego, j'ai fait mes études à l'IIT de Bombay où j'ai obtenu mon diplôme d'ingénieur en informatique (4 ans). Puis, j'ai poursuivi mes études en Californie, à l'université d'Irvine. Mes études terminées, j'ai obtenu un bon emploi dans une société de logiciels à Sunnyvale, en Californie et je me suis marié. Mon épouse, Padmamālā, appréciait la spiritualité et aimait chanter des *bhajans*. Mais la foi innocente que j'avais en Dieu dans mon enfance avait disparu au cours de mes années d'études universitaires. J'avais de nombreuses questions qui restaient sans réponse. Je n'avais aucune connaissance des Écritures et je me demandais si Dieu existait réellement ou si les gens croyaient en Dieu simplement pour se réconforter, pour se consoler. Ma prière à l'époque était la suivante : « Seigneur, si Tu existes, je T'en prie, révèle-Toi à moi. »

C'est avec cette attitude intérieure que j'ai reçu mon premier darshan d'Amma à l'ashram de San Ramon, en Californie ; c'était en 1996. J'ai été très surpris en voyant Amma. C'était une nuit de *Dēvī Bhāva*. En regardant la forme radieuse d'Amma, vêtue comme une déesse, portant un sari et une couronne, j'ai pensé : « Comme c'est étrange ! » J'ai eu un ticket et j'ai reçu le darshan d'Amma. Un peu plus tard, plusieurs personnes se sont mises à danser en écoutant les *bhajans*. Je me demandais s'ils planaient à cause des *bhajans*. En rentrant chez moi, j'ai pensé que tout cela était très étrange.

Comme l'a dit Swāmī Amṛitaswarūpānandajī : « Quand on ne comprend pas une chose, on la qualifie d'étrange. » C'est exactement ce que j'ai fait. Je ne pensais pas retourner voir Amma mais elle avait un autre plan. Amma avait semé en moi la graine d'une transformation.

Plus tard, la question : « Quel est le but de la vie ? » s'est imposée à moi. Et cette question ne me quittait pas. Puis, dans le silence, la réponse m'a été révélée. J'ai pris conscience de cette réalité : Amma est l'amour de Dieu sous une forme humaine et le but de la vie est de se fondre dans cet état d'unité, cet état d'amour pur.

Amma dit que la compassion est le début et la fin du voyage spirituel. J'ai le sentiment que le voyage spirituel commence, se déroule et culmine dans la compassion du guru.

Par un simple regard ou par son contact, Amma fait naître en nous la quête du véritable but de la vie. Amma est donc Brahmā, le créateur. Mais le voyage spirituel est semé de nombreux dangers. Pour citer les Écritures, dans la *Kathōpaniṣhad* le Seigneur Yama, le dieu de la Mort, dit : « Le chemin spirituel est aussi étroit que le fil d'un rasoir. » C'est Amma seule, notre guru, qui nous soutient et nous protège lors du voyage spirituel. Amma est donc Viṣhṇu, le protecteur.

Il y a bien longtemps que j'aurais abandonné la voie de la spiritualité sans les conseils et la grâce d'Amma. Nous pouvons avoir confiance : Amma finira par déraciner notre ignorance et nous libérer du cycle des naissances et des morts. Amma est donc

Śhiva, le destructeur de l'ego, le destructeur de l'ignorance. Et Amma fait cela avec une compassion toute maternelle.

La fois suivante, lorsque nous sommes retournés au darshan à San Ramon, Amma nous a fait asseoir près d'elle, ma femme et moi. Puis Amma nous a demandé : « Que désirez-vous ? » J'ai eu le sentiment qu'elle était prête à exaucer n'importe quel désir mais qu'il était important de ne pas gaspiller cette chance qu'elle nous offrait. J'ai prié mentalement : « Amma, si nous te demandons quelque chose, cela nous apportera assurément du bonheur. Mais ce bonheur disparaîtra bientôt. Alors je t'en prie, accorde-nous le bonheur qui ne s'évanouit jamais. »

Quand le darshan s'est terminé, Amma s'est levée mais avant de partir, elle a dit quelque chose à notre sujet à Swāmī Ramakṛiṣhṇānandajī. Swāmījī nous a dit qu'Amma avait fait un *saṅkalpa* (pris une résolution divine) pour nous. J'ignorais alors le sens ou l'importance de cela mais j'ai deviné qu'il s'agisssait d'une bénédiction car Swāmījī avait l'air très heureux. C'est sans nul doute la résolution divine d'Amma qui nous a permis de prendre refuge à ses pieds divins. Quelques années plus tard, nous sommes venus vivre à l'ashram d'Amritapuri.

L'année suivante, lorsque je suis allé au darshan à San Ramon, j'ai eu la sensation que ma vie n'aurait de valeur que si j'étais proche d'Amma et pouvais la servir. J'ai dit à Amma que j'aimerais revenir en Inde pour être avec elle. Amma m'a demandé quelles études j'avais faites. J'ai eu l'impression d'être une minuscule bougie devant le soleil et je n'ai rien répondu.

Puis Amma a ajouté : « Tu peux venir tout de suite (en Inde) ou tu peux venir plus tard. Si tu veux venir maintenant, reviens ici demain. » Une fois rentré chez moi, j'ai réfléchi à l'idée de quitter les États-Unis et de partir vivre à l'ashram d'Amma où je n'étais jamais allé. Cela ne m'a pas paru réaliste, même si mon cœur était avec Amma.

Le lendemain matin, j'ai décidé d'aller au bureau comme d'habitude et non à l'ashram de San Ramon. En allant au travail, j'ai eu l'impression de m'être comporté comme une poule mouillée. Certes, je suis allé au bureau mais mes pensées étaient avec Amma. Ce jour-là, il se trouve que j'ai lu cette parabole d'Amma :

Un œuf d'aigle se trouva un jour mêlé à des œufs de poule. L'aiglon fut donc élevé par une poule. Il apprit à gratter la terre pour trouver des vers et à faire comme les autres poulets. Du haut du ciel, un autre aigle remarqua un jour l'aiglon qui se comportait comme un poulet. L'aigle fit une descente en piqué et s'approcha du bébé aigle. Apeuré, le petit s'enfuit avec les autres poulets. Finalement, l'aigle réussit à emmener l'aiglon jusqu'à un étang où il put voir que son propre reflet était semblable à celui de l'aigle majestueux dont il avait d'abord eu peur. Ayant découvert sa véritable identité, il fut bientôt capable de planer haut dans le ciel, comme l'aigle adulte.

Si j'ai lu cette histoire ce jour-là, ce n'était pas une simple coïncidence. Cela m'a donné l'espoir qu'Amma m'appellerait plus tard. Par la grâce d'Amma, nous sommes rentrés en Inde quelques années plus tard pour devenir membres de la faculté de l'université d'Amma à Bangalore.

***

Les visites d'Amma à Bangalore étaient toujours des événements mémorables. Lors d'une de ses visites, Amma a soudain annoncé qu'elle allait venir visiter le campus de l'université. Quelques-uns d'entre nous ont alors quitté précipitamment le lieu du programme pour aller au campus préparer la visite d'Amma. Nous avons aussi informé les étudiants qu'Amma allait venir, en leur disant de se rassembler dans la grande salle.

Dès qu'Amma est arrivée, elle a demandé aux enseignants de quitter la salle. Elle voulait que les étudiants se sentent libres de parler ouvertement. Un des étudiants s'est plaint à Amma de la qualité des chapatis qui étaient servis aux repas et il l'a fait d'une manière très impolie, sans aucun respect. N'importe qui d'autre se serait senti insulté et aurait réagi avec colère, mais pas Amma ! Pleine d'amour maternel, n'ayant rien d'autre que de la compassion et de la sollicitude pour les étudiants, Amma a cherché avec eux quelles étaient les solutions possibles, par exemple l'achat d'une machine à faire les chapatis.

Amma a été honorée dans le monde entier mais elle reste d'une humilité absolue et se met à la portée de la personne qui interagit avec elle. Seule Amma en est capable. La *Bhagavad Gītā* parle de l'être réalisé qui reçoit de la même façon la louange ou l'insulte, l'honneur ou le déshonneur. Je l'ai vu de mes yeux. Amma ne se contente pas d'enseigner le *Vēdānta*, Amma vit le *Vēdānta*.

Lors d'une autre visite d'Amma à Bangalore, Swāmī Amṛitagītānandajī nous a donné la chance d'accueillir Amma le premier jour du programme en lui offrant une guirlande. Nous avons eu un darshan magnifique ! Je suis plein de gratitude envers Swāmījī pour cette précieuse opportunité.

La vie d'Amma, c'est la compassion en action. En tant que coordinateur de *seva* des étudiants de l'école d'ingénieurs, j'ai emmené trente étudiants du campus de Bangalore à Nagapattinam dans le Tamil Nadu, avec l'aide de Swāmī Abhayāmritānandajī. Nous avons participé aux efforts de l'ashram pour aider les victimes du tsunami. Les étudiants bénévoles ont participé à la construction de maisons pour ceux qui avaient perdu la leur.

J'ai été impressionné en voyant à quel point les maisons avaient été bien conçues et bien construites, en dépit des nombreuses difficultés. Nous avons rencontré des pêcheurs du coin. L'un d'entre eux nous a dit : « Je n'ai pas vu Dieu. Mais en Amma, je vois Dieu ! »

En septembre 2008, je suis venu à Amritapuri et j'ai demandé à Amma si je pouvais acheter un *flat* (studio) à l'ashram. Amma m'a bien regardé et a répondu : « Est-ce que vous allez emménager ici ? » Puis, elle a ajouté : « Tu peux acheter un studio. » J'étais ravi. Je suis rentré à Bangalore ; les paroles d'Amma résonnaient dans mon cœur. J'en ai parlé à mon épouse. Elle aussi désirait sincèrement venir vivre dans la demeure sacrée d'Amma, Amritapuri. Quatre mois plus tard, je suis retourné à Amritapuri, accompagné de ma femme et de ma fille, âgée de six ans. Nous sommes allés au darshan et j'ai demandé : « Amma, pouvons-nous venir vivre ici ? » Amma s'est renversée en arrière et a éclaté de rire. J'étais perplexe. Est-ce que j'avais dit quelque chose de drôle ? Mais ensuite, Amma a dit avec compassion : « Amma est heureuse. » Je me suis rendu compte alors que j'avais mal compris.

Amma nous a ensuite donné les instructions nécessaires et par sa grâce, nous avons emménagé à l'ashram en mai 2009.

Je conclurai avec une histoire, un incident qui s'est produit après notre installation à l'ashram :

Amma dit : « Ne considérez pas qu'Amma est limitée à ce corps. Si vous, mes enfants, pensez qu'Amma n'est que ce corps, il en résultera de la souffrance. Sachez toujours qu'Amma est omniprésente. »

Pendant qu'Amma était en tournée dans le Nord de l'Inde, ma femme et ma fille sont allées à Bangalore assister au programme là-bas. Amma me manquait énormément. Je me suis assis et je lui ai écrit une lettre. J'ai commencé par : « Chère Amma, » mais ensuite la lettre a pris la forme d'un poème qui exprimait les sentiments de mon cœur et implorait ses conseils et sa grâce.

J'ai plié la lettre et je l'ai placée devant la photo d'Amma, dans ma chambre. Cette nuit-là, Amma est venue dans mes rêves et m'a béni avec une compassion infinie. Quand Amma est rentrée à Amritapuri après le tour, elle a appelé tous les résidents de l'ashram au darshan. Quand elle m'a vu, Amma m'a demandé si je lui avais écrit une lettre. Il m'a fallu quelques secondes pour me rappeler la lettre-poème que j'avais écrite quelques semaines auparavant. Je n'en avais parlé à personne. Étonné par l'omniscience d'Amma, j'ai répondu : « Oui Amma, mais comment le sais-tu ? » Amma s'est contentée de sourire et avec compassion, m'a donné le darshan !

Amma, je t'en prie, pardonne-moi mon ignorance ; tu m'as donné tant d'aperçus de ta nature divine. Puissé-je ne jamais oublier que tu t'es incarnée sur terre uniquement pour nous sauver du cycle des naissances et des morts.

Amma, je t'en prie, répands ta grâce sur tous tes enfants afin que nous puissions atteindre le véritable but de la vie.

13

L'altruisme

Sahaja – Australie

Nous avons une chance immense : dans sa compassion infinie, Amma a créé Amritapuri, une oasis spirituelle pour ses enfants. On peut comparer Amma à un berger divin qui a voyagé pendant des années dans le monde entier pour rassembler son troupeau. Que nous soyons ou non physiquement avec elle, Amma ne cesse jamais de guider et de veiller sur ses enfants. Son corps est un temple en mouvement et où qu'elle aille, il purifie et bénit.

La vie d'Amma est un exemple magnifique. Elle nous montre comment intégrer de façon idéale *jñāna* (la connaissance), *bhakti* (la dévotion) et le *karma* (l'action désintéressée) ; elle restera pour l'éternité un modèle que l'humanité pourra s'efforcer d'imiter. Amma nous montre ainsi que sur le chemin de la réalisation du Soi, la tête, le cœur et les mains nous guident tous.

J'ai lu un jour dans une revue bouddhiste une histoire intéressante : il était une fois deux hommes qui vivaient dans le même village ; l'un d'entre eux était avare tandis que l'autre était généreux. Il se trouve qu'ils moururent à peu près en même temps. Ils comparurent ensuite devant le Seigneur Yama (le dieu de la Mort), chargé de juger leurs actions passées.

Il dit aux deux hommes : « Vous allez tous les deux renaître dans le monde, telle est ma sentence. L'un d'entre vous sera constamment en train de donner et l'autre de recevoir. Que choisissez-vous ? » L'avare prit aussitôt la parole pour dire : « Je veux être celui qui reçoit constamment. » L'autre était d'accord pour être celui qui ne cesserait pas de donner, il hocha donc la tête en signe d'acquiescement.

Ils attendaient le jugement final. Le Seigneur Yama prit son bâton de justice et en frappa le sol. Il se tourna vers l'avare et décréta : « Comme tu as choisi de recevoir, tu renaîtras comme mendiant ; tu auras ainsi de nombreuses occasions de recevoir des autres. » Puis, il se tourna vers l'autre villageois et lui dit : « Tu vas renaître et tu disposeras d'une grande fortune. Partage cette fortune avec ceux qui ont moins de chance, aide-les en faisant l'aumône. » La morale de l'histoire est évidemment qu'il est beaucoup plus gratifiant de donner que de recevoir.

Cette histoire introduit le thème de mon *satsang*, l'altruisme ; je vais vous raconter quelques-unes de mes expériences avec Amma dans ce domaine et parler de ses enseignements.

Amma dit qu'il faut constamment observer le mental car il ne veut pas que nous fassions la moindre action désintéressée. Son seul but est de nous faire suivre la voie de l'égoïsme car telle est sa nature.

Le Gange donne de l'eau fraîche et pure sans rien attendre en retour. Le soleil fait briller sa lumière sur tous mais n'espère aucune récompense. On peut dire qu'Amma est une personnification vivante de la nature. Toute son existence est consacrée à donner. Nous l'avons tous entendu dire qu'elle désire ardemment servir ses enfants et elle ne cherche jamais à être reconnue ou appréciée pour tout ce qu'elle fait.

Le Seigneur Kṛiṣhṇa dit au chapitre 2, verset 47 de la *Bhagavad Gītā* :

> « Tu es libre d'agir mais tu n'as pas le contrôle du résultat de tes actes. Que ta motivation ne soit jamais le fruit de l'action. Ne t'attache pas non plus à l'inaction. »

Voici une anecdote qui montre comment mon ego a pris un bon coup sur la tête parce que j'étais attachée au fruit de l'action :

Lors d'une retraite dans la région de la Gold Coast en Australie, ma compagne de chambre s'est bloqué le dos dès la première nuit. Elle a dû passer toute la retraite allongée par terre, sur le sol dur. Mais elle ne voulait pas quitter la retraite car elle voulait être près d'Amma malgré l'intensité de la douleur. Pendant tout ce temps, je l'ai aidée en allant lui chercher ses repas. Pendant le darshan, j'ai parlé à Amma de l'état de ma compagne de chambre et sans hésiter un instant, Amma a retiré une bouillotte de derrière son dos et me l'a donnée, en me disant d'aller la voir et de lui mettre la bouillotte dans le dos.

Le geste plein de compassion d'Amma m'a ravie et je suis retournée à la chambre apporter la bouillotte. Ma compagne de chambre, elle aussi, était enchantée qu'Amma ait fait cela pour elle. J'étais très contente de moi en pensant que j'avais pu contribuer à la rendre heureuse. Mais il ne fallut pas longtemps avant que tout cela change. Quelques minutes plus tard, on frappa violemment à la porte. J'ai ouvert la porte et une femme que je n'avais jamais vue auparavant s'est dressée devant moi en exigeant que je rende la bouillote immédiatement !

Je me suis rendu compte que cette femme pensait que j'avais tout simplement pris la bouillotte. J'étais horrifiée ; je lui ai expliqué la situation et ce qu'Amma m'avait dit. Mais elle a insisté pour que je rende la bouillotte. J'étais très embarrassée et j'ai pensé qu'il valait mieux la lui donner, descendre et clarifier la situation. Le malentendu a été rapidement dissipé. On nous a donné une autre bouillotte mais je n'arrivais pas à me libérer du malaise qu'avait créé en moi cet incident ; je pensais que mes actions, au final, n'avaient fait que causer plus de désarroi à ma compagne de chambre.

Le lendemain, à notre grande surprise, notre Amma, omnisciente et pleine de compassion, est venue dans la chambre après le *Dēvī Bhāva* pour voir elle-même comment allait ma compagne de chambre et lui donner le darshan ; Amma lui montrait ainsi qu'elle avait conscience de tout ce qu'elle avait dû endurer.

Chaque jour, la vie nous donne des occasions de pratiquer l'art de donner. Il n'est pas nécessaire pour cela d'être riche. Amma dit que c'est en donnant que l'on progresse sur la voie spirituelle. Se préoccuper de la santé d'autrui, aider une personne malade, exprimer de la gratitude, voilà de petits actes de bonté qui ne coûtent rien mais font une énorme différence dans la vie des gens.

Ce sont de petites graines qui deviennent d'immenses arbres et procurent à la société la bénédiction d'une ombre rafraîchissante et agréable. Quand on utilise la flamme d'une bougie pour en allumer d'autres, toutes ces bougies réunies donnent une lumière qui éclaire la pièce. L'acte de donner est comparable à la flamme de la bougie.

Amma dit qu'elle vénère tous les êtres de la création comme des manifestations de Dieu et qu'à un certain stade de la méditation, nous acquerrons la connaissance des principes essentiels de tous les objets de la nature.

Comme il est dit dans le livre L'âme sans attache, notre croissance intérieure dépend de la prise de conscience que la seule manière de trouver la paix et le contentement est de cesser de penser à soi-même. Avant nos problèmes actuels, nous en avions d'autres. C'est un cycle sans fin. Honnêtement, quand pouvons-nous dire qu'il y a eu une période où rien ne nous dérangeait ? Comme le dit Amma, notre mental est pareil au balancier d'une horloge qui oscille constamment entre le bonheur et la tristesse.

Un jour où je parlais avec Amma pendant le darshan, elle m'a raconté l'histoire suivante au sujet de Rādhā et de Kṛiṣhṇa :

Kṛiṣhṇa envoya un jour un messager à Vṛindāvan, le village où il avait passé son enfance. Kṛiṣhṇa chargea le messager de nombreux cadeaux destinés à toutes les *gōpis*. En le voyant arriver, les *gōpis* furent enchantées. Chaque *gōpi* reçut le cadeau que lui avait destiné Kṛiṣhṇa et toutes poussaient des cris de ravissement en ouvrant leur cadeau. Quand le messager eut terminé de distribuer les cadeaux, il se rendit compte que Kṛiṣhṇa n'avait rien envoyé pour Rādhā[21]. Il regarda autour de lui et il vit Rādhā assise, seule, sous un arbre. Il s'approcha et lui demanda si elle n'était pas triste de n'avoir pas reçu de cadeau de Kṛiṣhṇa. Le visage de Rādhā s'éclaira et elle dit : « Oh non ! J'étais si heureuse de voir mes sœurs ouvrir les cadeaux envoyés par mon bien-aimé ».

La leçon que j'ai tirée de cette histoire, c'est qu'Amma met l'altruisme au-dessus de toutes les autres valeurs ; c'est aussi d'essayer de me relier à tous ceux qui m'entourent. J'ai souvent médité sur cette histoire pour m'aider à réorienter mon mental, pour l'empêcher d'être trop centré sur lui-même quand les choses ne vont pas comme je voudrais.

Les êtres éveillés comme Amma cachent généralement leur grandeur car ils n'ont rien à prouver à qui que ce soit. Ils sont prêts à accepter tout ce qui arrive et sont naturellement d'une grande humilité.

L'anecdote suivante montre comment Amma a magnifiquement su gérer une situation très difficile :

Il y a quelques années, la méditation et les séances de questions-réponses pendant la retraite à la Gold Coast se tenaient à l'extérieur, dans un court de tennis entouré par des chambres d'hôtel toutes proches. Pendant la session de questions-réponses, un homme qui séjournait dans une des chambres d'hôtel est sorti sur son balcon et nous a crié de baisser le son car le volume était trop fort. Puis, il est rentré dans sa chambre. Ceux qui étaient assis au fond ont bien entendu sa requête mais ont choisi de l'ignorer pour continuer à écouter les questions-réponses.

---

[21] La *gōpī* qui personnifie la forme suprême de la dévotion et qui est révérée comme la compagne éternelle du Seigneur Kṛiṣhṇa.

Peu après, il est de nouveau sorti sur le balcon, en s'assurant cette fois que tout le monde l'entende. D'une voix beaucoup plus forte et agressive, pour être sûr de faire passer son message, dans un langage grossier, il nous a crié de baisser le volume du son.

Nous étions tous sidérés et honteux que cet homme ait parlé ainsi en présence d'Amma. La réponse d'Amma fut le reflet immédiat de sa nature divine. Elle a pris la défense de cet homme en disant que c'est nous qui avions tort car il avait d'abord essayé de nous demander poliment de baisser le son. Comme personne ne l'avait écouté, il s'était mis très en colère. En quelques secondes, Amma a réussi à transformer cette situation déplaisante en un enseignement pour nous tous ; elle a aussi rendu cet homme heureux en appuyant sa demande de baisser le son.

Amma dit : « L'amour est la nature d'Amma. Elle ne peut pas être différente de l'amour. De même que l'égoïsme est notre nature actuelle, l'absence d'ego est la nature d'un *mahātmā*. C'est pourquoi Amma ne peut pas répondre à la colère, à la haine ou aux insultes par la colère, la haine ou les insultes. Elle ne peut que répandre un amour et une compassion infinis. »

***

Pendant un tour d'Australie, Amma m'a montré que quand nous faisons des sacrifices, elle est toujours avec nous. Comme je viens de la région de Brisbane, l'organisatrice du programme m'a invitée à venir chez elle. Amma allait faire une *pūjā*[22] pour bénir la maison. La cérémonie devait avoir lieu vers midi, juste avant le départ d'Amma pour la Gold Coast. Ce matin-là, je suis allée dans la salle pour voir où en étaient le rangement et le nettoyage après le programme. J'ai eu la surprise de voir qu'il restait encore énormément de nettoyage à faire. J'ai donc décidé

---

22 Une *pūjā* est une cérémonie d'adoration rituelle.

de ne pas aller chez l'organisatrice et je suis restée dans la salle pour aider au nettoyage.

Soudain, j'ai reçu un coup de téléphone : c'était l'organisatrice qui m'informait qu'Amma avait demandé que l'un des cameramen d'Amrita TV vienne filmer la *pūjā*.

Je suis allée le dire au cameraman et j'ai organisé une voiture avec des dévots pour le conduire jusqu'à la maison. Ils se sont donné rendez-vous à une heure précise pour y aller. Le cameraman m'a dit qu'il voulait aller se promener aux alentours de la salle pour prendre des photos mais qu'il serait de retour à l'heure fixée. J'ai dit « D'accord » et j'ai continué à nettoyer. À l'heure du rendez-vous, les autres dévots sont venus me dire qu'il n'était pas là. Je n'avais aucun moyen de le contacter. Je leur ai dit de ne pas s'inquiéter et je les ai priés d'attendre. Au bout d'un moment, comme il n'était toujours pas là, les dévots m'ont informée qu'ils ne pouvaient pas attendre plus longtemps et ils sont partis. J'étais très contrariée : j'avais essayé de satisfaire la requête d'Amma mais j'avais échoué. Je suis retournée nettoyer, tout en guettant le cameraman et en me préparant mentalement à lui passer un bon savon. Finalement, il est arrivé.

Je me suis précipitée vers lui et je lui ai demandé pourquoi il n'était pas venu. Il m'a complètement désarmée par sa surprise totale et son innocence ; il m'a dit qu'il avait complètement oublié l'heure. J'ai compris qu'il était inutile de se mettre en colère contre lui. D'un ton irrité, je lui ai dit : « Bon, eh bien je pense que je n'ai pas d'autre choix que de vous y emmener moi-même ! » Allions-nous arriver à temps ? Je n'en avais pas la moindre idée. La maison où se trouvait Amma était à une demi-heure en voiture et la grâce a fait en sorte que la circulation soit fluide. Quand nous sommes arrivés, j'ai poussé un soupir de soulagement : la *pūjā* n'avait pas encore eu lieu. Peu après,

Amma a descendu les escaliers comme une fleur radieuse et a béni la maison par une *pūjā*.

Elle est ensuite venue vers moi et m'a demandé des nouvelles du groupe qui faisait le tour. Avant de partir, elle a fait le tour du jardin pour regarder toutes les plantes. C'est ainsi qu'à travers cette succession de petits drames, la compassion infinie d'Amma m'a finalement donné l'occasion de passer un moment avec elle.

Śhrī Nārāyaṇa Guru[23] a un jour déclaré que les difficultés de la vie sont parfois des bénédictions déguisées. Elles peuvent nous aider à tourner notre esprit vers la spiritualité et à briser la chaîne de l'illusion. Elles ont ce potentiel. Ce fut certainement le cas pour moi.

J'ai eu une enfance très heureuse et privilégiée jusqu'à l'âge de douze ans. Puis? ma vie a complètement changé. Les années d'insouciance et de bonheur ont pris fin ; une période de grande souffrance leur a succédé pendant des années, causée par de grands bouleversements familiaux. Je vois maintenant que toutes les difficultés que nous rencontrons dans la vie sont là pour nous aider à grandir, à développer plus de compréhension et de compassion, à condition que nous choisissions de les voir sous un angle positif.

Depuis l'âge de quinze ans, je désirais venir en Inde. Je ne pouvais pas croire que la vie se limitait à la famille et au travail, je sentais bien qu'il devait y avoir quelque chose de plus profond. Je n'étais pas du tout attirée par la religion conventionnelle. Je me reliais à Dieu à travers la nature et les animaux. Quand j'étais étudiante, j'ai eu un terrible accident de voiture qui m'a causé de graves blessures. Cet accident s'est avéré être un tournant important dans ma vie. J'ai reçu un dédommagement qui m'a rendue financièrement indépendante et m'a permis d'acheter un billet d'avion pour l'Inde.

---

23 Réformateur social, philosophe et guide spirituel originaire du Kerala.

Nous étions en 1994 et j'avais dix-neuf ans. Avec l'arrogance de la jeunesse, il ne m'est pas venu à l'idée qu'il fallait que je me prépare avant de partir en Inde. Je me rappelle avoir regardé par le hublot pendant la descente et avoir eu un choc en voyant l'immense ville qui s'étalait au-dessous de moi. Soudain, j'ai pris conscience que j'en ignorais tout.

J'ai eu le sentiment d'atterrir dans un autre monde. Mais mes appels intérieurs de détresse ont été entendus et tout s'est bien déroulé. J'ai fait un voyage étonnant et au final, le Divin m'a conduite sept mois plus tard aux pieds de lotus de notre Amma bien-aimée, à Amritapuri.

Je suis arrivée une nuit de *Dēvī Bhāva*. Dans le temple de Kāḷī, on chantait des *bhajans* qui remuaient l'âme. Le temple paraissait vibrer, animé par une énergie d'un autre monde.

L'idée que l'on pouvait rencontrer le Divin sous une forme humaine m'était totalement étrangère et j'ai été très surprise de voir Amma, portant un magnifique sari et une couronne, l'image vivante d'une déesse. Plus je m'approchais d'Amma dans la queue du darshan, plus j'étais sidérée. Amma a soudain jeté un regard dans ma direction avec une expression d'amour, de compassion et de compréhension d'une beauté inégalée. Toute mon angoisse s'est dissipée. Je me suis vite retrouvée à genoux devant elle et j'ai reçu une étreinte puissante et magnifique ! Son amour divin était si bouleversant que les larmes me sont venues. J'ai compris qu'Amma savait tout de moi et qu'elle n'avait pour moi que de l'amour, qu'elle m'acceptait totalement. Elle m'a parue très familière, comme une personne aimée que l'on n'a pas vue depuis longtemps et que l'on retrouve. J'étais complètement fascinée. Amma connaissait ma tristesse intérieure et m'a fait signe de m'asseoir à côté d'elle. Regarder Amma donner le darshan était magnifique et je savourais aussi le fait qu'elle me lançait parfois un regard.

J'ai vécu un certain temps dans les huttes avec les *brahmachāriṇīs*. Pour laver ses vêtements, il fallait utiliser les « pierres à laver ». Je me rappelle être restée debout devant ces blocs de béton qui m'arrivaient à la taille, complètement perdue, sans savoir quoi faire. Les *brahmachāriṇīs* autour de moi faisaient leur lessive comme des professionnelles et je me sentais trop stupide pour leur demander de me montrer.

Juste à ce moment-là, une Occidentale avec un grand sourire et environnée de beaucoup de lumière est passée par là. Les *brahmachāriṇīs* avaient l'air de bien l'aimer, alors j'ai pensé à lui demander de l'aide. Avec joie, elle m'a dit comment faire et m'a donné ses meilleurs trucs pour laver les vêtements. Quelqu'un m'a dit ensuite que cette personne était Lakṣhmī (maintenant Swāminī Śhrī Lakṣhmī Prāṇā) et que son *seva* était dans la chambre d'Amma. Cela m'a étonnée car elle devait être très occupée, mais elle n'a manifesté aucune impatience. Ces petits actes de bonté que nous croyons peut-être insignifiants ont parfois une grande importance pour la personne qui les reçoit. Les êtres les plus grands dans ce monde sont aussi les plus humbles. Amma en est, bien sûr, un exemple éclatant dans toutes ses actions. Amma dit qu'il n'y a à ses yeux rien de spécial à manifester du respect envers elle seule. Ce qui compte pour elle, c'est de voir ses enfants pratiquer l'altruisme, l'humilité et le respect mutuel.

***

La tournée du Nord de l'Inde arriva bientôt ; ce voyage, c'était vraiment du camping divin ! Quelle joie de voir Amma s'amuser avec nous : baignades, arrêts pour le *chai* et les repas. Il arrivait même parfois qu'elle monte dans notre bus et voyage avec nous. Je me rappelle un incident qui s'est produit pendant cette tournée 1995 du Nord de l'Inde. Cela m'a permis de voir comment la présence d'Amma nous aide à aller au-delà des limites physiques et mentales que nous croyons avoir. Nous sommes arrivés à Delhi après un voyage en bus extrêmement difficile qui avait duré toute la nuit. Beaucoup d'entre nous étaient soudain tombés très malades après l'arrêt sur la route pour le dîner. Je n'avais pas fait exception. Le bus avait dû s'arrêter continuellement pour laisser descendre les personnes malades qui souffraient de diarrhée. Les bouchons énormes à l'entrée de Delhi avaient encore rallongé le voyage.

La matinée était déjà bien avancée quand nous avons atteint notre destination. Quand le bus est enfin arrivé à l'ashram de Delhi, nous nous sommes retrouvés au milieu d'un chantier de construction. L'inauguration du temple *brahmasthānam* de Delhi était prévue pour le lendemain et il restait encore beaucoup de travail de construction à faire avant que tout soit prêt. Je me suis retrouvée aussitôt à faire la chaîne, en train de passer des seaux remplis de sable. Amma elle-même est rapidement venue inspecter le travail. Je me rappelle qu'elle nous a souri en nous voyant passer les seaux de sable.

Toutes les sensations de maladie et de fatigue ont soudain disparu, il ne restait plus que la joie d'être en présence d'Amma. Il n'est pas dans la nature d'Amma de rester oisive, alors elle s'est mise à travailler avec nous. La forme physique si belle et si radieuse d'Amma nous a donné de la joie et de l'énergie et je me rends compte maintenant à quel point c'était un privilège de contribuer à construire le temple *brahmasthānam* aux côtés de la Mère divine elle-même. J'ai commencé à comprendre qu'à travers ces expériences, Amma nous montre que quand on cesse de s'identifier aux limites du corps-mental, on est capable de faire beaucoup plus que ce que l'on croit.

Pendant le programme de Delhi, Amma a soudain annulé l'arrêt suivant, prévu à Rishikesh. Certains Occidentaux qui participipaient à la tournée en ont été contrariés au point qu'ils ont décidé de quitter le tour et de visiter Rishikesh par eux-mêmes. Après notre départ de Delhi, le bus s'est arrêté dans la soirée pour que nous puissions nager et dîner avec Amma. Amma a dit qu'elle était triste que certains de ses enfants aient quitté le tour pour aller à Rishikesh. Puis, elle a dit que partout où nous sommes avec Amma, nous sommes avec elle dans le Gange. Cette affirmation a fait sur moi une impression profonde. En ce moment même, nous sommes dans le Gange avec Amma, sa présence et son amour divins nous purifient. La distance n'est pas un obstacle et l'altruisme de nos actions attire toujours sur nous la grâce d'Amma.

14

Du monde de la banque au monde d'Amma. Le parcours d'une dévote

Daya Chandrahas – Inde

Pendant mon enfance à Vijayawādā, en Andhra Pradesh, ma famille célébrait toutes les fêtes hindoues telles que Gaṇēśh Chaturthī, Kṛiṣhṇa Jayantī, Hōlī, Śhivarātrī et bien d'autres. Mais comme j'ignorais tout de la spiritualité, ces fêtes n'ont pas eu une grande influence sur moi du point de vue spirituel. Pourtant, quand j'avais environ douze ans, j'ai eu la chance de recevoir de la *vibhūti* (de la cendre sacrée) de Sathya Sai Baba quand il est venu bénir la maison de ma tante à Chennai. Et sa bénédiction m'a conduite à assister aux *bhajans* organisés par le Sathya Sai Samithi, près de chez nous. Quand Baba est venu un jour à Vijayawādā, j'ai eu la permission de chanter des *bhajans* pour lui avec les autres enfants, assise au premier rang.

J'ai déménagé à Mumbai pour y faire mes études. Le quartier de Mumbai où Baba se rendait était très éloigné. L'adolescente que j'étais ne pouvait pas y aller seule, j'ai donc dû renoncer à aller voir Baba et à assister à ses programmes.

En revanche, non seulement j'ai poursuivi mes études mais j'ai commencé à travailler. Mes journées étaient très remplies et je ne pensais pas beaucoup à la spiritualité. Je travaillais dans des banques et j'avais de bons postes. La vie a continué. Je me suis mariée et j'ai eu une fille. Soudain, la vie m'a porté un coup terrible : mon mari a été tué dans un accident de voiture. Le choc a été extrêmement rude, c'est le moins qu'on puisse dire. Ce n'était pas seulement les difficultés financières que cela entraînait qui m'ennuyaient ; mon ego était terriblement blessé. Je me suis sentie abandonnée. Je m'inquiétais aussi pour ma fille qui allait grandir sans connaître l'amour de son père. Quoi qu'il en soit, nous avons pu gérer la situation. Ma mère est venue vivre avec nous et s'est occupée de ma fille pendant que je travaillais.

En fait, pendant toute ma carrière qui a duré environ quarante ans, j'ai régulièrement travaillé douze heures par jour. Mais il y avait un bon côté à cela : j'aimais mon travail. L'ambiance de travail à la banque était très agréable. J'ai eu des promotions bienvenues et le travail m'offrait aussi de nombreuses occasions de voyager à l'étranger.

En juin 1998, j'ai reçu un second coup du destin : on a diagnostiqué chez ma mère une tumeur maligne au cerveau. Les médecins lui donnaient six ou sept mois à vivre. Après une opération et des rayons (la chimiothérapie n'était pas recommandée) elle a paru se remettre et ne souffrait plus. Elle a cependant continué à s'affaiblir et son rythme s'est beaucoup ralenti. Quelques mois après l'opération, elle est tombée dans la salle de bains et s'est retrouvée clouée au lit. C'est seulement alors que j'ai compris le sérieux de la situation.

Pour la première fois, j'ai prié. Un astrologue m'avait suggéré de prier Durgā Mātā. Alors j'ai entamé des négociations avec la Mère divine pour qu'Elle m'accorde la vie de ma mère. J'ai prié, je lui ai dit que si Elle sauvait ma mère, je ferais en échange tout ce qu'Elle me demanderait.

Je n'avais pas reçu de mantra d'un guru, je répétais spontanément Jai mātā ki, victoire à la Mère divine. Je répétais ce mantra toute la journée, presque sans arrêt, et je dormais très peu. J'étais très inquiète. Je savais que sans ma mère, il ne me serait pas possible d'assumer ces longues journées de douze heures au travail. Ma fille n'avait que treize ans. Elle refusait d'aller dans un centre après l'école et je ne voulais pas qu'elle reste seule à la maison pendant de longues heures en attendant que je revienne enfin du travail. Je me préparais à trouver un emploi plus proche mais beaucoup moins enviable, avec un salaire très inférieur et un travail bien moins intéressant.

Ma mère est morte en janvier. Un mois plus tard, une voisine qui m'avait aidée pendant la maladie de ma mère m'a suggéré de venir voir Amma avec elle. J'ai refusé net en lui demandant : « Va-t-elle ramener ma mère ? » Mais ma voisine a insisté. Je me suis dit que je lui devais bien cette faveur puisqu'elle m'avait aidée quand ma mère était malade.

Amma dit que dans le Kali Yuga (l'époque actuelle où l'*adharma* domine), ce n'est pas le disciple qui part en quête du guru, c'est le guru qui vient chercher le disciple.

Ce fut le cas pour moi.

Quand j'ai vu Amma pour la première fois à l'ashram de Mumbai, je me suis demandé comment elle pouvait avoir l'énergie d'étreindre tant de gens pendant des heures ! C'était incroyable ! Quand j'ai reçu mon *darshan*, Amma m'a dit dans un hindi parfait *« Mērī bēti, chintā mat karō »*, ce qui veut dire : « Ma fille, ne t'inquiète pas. » Je n'ai pas compris pourquoi elle disait cela, puisqu'elle ne me connaissait pas.

Je me suis mise à pleurer et ma voisine aussi. Je lui ai demandé pourquoi elle pleurait. Elle m'a répondu : « Tout le monde pleure en voyant Amma. »

J'ai oublié ce darshan et j'ai repris ma vie habituelle. J'avais l'intention de quitter mon travail quelques mois plus tard, au moment des vacances scolaires. Ma surprise a été totale quand une semaine après mon darshan avec Amma, j'ai reçu une promotion que je ne méritais absolument pas : j'étais à peine allée travailler au cours des trois mois précédents. Et j'ai été mutée à l'agence de Pune.

Le grand avantage de cette mutation, c'est que les bureaux et les quartiers résidentiels étaient au même endroit. Je suis passée de trois heures et demie de trajet quotidien à trois minutes et demie ! J'étais pour ainsi dire gratifiée de trois heures et demie de vie supplémentaires chaque jour. Ma fille a été admise dans une bonne école et nous avons été beaucoup plus heureuses qu'auparavant car pour la première fois, nous pouvions passer du temps ensemble. Nos emplois du temps correspondaient parfaitement. Je me suis rendu compte que tout cela était dû à la grâce infinie d'Amma !

J'ai commencé à réciter chaque jour l'*archana*, les Mille noms de la Mère divine, comme me l'avait suggéré Swāmī Vidyāmṛitajī qui dirigeait l'ashram de Pune. En février 2000, Amma est venue à l'ashram de Pune. Pendant une des séances de *bhajans*, je me suis trouvée au premier rang. Pendant qu'Amma chantait, les larmes n'ont pas cessé de rouler sur mes joues.

Je me rappelle avoir dit intérieurement à Amma qu'il y avait un poste de direction vacant à l'agence de Singapour de ma banque. Pouvait-elle m'accorder sa bénédiction afin que j'obtienne ce poste ?

Par la grâce d'Amma, j'ai été choisie pour le poste de directrice régionale de l'agence de Singapour. Tout le monde au bureau a été très surpris, moi la première ! En fait, j'essayais depuis quatre ans d'obtenir ce poste mais ma candidature avait été écartée parce que j'étais une femme seule.

Quand Amma est venue à Singapour en 2001, j'étais sur un petit nuage. Je n'ai pu ni manger ni boire pendant toute la durée du programme. Pendant le *Dēvī Bhāva*, Amma m'a regardée tout en lançant des pétales sur la foule ; j'ai été totalement conquise. J'ai vu émaner de ses yeux de beaux rayons de lumière colorés ; ils se dirigeaient vers mes yeux, puis ils disparaissaient. Cela a continué un moment sans interruption et je répétais à travers mes larmes : « Oh Amma, tu n'es pas simplement Amma ; tu es Dēvī, tu es Durgā Mātā ! »

Ma foi en Amma a grandi : j'étais désormais convaincue qu'Amma n'était pas une personne ordinaire. Mais la question se posait : « Qui était donc Amma ? » J'avais lu plusieurs biographies de saints mais jamais je n'aurais imaginé rencontrer un maître réalisé, surtout à notre époque où les gens sont si égoïstes.

Un autre jour, alors que je priais devant l'image de Durgā Mātā qui se trouvait au-dessus de mon autel, chez moi à Singapour, j'ai ouvert les yeux et j'ai vu la couronne de l'image briller de splendides lumières qui en émanaient ; la couronne étincelait, jamais je n'avais rien vu de pareil. Amma m'a ainsi fait comprendre qu'elle est bien Durgā Mātā.

Quand je quittais Singapour pour rentrer en Inde, j'allais aussitôt à Amritapuri. Amma était devenue pour moi l'arbre qui exauce les désirs. Toutes les autres sorties avec les amis passaient après les visites à Amritapuri.

Amma, la Mère divine, est aussi le Seigneur Dhanvantari, le dieu de la médecine ; elle m'a accordé d'immenses bénédictions. En 2003 pendant AmṛitaVarṣham50, la célébration des cinquante ans d'Amma, je souffrais de graves problèmes gynécologiques. J'ai réussi un jour à monter sur la scène, juste au moment où Amma s'apprêtait à donner le *darshan*.

Amma est allée au centre de la scène, là où était installé son *pīṭham* (siège) et je me suis tranquillement installée à côté d'elle, à sa droite. Personne ne m'a demandé de partir, alors je suis restée à côté d'Amma en récitant mon mantra. Amma a commencé à donner le darshan et après chaque étreinte, elle me montrait sa paume, indiquant clairement que je devais y mettre quelque chose. J'ai trouvé une pomme, je l'ai prise et je l'ai mise dans la main d'Amma. Cela s'est reproduit une fois, deux fois et j'ai continué longtemps.

J'étais enchantée. J'ai demandé aux bénévoles qui se trouvaient sur la scène de remplir à nouveau les paniers de pommes. Tout le monde a dû penser que j'avais été désignée pour faire ce *seva*, personne ne m'a donc demandé de partir. Je suis restée à côté de notre Amma bien-aimée pendant trois heures. J'étais ravie et bien sûr, tous mes amis de Singapour qui suivaient le programme en ligne m'enviaient ! Amma a répandu sur moi son immense grâce. À partir de ce jour-là, mes problèmes gynécologiques ont diminué, pour ensuite disparaître complètement.

En 2007, quand j'ai fait mon bilan de santé annuel, on a détecté une grosseur au niveau de la poitrine. J'ai consulté deux oncologues éminents de Mumbai et tous les deux ont confirmé qu'il fallait l'enlever.

Mais ils ignoraient s'il s'agissait ou non d'une tumeur maligne. On pouvait sentir la grosseur rien qu'en touchant la peau. J'étais anéantie. Je suis allée voir Amma et je lui ai dit : « Amma, je ne vais pas bien. »

Amma m'a répondu : « Va à AIMS » (L'hôpital d'Amma à Kochi). Je suis allée à AIMS et les médecins m'ont examinée. Ils ont dit que seul le chirurgien en chef pouvait prendre une décision ; mais il était en salle d'opération et ils n'étaient pas certains qu'il serait disponible une fois l'opération terminée.

***

Je suis rentrée à Amritapuri. Au moment où Amma retournait dans sa chambre après le *darshan*, je lui ai dit que je partais pour Mumbai le lendemain. Elle a répété : « Va à AIMS. » Je me suis demandé pourquoi Amma me disait de retourner à AIMS. Je me suis arrêtée à AIMS, en projetant d'aller ensuite directement à l'aéroport. Cette fois, j'ai pu rencontrer le chirurgien en chef. Il a fait une biopsie avec une aiguille, il a regardé les scanners et a dit : « Je ne pense pas qu'il faille intervenir maintenant ; je pense qu'il est inutile que vous vous inquiétiez. Revenez si vous avez un problème. Sinon, attendons trois mois avant de décider. »

Soulagée, je suis rentrée à Mumbai. À ma grande surprise, quelques jours après ma visite à AIMS, la grosseur a disparu. J'ai palpé la zone bien des fois mais je ne sentais plus rien. Peu après, j'ai passé un autre scanner et on ne voyait plus rien. J'avais du mal à y croire ! Quelle grâce m'a accordée notre Amma bien-aimée ! La grosseur n'est jamais revenue.

Il n'est pas étonnant que le nom 326 du *Lalitā Sahasranāma* soit :

> *ōm karuṇā rasa sāgarāyai namaḥ*
> Celle qui est un océan de compassion

Est-ce que je le méritais ? Bien sûr que non. Mais la Mère divine peut-elle agir autrement ?

***

Trouver Amma équivaut à trouver une mine d'or ; il ne faut jamais la perdre de vue. C'est encore ce que je ressens par rapport à Amma : que je ne devrais jamais la quitter des yeux ; malheureusement, cela n'est pas toujours possible. J'essaie donc de me mettre sur la fréquence de l'Amma intérieure, comme elle nous dit de le faire.

Quand j'ai pris ma retraite en juin 2016, j'ai demandé à Amma quoi faire. Elle a rapidement répondu : « Viens ici, viens ici ! », comme si elle était impatiente de me voir emménager à l'ashram. Je débordais de joie car avant, je n'étais pas certaine qu'Amma me permette de venir vivre à l'ashram. Cela fait maintenant quatre ans et demi que je vis ici.

Ma vie à l'ashram a consisté avant tout à accompagner Amma dans ses tournées, en Inde et à l'étranger. Quand je suis à

Amritapuri, je fais du *seva* pour Matruvani (le magazine mensuel d'Amma) et je distribue aussi des tickets de darshan.

Par la grâce d'Amma, au cours des trois dernières années, j'ai fait presque toutes les tournées. On m'a dit que suivre les tournées était le moyen le plus rapide de grandir spirituellement. Toutes les expériences que j'ai vécues pendant les tours de l'Inde étaient nouvelles pour moi : voyager sur de longues distances dans des bus non climatisés, s'arrêter dans les champs pour aller aux toilettes, faire des arrêts déjeuners à côté de l'autoroute, dormir sur une natte dans des salles de classes neuves ou vacantes dans les écoles d'Amma, se doucher dans le petit espace devant les toilettes, laver les vêtements sur le toit, sur une pierre à laver, manger de la nourriture épicée dans une cuisine où il fait très chaud et où il n'y a pas de ventilateur, etc., etc.

Les tournées à l'étranger m'ont elles aussi donné l'occasion de faire de nouvelles expériences : en Europe, dormir sur des sols froids dans différents pays, couper les légumes sous une tente, dehors, dans le froid, voyager en bus pendant dix-huit ou dix-neuf heures sans arrêt pour arriver à la prochaine destination, etc.

Nous acceptons ces difficultés avec joie grâce à l'amour immense et inconditionnel d'Amma. Son amour infini, son tendre visage, sa générosité totale, sa compassion envers tous, tout cela fait que le mental ne peut vraiment pas trouver d'excuse pour ne pas faire la tournée avec elle. Je suis simplement portée par cette rivière d'amour, sans pouvoir m'arrêter !

***

La vie à l'ashram a eu sur moi un impact profond. Certaines choses sont devenues bien plus claires depuis que je vis à l'ashram, ce qui n'était pas le cas quand je venais au début pour de simples visites. C'est ce que je vais vous raconter. Je remercie

Amma du fond du cœur de m'avoir permis de résider dans ce lieu sacré :

Sēvā : pour les dévots chefs de famille qui doivent assumer leurs responsabilités familiales, la participation aux activités de *seva* exige sans aucun doute beaucoup d'efforts supplémentaires et les occasions de faire du *seva* sont plus rares. Les ashrams d'Amma offrent aux chefs de famille de nombreuses chances de faire du *seva* et cela peut transformer leur vie de façon bénéfique.

Les cours sur la *Gītā* : certes, j'avais déjà lu la *Bhagavad Gītā* par le passé, mais après avoir assisté à l'ashram aux cours sur les Écritures, sa lecture a eu sur moi un impact beaucoup plus profond. Je suis certaine que beaucoup d'autres chefs de famille ont fait la même expérience. Amma parle des sujets qui sont abordés dans la *Gītā* : le renoncement, la connaissance, la dévotion, la foi, l'abandon de soi etc. On peut donc comprendre les paroles d'Amma à un niveau plus profond en étudiant la *Gītā*.

Non seulement Amma donne des *satsangs* sur ces sujets mais elle montre l'exemple. Du fait que nous avons Amma comme modèle et que nous connaissons à la fois la *Gītā* et les *satsangs* d'Amma, il est plus facile pour nous de saisir ces principes et d'essayer de les mettre en pratique.

Satsang : les témoignages spirituels des résidents de l'ashram m'ont ouvert les yeux sur un monde inconnu. Au lieu de connaître uniquement Amma par ma propre expérience et par ce que me racontaient des amis, je découvre des expériences qui proviennent d'une multitude de sources : des récits de souffrances et de joies, des récits où Amma joue le rôle de guide spirituel et même des récits qui rapportent comment Amma a sauvé ou prolongé des vies. Souvenons-nous de tous ces récits, efforçons-nous d'approfondir notre foi et notre dévotion avec un abandon total de nous-même à Amma, efforçons-nous de faire exactement ce qu'elle nous dit.

La connaissance des *Upaniṣhads* : il y a un énorme fossé entre la connaissance transmise par les *Upaniṣhads* et la connaissance que j'avais apprise dans le monde. Certains ont peut-être appris à réciter les Écritures par cœur mais cela ne suffit pas. Il est indispensable d'écouter *(śhravaṇam)*, de réfléchir *(mananam)* et d'assimiler *(nididhyāsanam)* ces enseignements. C'est l'œuvre de toute une vie. Amma nous aide, grâce à ses *satsangs* qui nous apportent plus de clarté sur les enseignements des Écritures. Je n'avais auparavant aucune connaissance des Écritures. Ce que les Écritures m'ont enseigné de plus essentiel, c'est que je ne suis ni le corps ni le mental ni l'intellect mais le Soi éternel et immortel ; j'essaie de me répéter cette vérité chaque jour. Le simple fait de le savoir intellectuellement crée un changement de paradigme dans la pensée.

Bien que la réalisation du Soi reste un but à atteindre, par la grâce d'Amma, le simple fait d'en concevoir la possibilité m'a insufflé une immense confiance en moi, c'est-à-dire dans le Soi, et a transformé mon attitude. Néanmoins, cela exige des efforts constants.

L'idée que nous ne sommes ni le corps, ni le mental, ni l'intellect mais le Soi éternel est l'essence de tous les enseignements des *Upaniṣhads*. Nos désirs et nos peurs sont la cause de tous nos problèmes et de tous nos chagrins. Ces désirs et ces peines sont inhérents à l'idée : « Je suis le corps-mental ». Les besoins sont des nécessités créées par la nature et ne provoquent pas la même souffrance.

Amma dit que le but de cette vie humaine est de réaliser que nous sommes Dieu ou le Soi mais que les évènements de notre vie et ce qui se passe autour de nous créent en nous une telle confusion que nous ignorons comment faire. L'agitation qui règne dans notre mental, associée aux tendances latentes *(vasanas)* accumulées au cours de plusieurs vies, provoque beaucoup de turbulences dans notre vie. Maîtriser un tel mental n'est pas une tâche facile. Le seul moyen, c'est de rendre le mental silencieux, mais c'est plus facile à dire qu'à faire. Amma nous montre la voie, en s'adaptant aux tendances de chacun.

Les outils divins d'Amma tels que l'*archana*, le *mantra japa*, le *seva*, le chant védique, l'étude de la *Gītā* et la méditation sont différentes méthodes pour maîtriser le mental. De plus, j'ai personnellement constaté que la pratique de *nēti, nēti* (ni ceci, ni cela) nous aide à faire l'expérience de la paix qui se trouve au-delà des vagues passagères qui agitent le mental ; elles sont la cause de toutes nos souffrances. Amma n'est pas affectée par les hauts et les bas de la vie car elle est éternellement établie dans cette béatitude. Sa compassion débordante la pousse à travailler inlassablement pour aider le monde à sortir de la souffrance. La tâche à accomplir est une aventure incomparable. Elle peut paraître ardue mais qu'importe : notre Amma bien-aimée est là, elle nous tient par la main et nous guide.

Amma dit que l'on peut regagner de l'argent perdu mais que le temps perdu, lui, l'est à jamais. Le temps est précieux et Amma a créé l'environnement idéal pour se plonger dans la *sādhanā* et le *seva*. Levons-nous, éveillons-nous, faisons usage de cette chance inégalée de progresser sur le chemin spirituel.

Je prie pour que notre Amma bien-aimée répande son abondante grâce sur tous ses enfants, afin que nous puissions réaliser le Soi dans cette vie.

Je voudrais terminer en citant un extrait d'un *bhajan* :

dar dar mē bhaṭaktā rahā
manzil kahā nahī thā patā
arth milā is jīvan kō
jab mā tērē charaṇa āyā

koṭi praṇām, koṭi praṇām, śhata koṭi praṇām, amma.

kitna kuch hai diyā tū nē
tujhe dēnē kō mā kuch bhī nahī
hai arpit ye mērā jīvan
śhrī charaṇō mē mā amṛitēśhvarī

J'errais de porte en porte
sans connaître ma destination
Quand j'ai touché tes pieds de lotus, ma vie a pris un sens.

Un million de salutations, un million de salutations, un million de salutations, Amma

Tu m'as tant donné,
et je n'ai rien à t'offrir en échange
je dépose ma vie à tes pieds de lotus radieux ;
propices, ils sont mon support, Mère Amṛitēśhwarī'

15

Cette vie si précieuse

Tejasvini – États-Unis

Pour commencer, voici la traduction d'une partie du bhajan d'Amma intitulé *Ini Oru Janmam* :

> *Ô Kṛiṣhṇa, ne me donne pas de nouvelle naissance, de crainte que je ne tombe dans le bourbier de l'illusion. Mais si Tu m'en donnes une, fais-moi la faveur de renaître comme le serviteur de Tes serviteurs.*
> *Si je prends une nouvelle naissance, qu'elle soit bénéfique au monde entier en donnant aux autres la joie impérissable. Si Tu m'accordes cela, alors donne-moi n'importe quel nombre de naissances humaines.*

Les *bhajans* d'Amma sont, en eux-mêmes, l'équivalent d'un texte sacré mis en musique, je ne suis pas versée dans les *śhāstras* (Écritures) et je ne peux que bafouiller de mon mieux en reprenant des paroles d'Amma, comme une enfant ; sachant tout cela, je voudrais construire aujourd'hui mon témoignage en élaborant autour de ce *bhajan* et de deux autres. Je prie Amma de me guider afin de ne pas commettre trop d'erreurs dans cette entreprise téméraire et je vous prie d'être patients avec moi, tandis que je démêle quelques-unes de mes questions sur le chemin qui mène au but.

Il y a environ un an, je me suis soudain trouvée aux prises avec une peur subite, non pas tant la peur de mourir que la peur de renaître. Un jour, j'ai pris conscience que dans le futur, je serai une fois de plus soumise aux évènements traumatisants de l'entrée dans ce monde. Cela m'a donné un choc. Ma réaction a d'abord été superficielle : tous les visages du sarcasme que je porte en moi ont relevé la tête pour voiler à mes yeux la triste vérité. Intérieurement, je commentais avec ironie : « Oh là, là ! Attends une minute ; tu veux dire que je dois repasser par là ? Toute seule ? Entrer en pleurant et en hurlant dans ce monde cruel, soumise à la culture, à la société, à la ... famille !

Pitié, Ô Seigneur, la famille ! La mère ! Le père ! Jetée à nouveau dans ce fossé sans fond de désespoir, à la merci de deux personnes et des souffrances, des traumatismes qu'ils auront eux-mêmes accumulés ?... Allez, c'est une plaisanterie ! Suis-je réellement si impuissante face à mon *prārabdha karma* (les effets de mes actions passées) que je serai de nouveau catapultée dans une famille ? Et qu'il me faudra à nouveau traverser péniblement tant de souffrance ? »

La souffrance. Les jours passant, je me suis rendu compte que c'était elle, la racine de ma peur. La souffrance de naître dans ce monde. La souffrance d'être aussi innocente et à la merci d'autres qui souffrent aussi. La souffrance d'essayer de se trouver soi-même dans ce monde. La souffrance de se perdre dans ce monde. Bref, la souffrance de ce monde.

Bien vite, la façade sarcastique s'est effondrée pour laisser place à une contemplation mélancolique. Je ne supportais pas l'idée de porter à nouveau sur les épaules la tristesse que j'avais ressentie enfant. L'enfance était associée à tant de choses pour mon mental impressionnable : l'instabilité, l'insécurité, être perdue dans une mer de chagrin. Sans parler de grandir avec ces douleurs gravées dans le psychisme et d'essayer ensuite d'éviter de ruiner complètement ma vie d'adulte !

Je commençais vraiment à ressentir un poids. Un poids qui me pesait sur le cœur et sur le psychisme ; je me débattais avec ce rappel qui donne à réfléchir : nous ne cessons de revenir dans ce que l'on appelle la vie. Bien sûr, c'est exactement ce qui est dit dans nos *śhāstras* : le cycle de la vie continue, la souffrance humaine se perpétue jusqu'à ce que chacun de nous change intérieurement et s'efforce de se fondre dans le Brahman éternel. Néanmoins, j'avais beau savoir cela intellectuellement, j'étais surprise de voir à quel point cette idée de la souffrance m'était intolérable. Il m'a fallu si longtemps, il m'a fallu traverser tant de souffrances pour être là où je suis aujourd'hui : tendrement bercée dans les bras divins d'Amma. L'idée de repasser par tout cela m'effrayait. Je me suis surprise à prier : « Ô Seigneur, je T'en prie, ne me fais plus passer par de telles difficultés ! »

Mais... est-ce que ce ne sont pas les règles du jeu de la vie ? Il y a de merveilleux cadeaux et des pertes qui vous brisent le cœur. Il y a des moments de beauté et de magie et il y a des douleurs qui vous secouent jusqu'au tréfonds de vous-même. Qui d'entre nous ne porte pas de souvenirs douloureux du passé ? Dans notre quête du Divin, c'est souvent la souffrance qui sert de catalyseur et nous conduit finalement à prendre refuge en Amma.

Une pensée a finalement surgi dans mon mental et cette pensée m'a procuré un certain calme : « Même les *mahātmās* font l'expérience de la souffrance que tu cherches à éviter. »

Bon. Cette simple idée, même si elle est un peu triste, a changé quelque chose en moi ; je me suis rappelé que Kṛiṣhṇa est né dans une prison, que Rāma (une autre incarnation divine) a été exilé et a dû vivre dans une forêt pleine de dangers pendant quatorze ans. L'incarnation humaine de ces *mahātmās* n'a pas comporté moins de souffrance que les vies que nous voyons se dérouler autour de nous. S'ils ont pu braver les tourments de la vie humaine, pourquoi n'en étais-je pas capable ?

Voici la première strophe du *bhajan* d'Amma *Tapta Mānasam* :

« En mon cœur mugit le vaste océan du chagrin. Ô Reine de l'Amour infini, inconditionnel, Souveraine de l'univers, je T'en prie, ne me dis pas que Tu n'es pas ma Mère. »

Cet état impermanent, semblable à un rêve, est peut-être simplement mon destin ! Est-il possible que cette tristesse intérieure, ce vaste océan de chagrin dans mon cœur, soit simplement l'expression de la douleur réelle, celle de la séparation entre mon âme qui erre et Dieu ? Dans ce cas, qu'y a-t-il de plus beau que la vie ?

Il est certes hardi de déclarer que « la vie est belle ». Que dire des horreurs inconcevables de la guerre et des conflits énormes qui ont lieu dans le monde entier et tout autour de nous ? Et comment aurais-je pu penser à la beauté de la vie dans mes jeunes années, alors que j'errais sans but en ce monde ?

Passons en revue les débuts de ma vie. La majeure partie des années difficiles de mon enfance, que j'ai déjà mentionnées, sont étroitement liées à ma mère. J'en sais suffisamment pour ne pas dire qu'elle fut la cause de mes traumatismes mais la majeure partie de ma peur de renaître vient de ces années-là et, sur la voie qui nous mène au But, une grande part de mes efforts a consisté à accepter les évènements du passé et à pardonner.

Les détails ne sont pas très importants mais ma mère aussi a fait son entrée en ce monde façonnée par son propre désarroi intérieur. Tourmentée par la colère, par la méfiance envers ceux qui l'entouraient, elle était incapable de trouver la stabilité, la boussole intérieure de la paix. Après ma naissance, elle a sombré dans une dépression post-natale et il n'y avait personne pour l'aider à en sortir. L'enfance auprès d'elle fut pleine de tensions émotionnelles et il m'a fallu de nombreuses années pour dénouer la douleur et aller de l'avant.

Mais mon histoire n'est pas unique. Je ne suis pas la seule ici à avoir eu un départ difficile dans la vie. Alors comment puis-je me réconcilier avec ce passé et l'accepter ? La grâce infinie d'Amma m'a montré qu'il ne faut ni esquiver ni effacer de sa mémoire ces difficultés de la vie car elles sont inévitables. Et vous savez quoi ? C'est une simple pensée qui a fait s'épanouir en moi le pardon envers ma mère et même la gratitude envers elle :

Ma mère m'a fait le plus grand cadeau possible : elle m'a donné la vie.

Ce cadeau est en soi une raison suffisante pour effacer une vie entière de ressentiment. Tout ce que j'ai maintenant, n'est-ce pas parce qu'elle m'a donné la vie ? Il n'y a vraiment pas de cadeau plus précieux que celui d'être née dans cette période sans précédent où la Mère de l'univers s'est incarnée. Chacun de nous ici a reçu ce don extrêmement précieux, et ce sont nos mères qu'il faut remercier.

***

L'omniscience d'Amma concernant ma naissance m'a été prouvée dès mes premiers jours à Amritapuri, il y a près de dix ans.

J'avais justifié mon voyage en disant que je voulais passer mon anniversaire avec Amma. Et comme mon anniversaire tombe fin août, le seul moyen était d'aller en Inde. J'ai dit au revoir à mes amis et à ma famille. « Je vais passer mon anniversaire avec Amma ! Je serai de retour pour Noël ! » Et j'ai fait mes bagages. Mais dans l'avion, j'ai eu un doute : « Amma sait-elle qui je suis ? Est-ce qu'elle va se souvenir de moi ? Je ne suis qu'une femme parmi des millions. Elle ne m'a pas vue depuis des mois. » Ce que le mental peut faire en quelques heures d'oisiveté !

Malgré mes craintes, je suis arrivée pleine de joie à l'ashram et j'ai eu le sentiment indescriptible que je rentrais chez moi. J'ai vite découvert que cette année-là, le 28 août n'était pas seulement mon anniversaire mais aussi celui du Seigneur Kṛiṣhṇa !

Il me restait un peu de temps et je me suis préparée à fêter mon premier Kṛiṣhṇa Jayanthi à Amritapuri.

J'avais demandé une fête et Amma a organisé une énorme fête ! Dès l'aube, il régnait une atmosphère de fête et de joie ; j'entendais les vaches meugler (quel bonheur !) et le son des tambourins, tandis qu'avec l'aide de mon amie Shashi j'essayais désespérément de draper un sari sur moi. Tout paraissait rayonner d'une douceur invisible. Les amis se montraient accueillants et aimables, les festivités résonnaient dans l'air, des *Ammamars* (grand-mères) m'ont attirée sur le côté du temple pour mettre correctement mon sari qui tombait de partout... et j'ai eu le ticket de darshan longtemps attendu.

Dans la queue du darshan, mon mental insidieux se demandait encore : « Oui mais... Amma sait-elle vraiment qui je suis ? »

Je suis arrivée près de son *pīṭham* (siège) pour le *darshan.* Le moment que j'attendais. On a dit à Amma que c'était mon anniversaire et elle a eu un sourire radieux. Elle m'a comblée de tous les *prasads* possibles et imaginables, puis elle a marqué une pause en me regardant d'un sourire à la fois très tendre et très entendu. Puis elle a soupiré : « *Mōlē*, ma fille. »

Oh, très bien, elle me connaissait donc ! Mieux que je ne me connaissais moi-même.

Comme je descendais la rampe après le darshan, le *pūjārī* (le prêtre du temple) est venu vers moi et m'a gentiment demandé : « Voulez-vous tenir les *pādukās* d'Amma ? » J'ai bien sûr répondu « oui ».

Il m'a dit d'être au *kaḷari*[24] cinq minutes plus tard. Avec joie, je l'ai suivi en courant. Au *kaḷari*, il m'a remis les *pādukās* en argent d'Amma, posées sur un magnifique plateau. Un ami m'avait accompagnée et on lui a tendu une grande ombrelle de

[24] Le petit temple de l'ashram, celui d'origine, où Amma donnait les darshans de *Kṛiṣhṇa Bhāva* et *Dēvī Bhāva.*

cérémonie pour qu'il la tienne au-dessus des sandales d'Amma et par conséquent, au-dessus de moi aussi...

Même dans mes rêves les plus fous, je n'aurais jamais imaginé la scène qui a suivi... J'ai vu Lakṣhmī, l'éléphante, parée de tous les ornements de fête, entourée de joueurs de tambour, d'enfants costumés en Rādhā, Kṛiṣhṇa, *gōpīs* et *gōpās*, avec des tambourins, des clochettes et cætera... et j'étais devant, je conduisais la procession avec les *pādukās* d'Amma !

Nous sommes allés dans le hall recevoir la bénédiction d'Amma, puis nous avons traversé l'ashram et le village côtier ! Les sandales d'Amma... Lakṣhmī l'éléphante... quarante joueurs de tambour, quatre-vingts résidents de l'ashram, les enfants... nous avons tourné à gauche au portail nord et il me semblait que c'était sans fin !

La parade a finalement bouclé le cercle et est revenue, juste à temps pour voir les jeux uriyaḍi où l'on tente de briser des pots suspendus à une corde, puis les *bhajans* d'Amma qui chantait assise sur les marches du temple de Kāḷī. À la fin de la journée, après les *bhajans* du soir et le dîner, Amma est revenue à minuit chanter et distribuer du *prasad*, pleine d'énergie. Je me suis rendu compte que quand il s'agit de faire la fête, je ne peux pas tenir le rythme d'Amma.

J'ai souvent repensé à cette journée en m'interrogeant : « Est-ce que c'est ce que l'on obtient quand on demande à la Déesse de l'univers de vous offrir une fête d'anniversaire ? »

Nous avons tous des souvenirs très précieux avec Amma... et grâce à cette précieuse vie, nous pouvons les raconter et les partager entre nous. Grâce à ma mère, j'ai pu rencontrer ma Mère. Grâce à ce corps, à ces pieds, j'ai pu porter les *pādukās* d'Amma en parade dans le village... Cette vie, sa nature précieuse, voilà pourquoi nous devons vivre.

Voici la première strophe du *bhajan Aridu aridu* :

« Il est très rare de naître sous la forme d'un être humain. Il est encore plus rare de s'intéresser à la libération. Et il est extrêmement rare d'avoir une relation avec Dieu sous la forme du guru. Si nous gaspillons notre vie après avoir obtenu ces trois dons, c'est comme si nous étions dans des ténèbres d'un noir d'encre. »

***

Permettez-moi d'en dire un peu plus sur mes limites quand il s'agit de tirer le maximum du don précieux de la vie. Malgré la peur existentielle de renaître que j'ai ressentie l'année dernière, je n'ai pas exactement le désir ardent d'atteindre le salut car d'une certaine manière, j'ai le sentiment qu'il n'y a pas d'urgence.

Bon, mais il ne faut pas s'y méprendre. Je ne veux pas dire qu'il faut juste passer le temps et oublier Dieu. Mais je n'ai jamais pu me réconcilier intérieurement avec une chose : si nous courons pour atteindre une « ligne d'arrivée » appelée libération (et si miraculeusement nous y parvenons un jour !) que se passe-t-il ensuite ? Que se passe-t-il une fois que nous sommes sortis de la roue du *saṁsāra*, du cycle des naissances et des morts ? Est-ce que nous nous dépêchons de l'atteindre pour nous fondre dans le Tout pour l'éternité ?

La libération est-elle une chose que je recherche pour moi-même afin de ne plus souffrir ? « Ouf ! J'ai réussi à sortir de cet horrible endroit ! Tant pis pour ceux qui n'ont pas encore atteint ce but. »

Ou bien est-ce que je cherche à atteindre cet état dans une autre intention ? Quand je regarde l'être divin assis devant nous, je remarque qu'elle nous indique un but plus élevé : il ne s'agit pas tant de notre propre libération que d'avoir la capacité de servir les autres de manière désintéressée. Après tout, à quoi sert ma propre libération individuelle si les autres sont toujours pris dans le bourbier de la souffrance en ce monde ? Où vont donc les aiguilles de l'horloge une fois qu'elles arrivent à midi ? Elles reviennent marquer une heure. Dans cette longue série d'hypothèses, permettez-moi de poser la question ultime : si Amma revenait sur la Terre sous une forme humaine et que nous ayons déjà atteint la libération, ne souhaiterions-nous pas revenir avec elle ?

Amma ne va-t-elle pas continuer à venir encore et encore en ce monde pour ramener chacun de nous à ce qu'elle est, à l'Un ? J'ai beau entendre répéter que le but est la libération, je ne peux pas m'empêcher de penser qu'au lieu de cela, je préfèrerais suivre Amma où qu'elle aille, sur n'importe quelle planète, dans n'importe quel *lōka* (monde), j'aspirerais à la suivre et à servir dans la petite mesure de mes capacités.

Il y a des années, je conduisais dans Los Angeles quand je me suis surprise à penser : « La Mère de l'univers s'est incarnée dans un corps humain. Elle est vivante maintenant. Est-ce que je ne la suivrais pas, où qu'elle soit, même si c'était au bout du monde ? » Assise ici aujourd'hui, j'élargis cette pensée : « Est-ce que je ne la suivrais pas, si je pouvais, dans des vies futures ? »

Je continue donc à penser : « À quoi bon se dépêcher dans ce voyage apparemment éternel et sans fin ? » Je suppose que tout ce que je peux demander, c'est : « Si tu m'accordes une autre vie, Amma, qu'elle soit bénéfique au monde ; si tu m'accordes cela, alors donne-moi n'importe quel nombre de vies humaines. »

Mes résultats en ce qui concerne la discipline spirituelle sont plutôt mauvais et je m'efforce avec difficulté de comprendre ce que signifie « bénéfique au monde ». J'interprète cela comme « bénéfique au monde entier », comme si nous étions censés toucher personnellement la vie de millions de personnes ; mais c'est là une tâche que littéralement seule Amma peut faire. En revanche, au fil de ces années où tout ce que je semble capable de faire, c'est de vivre au jour le jour, je vois qu'Amma m'a donné suffisamment de force intérieure et de subtilité pour être (parfois) présente pour ceux qui sont autour de moi.

L'expérience de la maternité, par exemple, m'a obligée à sortir de mon inflexibilité et à me concentrer sur le service d'un autre être. Qui sait ? Le fait d'offrir ses services à son entourage peut être une forme de *sādhana* en soi et même une sorte d'alchimie mystérieuse qui bénéficie à toute la lignée familiale.

Il n'est pas nécessaire d'agir sur le monde entier ; il suffit pour commencer de faire du bien à quelques personnes pour voir comment la grâce infinie d'Amma touche tous les êtres sur Terre et parfois, œuvre à travers nous.

Quand je suis retournée aux États-Unis en octobre de l'année dernière par exemple, j'avais une priorité, une urgence : aller voir ma mère. J'avais l'intuition qu'il fallait que j'aille voir moi-même comment elle allait. Quand je l'ai vue finalement, elle m'a confié qu'elle avait perdu le seul petit emploi qu'elle avait et qu'il ne lui restait plus que dix dollars sur son compte en banque. Elle avait aussi des difficultés qui concernaient son appartement ; apparemment, il était temps de lui chercher un autre endroit pour vivre.

C'était une tâche apparemment impossible à effectuer pendant mon court séjour auprès d'elle, mais j'avais l'intuition qu'Amma prenait soin d'elle et au fond de moi, j'avais confiance.

Imaginez ma surprise en voyant que le premier appartement à louer que j'ai trouvé en cherchant sur internet se trouvait à quelques rues de son domicile. J'ai fait la demande, en me disant que c'était juste un essai. Quelques jours plus tard, j'ai reçu le message suivant : « Votre mère est la sorte de locataire que je cherche. J'ai reçu soixante-quinze autres emails mais je préfèrerais le lui louer pour m'éviter de leur répondre. Quand pouvez-vous venir visiter ? » Le lendemain, elle signait le bail.

Pour que ce miracle de simultanéité se produise, il a fallu une infinité de petits détails. Mais ce qui m'a le plus touchée, c'est la conversation que j'ai eue avec ma mère dans la voiture pendant que nous quittions le nouvel appartement. Elle témoigne de la compassion infinie et omnisciente d'Amma pour tous les êtres. Voici la conversation :

« Oh merci vraiment beaucoup, Lani. Comme je suis heureuse de la chaleur qui règne dans le nouvel appartement. »

« La chaleur, maman ? »

« Oui, il faisait froid chez moi, l'hiver. »

J'ai reçu un choc et je n'ai rien pu répondre. Cette femme qui vivait dans le monde occidental moderne dormait dans un appartement froid l'hiver, en Pennsylvanie !

La majorité des membres de sa famille n'avait pas pu lui pardonner ses limites et ses erreurs passées... mais ce n'était pas le cas de la Mère de l'univers dont la compassion et l'amour immenses, infinis, s'étendent jusqu'aux quatre coins de la Terre... *Prēma Sāgara Rājñī*, la Reine de l'Océan d'Amour, savait qu'une de ses filles avait froid la nuit.

Seule la vraie Mère de l'univers pouvait guérir ainsi la relation entre deux cœurs brisés. Comme une brise subtile qui flotte et apporte le parfum des fleurs fraîches, la présence d'Amma purifie jusqu'aux mémoires les plus douloureuses de notre passé. Elle guérit un par un chacun de nos vastes océans de douleur et nous montre que son amour peut réellement nous faire traverser les eaux les plus impénétrables du saṁsāra.

Alors, après tout, c'est peut-être vrai : la vie est belle. Traverser la vie, ce mystère éphémère, semblable à un rêve, en étant simplement son nimitta-mātram, son instrument, lui permettre de guérir des générations de souffrance dans nos familles et dans nos vies, cela est beau. Et si Amma peut supporter le poids de toutes les lignées familiales de la terre, je pense que je pourrais supporter de renaître dans l'une d'elles pour être à son service.

Il y a quelques années, j'étais assise près du *pīṭham* d'Amma pendant qu'elle consolait quelqu'un qui avait des ennuis. Elle disait que souvent, même si nos prières pour obtenir quelque chose en ce monde sont exaucées, Dieu nous rend la vie très difficile pour que nous ne désirions plus ces choses. Avec un rire plein d'amour, elle a ajouté : « Et parfois, Amma fait passer la corde par le nez de la vache pour qu'elle ne s'égare pas trop loin d'elle. »

Très chère Amma, je t'en prie, fais passer la corde par le nez de ce petit veau et garde-moi près de toi, quelles que soient les prairies où tu vagabondes ou le nombre de naissances que tu prends.

16

Surmonter la souffrance grâce à l'amour d'Amma

Purnima – Allemagne

Amma sacrifie chaque seconde de sa vie, elle donne continuellement à chacun la chance précieuse d'atteindre le but de la vie.

L'amour d'Amma fait bouger l'immuable.

Amma voit l'invisible.

Amma connaît l'inconnu.

L'amour d'Amma a le pouvoir de guérir instantanément l'incurable et de rendre l'impossible possible, en bénissant notre vie.

Voici le sujet de mon *satsang* : seul l'amour d'Amma et nos efforts personnels limités peuvent nous permettre de surmonter la souffrance, y compris la souffrance engendrée par le fait d'être clouée à une chaise roulante.

Amma, Ta grâce peut transformer n'importe quel handicap et nous donner le sentiment d'être complet. Amma est toujours consciente que nous ne sommes ni le mental ni le corps. Nous sommes l'*ātmān*, le Soi éternel, indestructible, immuable.

Permettez à Amma d'éveiller le Soi en vous grâce à sa sagesse éternelle, à ses actions désintéressées et pures, à ses *bhajans* pleins de béatitude, à ses méditations paisibles, à ses danses, à ses surprises, à son sourire plein de béatitude, à son amour qui élève nos esprits et à ses étreintes.

Où que nous soyons en ce monde, en train de souffrir, Amma nous trouvera... notre appel sera entendu. Personne d'autre qu'Amma, notre Mère divine, ne nous aidera si nous nous sentons seul...

J'avais vingt-quatre ans quand on a diagnostiqué chez moi une maladie des os incurable et très douloureuse. La maladie a empiré de façon dramatique. Je me suis retrouvée clouée au lit. J'étais incapable de bouger ou même de lever une tasse. J'étais confinée à une chaise roulante. Mon désir le plus ardent était de vivre près de l'océan, sous le soleil. Impuissante et solitaire, j'ai appelé et supplié le Ciel. Je voulais guérir et vivre à nouveau !

Amma Ta grâce apparaît, imméritée,
sans avoir été gagnée, glorieusement
Tu viens, rayonnante comme la lumière, spontanément
Amma, Tu nous tends la main, venue de nulle part,
à tout moment, où que Tu sois,
Tu prends notre souffrance, Tu nous baignes profondément
dans Ta grâce

Pendant la période où j'étais clouée au lit, ma mère a essayé de trouver un professeur de yoga pour améliorer ma santé. De plus, j'avais besoin de deux aides-soignantes.

En 2004, après des années d'isolement, la miséricorde d'Amma a fait venir trois nouvelles personnes auprès de moi. Elles sont toutes arrivées le même mois et toutes les trois connaissaient Amma. L'une d'elle était un professeur de yoga allemand et les deux autres étaient des aides-soignantes qui étudiaient en Allemagne mais qui étaient originaires non seulement du Kerala, en Inde, mais de Vallikavu, le lieu de naissance d'Amma !

Quand j'ai entendu parler d'une sainte indienne qui prenait les gens dans ses bras, un éclair de lumière blanche est apparu à l'intérieur de moi, au troisième œil.

Mon trente-septième anniversaire a été un anniversaire divin, parce que mon professeur de yoga m'a offert la biographie d'Amma, Mère de la Béatitude éternelle, que j'ai lue en une nuit. J'ai pleuré pendant des heures en lisant à quel point l'enfance de Sudhāmani (le nom que les parents d'Amma lui avaient donné) avait été difficile. Quand j'ai vu la photo d'Amma pour la première fois, j'ai été transportée de joie. J'avais envie de faire une cabriole en arrière hors de ma chaise roulante ! Je ne cessais pas d'embrasser la photo d'Amma.

Puis par la grâce d'Amma, un second miracle s'est produit ... J'ai reçu un prospectus qui annonçait la visite d'Amma en Allemagne pour l'année 2004. C'est avec joie que mes aides-soignantes indiennes ont proposé de m'emmener voir Amma.

Amma, Ta compassion fait disparaître tous les obstacles,
Tu nous révèles la voie sacrée du service et de la prière

La Mère divine a rendu mon désir de la rencontrer plus fort que toutes les douleurs dans mon corps. Elle m'a donné le courage de voyager pour la première fois en train dans une chaise roulante. J'ai pu avoir mon premier darshan grâce à une rampe qui menait sur l'estrade et à un dévot expert dans le maniement des chaises roulantes.

Amma m'a caressé les genoux de nombreuses fois, avec précaution, elle m'a caressé les pieds, elle a tendrement embrassé chacune de mes mains, elle m'a caressé le dos et m'a embrassé la tête plusieurs fois. Je me suis fondue dans les yeux d'Amma, étoiles de compassion, qui regardaient dans mon être intérieur, au-delà du corps. Amma m'a bénie en me donnant une pomme, un chocolat et son mantra.

Amma Ta lumière éveille toute vie,
notre but est de trouver le vrai Soi ; faisons des efforts

Après mon premier *darshan*, j'aspirais de toute mon âme à être avec Amma. La seule chose que je pouvais faire, c'était de poster un message dans le groupe de *satsang* en ligne :

« Femme en chaise roulante a besoin d'aide pour suivre la tournée européenne d'Amma en 2005. »

J'ai prié de tout mon cœur pour que quelqu'un réponde. Amma entend les prières de chacun et sa grâce répond toujours. Une dévote que je n'avais jamais rencontrée auparavant a proposé d'être mon aide-soignante pendant la tournée d'Europe en 2005. J'ai versé des larmes de gratitude.

Ne cesse jamais tes efforts pour faire de bonnes actions,
Amma nous portera toujours sur ses ailes

Amma, pour toute souffrance, Tu es le remède
Amma, je réalise maintenant que ce n'est pas moi qui agis

Amma est la plus grande guérisseuse de l'univers. Elle m'a amené une aide-soignante et elle m'a arrachée au lit où j'étais clouée en Allemagne. Quatre hommes m'ont portée sur une couverture pour que je puisse monter dans l'avion. J'ai voyagé pendant trente heures en souffrant beaucoup pour arriver jusqu'en Californie. Après ce vol de 9 000 kilomètres, je suis arrivée joyeusement dans l'étreinte aimante d'Amma.

Avance avec optimisme, courage et foi malgré les obstacles,
ainsi ta vie sera transformée en l'étreinte d'Amma

Pendant mon darshan à l'ashram de San Ramon en Californie, j'ai accepté Amma comme ma mère, elle est devenue tout pour moi. Amma m'a couverte de baisers. Elle m'a serrée dans ses bras.

La compassion d'Amma m'a même permis de venir à Amritapuri sans assistance.

Amma m'a demandé : « Amritapuri ? »

J'ai répondu : « Oui, s'il te plaît, Amma. »

Amma a dit : « Amritapuri OK ! »

Avec le *saṅkalpa* d'Amma (sa résolution divine), j'ai pris l'avion pour franchir les 7 000 kilomètres qui me séparaient de l'Inde et je suis arrivée à Amritapuri. J'avais la sensation qu'un camion m'était passé sur le corps. Fatiguée, je souffrais et j'ai dû demander de l'aide pour toutes sortes de choses à des inconnus.

Amma, Toi seule. L'âme de notre âme est toujours consciente,
Maternelle, Tu réponds par un amour qui nous comble,
attentive.

Avec Amma, je n'ai jamais le sentiment d'être dans une chaise roulante ou d'être différente des autres. Amma prend soin de moi comme si j'étais un nouveau-né. Bien des fois pendant le darshan, Amma a dit tout fort en anglais aux assistants : « Attention, attention ! Elle a mal. »

J'avais beau avoir mal dans tout le corps, mon *seva* me remplissait le cœur de joie. Mon *seva* était à l'étable où je lavais les petits veaux qui sautillaient avec un tuyau d'arrosage. Aucune des années que j'avais passées à l'université n'avait pu m'apporter cette paix intérieure et ce contentement.

***

En 2009, je me suis retrouvée de nouveau en Allemagne. Amma me manquait beaucoup. Le vendredi saint, j'ai regardé un film sur la vie de Jésus. Quand il a été crucifié, j'ai pleuré toute la nuit jusqu'au matin. J'ai compris que ce cadeau si rare et précieux donné au monde avait été tué par l'égoïsme. J'ai imaginé la douleur de sa mère, Marie, quand elle a perdu son fils. J'ai pleuré et pleuré et j'ai pensé à Amma ; j'ai pensé qu'elle était ce que j'avais de plus précieux au monde et que je ne voulais jamais la perdre.

Le lendemain, la veille de Pâques, je me suis réveillée et j'ai découvert que pour la première fois depuis seize ans, je ne souffrais plus. J'avais l'impression de nager dans une lumière blanche. Pendant les deux mois qui ont suivi, j'ai gardé mes analgésiques près de moi en m'attendant à ce que la douleur revienne. Mais elle n'est jamais revenue. Amma a guéri cette maladie incurable, qui détruit tout, en une seule nuit. Tel est le miracle indescriptible accompli par Amma pour mon bien et pour celui de mes médecins.

Amma Tu maîtrises tout dans cet univers, mais les humains que nous sommes doivent s'abandonner et se prosterner.

Avec gratitude, je récite souvent l'*archana*[25] et les 108 noms d'Amma, sans me lasser, assise devant Amma et en la regardant donner le darshan. Chaque regard d'Amma m'insuffle la force intérieure dont j'ai besoin pour surmonter de nombreuses difficultés, trouver des solutions à mes problèmes et pouvoir aller de l'avant.

Un jour, après le darshan, Amma est venue vers moi, m'a serrée dans ses bras et a murmuré une merveilleuse vérité à mon oreille. Amma m'a dit : « J'ai entendu ton *archana.* » Pour vous expliquer la situation, pendant qu'Amma donnait le darshan ce jour-là dans le grand hall, j'étais dans le temple de Kāḷī en train de réciter l'*archana*. Tout ce qui arrive se déroule à l'intérieur d'Amma.

Certains dévots ont offert de m'aider après m'avoir vue assise toute la journée devant Amma et rester jusqu'à la fin du darshan, au moment où Amma part.

Amma dit : « Il faut voir Dieu dans toute personne que nous rencontrons. » Beaucoup d'assistants sincères manifestent l'amour pur d'Amma à travers leur service désintéressé. Quand je reçois leur aide, c'est comme si je recevais le darshan d'Amma.

---

[25] La récitation des noms du Seigneur, en l'occurrence le *Lalitā Sahasranāma*, les *Mille noms de la Mère divine.*

Amma, Celle qui a vaincu le mental, dotée de qualités divines infinies, m'a enseigné comment gérer ma vie dans un fauteuil roulant tout en restant concentrée sur le but de la vie. Amma m'a aidée à développer, même si c'est dans une très petite mesure, les qualités de gratitude, d'humilité, de patience, de flexibilité et de détachement.

Elle m'a aussi enseigné à être pragmatique, à m'adapter à chaque situation, à faire bon usage de mon temps, à communiquer clairement, à pardonner mes erreurs et celles des autres, à organiser chaque étape de mon emploi du temps quotidien avec vigilance et en conscience et à tout confier librement, sans hésitation, à mes assistants.

Je n'ai foi qu'en Amma. Je vois Amma comme la cause de toute chose. Grâce à Amma, je ne suis plus gênée, honteuse. Je souris et je ris la plupart du temps et je suis capable de rester vigilante en enseignant ce qu'il faut faire à mes nouveaux assistants.

Amma notre amie la plus chère et la plus proche,
notre Mère divine,
Dans cet univers, Tu es le trésor le plus précieux
Mātā Amritānandamayī Dēvī,

Tu es la plus grande servante de l'humanité
et de notre Mère la Terre
Tu élèves la conscience du cosmos entier
de Tes mains consacrées au service,
Tu nous rappelles comment devenir humains
et vivre comme des êtres humains.

Il y a maintenant quinze ans que, par la grâce, je vis à Amritapuri, un paradis de Mère Nature et de l'amour inconditionnel d'Amma.

Amma elle-même nous sert le *prasad* et elle aide tous ses enfants à s'élever jusqu'à son amour éternel et débordant. Cela surpasse même le paradis.

Les dévots d'Amma sont merveilleux et altruistes. Ils viennent trois fois par jour me mettre sur mon lit, me laver avec beaucoup d'amour et de respect et m'aider dans tous les détails nécessaires à ma vie quotidienne. Ma gratitude profonde et infinie à tous ces assistants merveilleux. À notre époque du Kali Yuga où règne une pénurie de valeurs et de foi, même les membres de notre famille ne nous aideront pas autant que les enfants d'Amma.

Amma, Tu fais de chacun un gagnant
Tu donnes un amour infini, il n'y a pas de pécheur
Nous atteindrons tous le but par Ta compassion,
main dans la main, une victoire par le détachement

Le jour où nous avons été confinés ici, à l'ashram, à cause de la pandémie, en octobre 2020, j'ai prié pour avoir de l'aide. La grâce maternelle d'Amma m'a aussitôt entourée en envoyant immédiatement trois assistantes qui ont fait extrêmement attention à ne pas attraper le virus. Plus tard, pendant un darshan, Amma m'a dit : « C'est la grâce qui t'a protégée pour que tu n'attrapes pas le Covid. » Amma nous protège tous dans ces moments-là. Il suffit de lui obéir.

Amma, avec Toi nous pouvons transcender la loi du karma,
nous devons aider les autres,
c'est notre précieux dharma

Amma veut que ses enfants donnent plus qu'ils ne prennent. En 2010, Amma m'a bénie en me confiant le seva qui consiste à donner les tickets pour son darshan divin. Quand je vois qu'Amma ne rejette jamais personne, mon cœur se remplit de compassion.

En nous ouvrant le cœur, l'amour d'Amma nous transporte
au-delà de toutes limites.
L'amour d'Amma transcende toute logique.
Amma est la Puissance absolue, sous-jacente à tout
Amma seule gère notre vie pour nous
Amma est Celle qui donne la foi absolue et parfaite

***

En 2014, nous avons été tout un groupe à prendre des billets pour suivre toute la tournée d'Amma aux États-Unis, en partant ensemble d'Amritapuri et en revenant ensemble.

Mais avant de partir, un des organisateurs de la tournée m'a dit que la compagnie de bus qu'ils avaient engagée sur le tour pour nous conduire à l'aéroport ne prenait pas les personnes en chaise roulante. Puis un autre obstacle s'est présenté : aucun des assistants que j'avais contactés ne pouvait venir avec moi. Il semblait plus facile de trouver une aiguille dans l'océan que de partir en tournée. Dix jours avant la tournée, je suis allée voir Amma au darshan. Je lui ai donné la lettre suivante :

« Très chère Amma, j'ai réservé tous mes vols afin de pouvoir voyager avec toi de Cochin à Seattle, San Francisco, Toronto, puis rentrer à Cochin. Il m'a été impossible de trouver une assistante, un hébergement ou un moyen de transport sur place. Dois-je venir avec toi en tournée aux États-Unis ou bien rester cette année à Amritapuri ? Je m'abandonne à tes pieds de lotus sacrés. »

Les personnes qui entouraient le *pīṭham* (siège) d'Amma ont été surprises par cette question. Je me suis sentie vraiment stupide en la posant, impuissante, assise dans une chaise roulante devant la Mère divine. Je me sentais plus insignifiante qu'un ver de terre.

Amma a rapproché ma chaise roulante d'elle, elle m'a caressé les bras à plusieurs reprises en me regardant profondément dans les yeux, elle m'a baignée dans la cascade de sa force vitale, en m'envoyant des océans de confiance et d'amour maternel.

Amma m'a parlé avec la plus grande tendresse. Tout ce que j'ai compris, c'était : « Aide, aide. » Puis le swāmī qui faisait passer au darshan a traduit sa réponse : « Essaie, viens, Amma va t'aider. »

Cette nuit-là, j'ai allumé mon ordinateur et ouvert mon email. Le premier message qui est apparu venait d'une dévote qui m'écrivait : « Je vous retrouverai à Seattle pour vous assister pendant la tournée. » Puis, d'autres dévotes m'ont proposé à la fois de l'aide et de partager leur hébergement pendant toute la tournée.

Ainsi munie de l'aide d'Amma, j'ai pris l'avion pour la rejoindre à Seattle. À l'aéroport de Seattle, tout le monde a couru prendre le bus de la tournée, celui qui allait suivre Amma. Je n'ai pas pu monter dans le bus parce que ma chaise roulante électrique était cassée : je ne pouvais pas avancer d'un centimètre. Par la grâce d'Amma, un dévot m'a prise dans sa voiture car nous logions dans le même hôtel. Mais quand nous sommes arrivés sur le parking de l'hôtel, il a reçu un coup de téléphone et a dû partir de toute urgence. Je suis restée sur le parking sous le soleil de midi après un vol de quatorze heures avec Amma. J'avais mes bagages pour six semaines et une chaise roulante complètement cassée.

J'ai prié : « Amma, je t'en prie, j'ai vraiment besoin de toi maintenant ! » Un petit peu plus tard, une voiture s'est arrêtée près de moi avec une femme au volant. Elle portait un tee-shirt rouge qui disait : « Je suis aide-soignante. » Elle m'a demandé : « De quoi avez-vous besoin ? » J'en suis restée bouche bée, sidérée. Elle m'a aidée et en échange, je lui ai raconté des expériences avec Amma.

Cela prouvait bien qu'Amma avait été avec moi tout le temps et jamais je ne me suis sentie si proche d'elle. Depuis, je parle toujours à Amma intérieurement, je lui fais connaître exactement la situation dans laquelle je me trouve.

Le vol de mon assistante principale avait du retard. J'ai à nouveau demandé de l'aide à Amma, la conscience omniprésente et omnisciente. Amma a aussitôt envoyé une autre femme pour m'aider, quelqu'un que je n'avais jamais rencontré auparavant. Voyant que j'avais besoin d'aide, cette nouvelle assistante a joyeusement décidé de m'aider pendant toute la tournée. La femme qui portait le tee-shirt « Je suis une soignante » a été profondément impressionnée en apprenant que nous allions faire tout le tour ensemble. Elle a proposé d'être ma troisième assistante. La grâce d'Amma est devenue ma compagne la plus chère, elle me protège, elle m'aide, elle est plus proche de moi que mes pensées, que le battement de mon cœur. Amma est ma meilleure amie ; fidèle, invisible, elle est toujours avec moi. Le quatrième jour de la tournée, Amma a complété ma fantastique équipe d'assistantes en encourageant une autre dévote à voyager avec nous pendant toute la tournée.

Pendant cette tournée, j'ai écrit *Le livre de la Grâce d'Amma* et j'ai fait de nombreuses heures de *seva* en distribuant chaque jour les tickets de *darshan.*

Trouve le véritable Soi en toi,
La vérité de l'Unité brillera, aucune dualité
Dissous ton mental, ton cœur et ton souffle
dans l'amour débordant d'Amma
Ton corps, ton mental et ton âme guériront et s'élèveront
comme une blanche colombe.

Le cœur d'Amma est devenu le soleil rayonnant et l'océan infini auprès desquels je me languissais de passer ma vie. L'amour d'Amma a transformé ma vie : j'étais clouée au lit et maintenant, je mène une vie passionnante, conforme au *dharma*, remplie de fêtes joyeuses en la présence enchanteresse d'Amma.

Le sourire radieux d'Amma, sa réponse emphatique « Oui ! Tour ! » quand je demande si je peux participer à la tournée, et l'amour infini qu'elle répand sur moi, tout cela m'a permis de faire plus de cinquante tournées avec Amma au cours des treize dernières années. J'ai participé à tous les tours du monde d'Amma, à tous les tours du sud et du nord de l'Inde. Quand je voyage en bus sur les routes cahoteuses, j'ai le sentiment d'être une enfant bercée dans le giron d'Amma.

Je ressens comme une bénédiction le fait d'avoir eu ce *seva* : distribuer des tickets de darshan à des milliers de gens dans le monde. Grâce au fort *saṅkalpa* d'Amma, j'ai pu dormir par terre et parcourir en avion et en bus plus de huit cent mille kilomètres, tout cela sans douleur ! Avec la protection constante d'Amma, j'ai échappé de justesse à de nombreux accidents, sans une seule égratignure, et je n'ai jamais rien perdu dans aucune des tournées. J'étais déterminée à voyager avec Amma et elle a complètement effacé les effets de mon passé douloureux ; elle m'a sauvé la vie de nombreuses fois. Ayant fait le tour du monde avec Amma bien des fois, ayant visité tant de pays, je suis remplie de gratitude envers notre Mère la Terre et envers Mère Nature.

Respectons notre Mère la Terre, corrigeons nos erreurs,
Aimons Mère Nature, éveillons-nous enfin

Je voudrais prier pour la Terre avec ce chant que j'ai écrit :

Oh Dēvī, Bhumi Dēvī, Pacha Mama, Mère Gaṅgā
Amma prend notre égoïsme. C'est notre maladie
Nous Te prions les mains jointes, oh Amma

Nous Te prions les mains jointes
Guéris nos mères-patries

Dans le livre *Perles de sagesse*, Amma dit : « Voyez l'optimisme de la nature. Rien ne l'arrête. Chaque aspect de la nature contribue inlassablement à la vie. »

Pendant un tour d'Australie, tous les bus qui transportaient le groupe ont traversé un paysage australien verdoyant pour finalement arriver au bord de la mer. Les bus se sont arrêtés là pour le déjeuner avec Amma. Elle se tenait debout sur le sable si doux, tandis que les vagues embrassaient doucement ses pieds sacrés.

Dans son sari blanc, Amma avait l'air aussi tendre qu'un nuage sous le ciel bleu. Elle nous a demandé : « Qui veut être un arc-en-ciel ? »

Puis, Amma a raconté l'histoire d'une petite fille qui était en chaise roulante. Elle n'avait pas d'amis et elle était très triste. Un jour, la petite fille a vu un magnifique arc-en-ciel. La vue de toutes ces belles couleurs lui a donné beaucoup de joie. Peu après, l'arc-en-ciel a disparu ; la petite fille est devenue triste à nouveau.

La fois suivante, quand il a plu, la mère de la petite fille l'a conduite au sommet d'une montagne. Quand la pluie a cessé, un arc-en-ciel magnifique et lumineux est apparu.

« Comment es-tu devenu si beau et si heureux ? » a demandé la petite fille à l'arc-en-ciel.

« Regarde-moi de plus près. Je n'étais qu'une goutte de pluie dont la vie était très courte. Cela me rendait toujours triste. Puis j'ai décidé de rendre les autres heureux et toutes les couleurs en moi se sont épanouies. » En disant cela, l'arc-en-ciel a disparu.

Après avoir raconté cette histoire, Amma a ajouté : « Une fois que notre but est de rendre les autres heureux, la lumière de Dieu peut briller pleinement en nous.

Dans le monde, chacun est très égoïste et s'efforce seulement de satisfaire ses propres désirs. Leur mantra est : « Moi et le mien ». Mais les enfants d'Amma sont différents, ils essaient de rendre les autres heureux. » Quelques secondes plus tard, un immense arc-en-ciel aux vives couleurs est apparu dans le ciel.

Quand Amma l'a montré du doigt, deux arcs-en-ciel encore plus grands et plus brillants sont apparus à l'horizon. Les arcs-en-ciel, le ciel, le reflet de l'eau, les vagues, le sable et la beauté indescriptible d'Amma... avec tout cela, nous nous sommes fondus dans l'unité pure, magique, colorée et paisible de la création de Dieu.

Des gouttes de pluie se sont mises à tomber, comme des fleurs de paix, sur l'océan, sur le sable, sur nous et sur Amma. Amma a chanté le *bhajan Sṛiṣhṭium Nīyē* : « Oh Dēvī, Tu es la création ! », absorbée dans le chant. Nous avons tous chanté avec Amma. Le sari blanc d'Amma était trempé mais elle n'a pas cessé de chanter.

Nous étions très heureux d'être avec Amma sous la pluie battante mais elle ne voulait pas que ses enfants attrapent froid, alors elle nous a envoyés dans les bus. En riant, nous nous demandions mutuellement : « Est-ce qu'Amma a créé ces arcs-en-ciel du bout de ses doigts ? » Amma est notre véritable arc-en-ciel, le miracle qui transforme notre vie.

Ma prière, mon désir profond, c'est de pouvoir continuer à suivre Amma partout où elle va. Puissent nos cœurs nager dans la joie de l'amour d'Amma, plein de béatitude.

Ô Dēvī sans Toi il n'y a pas de vie,
Bhumi Dēvī sans Toi rien ne peut survivre

Ōm Lokāḥ Samastāḥ Sukhinō Bhavantu —
Puissent tous les êtres dans tous les mondes être heureux.

17

La Création et le Créateur ne sont pas séparés ; ils ne font qu'un

Prasadini – Allemagne

Je voudrais réfléchir à cet enseignement d'Amma : la création et le créateur ne sont pas séparés ; ils ne font qu'un. Je médite sur ces paroles, parce que si on les met correctement en pratique, elles peuvent guérir notre maladie : nous nous sentons séparés du Divin, de la Nature et des autres.

Je n'ai pas eu beaucoup l'occasion d'étudier les Écritures. Elles sont pour moi une grande source d'inspiration ; j'ai le sentiment qu'elles sont aussi vastes que l'océan et qu'elles incluent l'ensemble de la création. Tout en faisant l'expérience de la création, rappelons-nous le créateur. La plupart des êtres humains ont tendance à oublier Dieu, l'essence immuable de tout ce qui existe.

Dans la *Bhagavad Gītā*, au chapitre 15, versets 12 et 13, le Seigneur Kṛiṣhṇa dit à son disciple Arjuna :

> *yad āditya-gataṁ tējō jagad bhāsayatē'khilam*
> *yachchandramasi yachchāgnau tat tējō viddhi māmakam*
> « La lumière du Soleil, qui illumine l'univers entier, la lumière qui fait briller la Lune et le feu, sache que cette splendeur m'appartient. »

> *gām āviśhya ca bhūtāni dhārayāmyaham ōjasā*
> *puṣhṇāmi chauṣadhīḥ sarvāḥ sōmō bhūtvā rasātmakah*

> « J'imprègne la Terre et je soutiens les êtres de mon énergie. Sous la forme de la Lune, je nourris toutes les plantes du jus de la vie. »

Dans ces deux versets, Kṛiṣhṇa dit que la création entière est la manifestation de son énergie.

Quand j'étais enfant, ma mère me chantait des chants dévotionnels. Un des chants parlait de Kṛiṣhṇa et de Rādhā, qui représentent le Soi suprême et la nature primordiale dansant ensemble. Si nous avions les yeux pour le voir, nous ne verrions pas seulement la forme physique de la nature mais aussi sa divinité. Nous pourrions voir l'ensemble de la création comme un jeu de la Conscience dont nous admirerions la beauté.

Quand Amma donne le darshan, nous sommes témoins de cette vérité. Amma est le centre silencieux de la Conscience au milieu de tout mouvement. Elle est comme un roc dans l'océan déchaîné : immuable, toujours patiente ; elle accorde constamment son attention et son amour à ceux qui viennent à elle ; elle est toujours établie dans cette Présence. Amma prend le temps de dire à chaque personne : « Tu es mon enfant chéri, tu es divin. »

Voir les autres comme les enfants d'Amma, cela peut nous aider à nous sentir reliés au Divin. Toutes nos mauvaises tendances comme la haine, la jalousie et la colère viennent du sentiment de la séparation.

Amma raconte une histoire qui m'a montré à quel point il est inutile de considérer qu'un problème vient de l'extérieur de soi. Voici cette histoire :

Un marin naviguait un jour sur une rivière. De loin, il a vu approcher un autre bateau. Par précaution, il a lancé des signaux à l'équipage de ce bateau pour leur dire de se mettre sur le côté mais l'autre bateau n'a pas changé de direction. Il faillit y avoir une collision entre les deux bateaux et le marin n'a pu éviter un accident qu'en manœuvrant. Furieux, il a sauté sur l'autre bateau pour donner une leçon au batelier. Mais il a bien vite découvert qu'il n'y avait personne. Le bateau était vide et dérivait. Sa colère s'est aussitôt envolée.

Quand on comprend qu'il n'y a personne d'autre que soi-même, qui peut être en colère contre qui ? Si on est capable de voir sa sœur ou son frère chéri en la personne qui reçoit beaucoup d'attention de la part d'Amma, comment peut-on être jaloux ? Si on voit Amma en quelqu'un qui nous cause des ennuis, comment peut-on éprouver de la haine ?

***

Je voudrais vous raconter comment je suis arrivée en la présence divine d'Amma et ce que j'ai appris au sujet de l'unité qui existe entre la nature, Dieu et les dévots d'Amma. Je vais aussi donner quelques exemples qui m'ont aidée à transcender le sentiment de séparation et à me relier au Divin.

J'ai eu la chance de grandir avec des parents qui avaient une quête spirituelle. Ma mère a eu une expérience qui a changé sa vie quand elle a entendu parler de Paramahamsa Yogananda. À l'âge de dix-huit ans, elle avait essayé de trouver le sens plus profond de la vie en prenant de la drogue. Un jour, un jeune homme s'est approché de ma mère et de ses amis ; il s'est mis à leur parler de Yogananda.

Il lui a donné un petit livre, *Méditations pour la réalisation du Soi*, qui l'a beaucoup inspirée à apprendre la méditation. En une semaine, elle a réussi à se défaire de son addiction et de ses mauvaises fréquentations et à commencer une vie spirituelle. Le fait que le guru soit venu à elle sous la forme de ses enseignements alors qu'elle se trouvait avec des drogués montre la compassion inconditionnelle d'un vrai maître. Nous pouvons aussi considérer le maître comme une mère qui vient au bon moment pour empêcher son enfant de suivre une voie qui mène à la destruction.

Mes parents ont toujours essayé de vivre autant que possible en harmonie avec la nature. Nous vivions à la campagne et partagions un jardin avec une autre famille. Je me rappelle avoir grimpé à un arbre avec mes amies et leur avoir raconté des histoires qui parlaient de Kṛiṣhṇa. Assise sous les feuilles protectrices de l'arbre, j'éprouvais une joie subtile. Ma sœur aînée avait construit une petite maison entre les branches d'un autre arbre. J'y montais et j'aimais regarder les choses d'en haut, de ce point de vue : j'observais tout ce qui se passait en bas sans m'y impliquer.

Nous vivions dans un village et nous n'avons jamais eu beaucoup d'argent mais mes parents avaient des idéaux qu'ils mettaient en pratique. Ils nous ont envoyés dans une école Steiner où nous avons reçu une éducation fondée sur les valeurs universelles et où nous avons aussi beaucoup appris dans les domaines de l'artisanat, de l'art et de la musique. Le fondateur des écoles Steiner, Rudolf Steiner, avait été profondément inspiré par le divin « Chant du Seigneur », les enseignements du Seigneur Kṛiṣhṇa à Arjuna dans la *Bhagavad Gita*. Nous n'avons jamais eu la télévision et le seul film que j'ai eu la permission de regarder quand j'étais enfant, c'est la *Vie de Saint François*.

Saint François d'Assise est un saint très connu en Europe. Il voyait dans la nature le reflet de Dieu et il aimait beaucoup la création divine. Il s'adressait au Soleil, à la Lune, à tous les éléments de la nature et même à la Mort en les appelant ses frères et sœurs. Il exprimait ainsi son expérience d'unité avec toute la création. Il était très humble et il parlait avec beaucoup de respect de Dieu, du Créateur.

Amma dit : « Quand on perçoit Dieu en toute chose, le mental est constamment rempli de dévotion. Quand le sentiment de l'autre est absent, la vie entière devient un acte d'adoration, une prière et un chant de louange. »

J'avais sept ans quand j'ai rencontré Amma pour la première fois. Ma mère passait les vacances d'été avec moi et mon frère cadet dans un lieu appelé Schweibenalp, très haut dans les Alpes suisses. Ce lieu, fondé par des dévots de Haidakhan Babaji, avait été créé dans l'intention de rassembler des gens de différentes cultures. Ils adoraient chaque jour Śhiva et la Mère divine.

Un jour, Amma est arrivée et les gens ont dit : « La Mère divine est là ! » Pour l'accueillir, on lui a préparé une belle chaise où elle s'est assise et on l'a adorée avec beaucoup de fleurs. C'était en 1987, pendant le premier tour du monde d'Amma.

L'année suivante, quand j'ai vu Amma et son entourage arriver dans leurs vêtements d'un blanc immaculé, j'ai couru vers eux. Leurs visages étaient bienveillants et il émanait d'eux de l'amour et de la lumière. Grâce à cela, je me sentais bienvenue. L'un d'eux m'a un jour appelée, il m'a prise par la main et nous avons marché ensemble jusqu'à la salle du darshan. Les nuits de *Dēvī Bhāva*, je m'asseyais souvent près des musiciens et j'oubliais totalement ma famille. Le dernier jour des programmes à Schweibenalp, j'ai décidé toute seule de recevoir un mantra d'Amma. Je n'avais que huit ans, ma mère a donc essayé de m'en dissuader. Elle pensait que les mantras étaient réservés aux adultes. Je n'ai pas écouté ses objections et je suis restée ferme. Finalement, ma mère a cédé et Amma m'a donné un mantra. Dans mon cœur, je désirais profondément recevoir un mantra dédié à Kṛiṣhṇa et je me rappelle encore la joie que j'ai éprouvée quand plus tard, chez nous, ma mère a placé à côté de mon lit une belle image de Kṛiṣhṇa. Elle m'a raconté la vie de la princesse Mīrabai dont la dévotion envers Kṛiṣhṇa était pure et absolue. Avec amour et dévotion, je m'asseyais chaque matin et chaque soir pendant quelques minutes et je répétais mon mantra en méditation. On dit que le mantra est une corde de sauvetage. Il crée un lien avec le maître. C'est peut-être à cause du mantra qu'Amma m'a ensuite rappelée à elle.

***

Quand Amma est venue pour sa troisième tournée européenne, ma mère a décidé d'aller voir Amma seule. Pendant cette visite, Amma lui a dit que son maître était Sai Baba. Au début, nous n'avons pas compris ce qu'Amma voulait dire par cette *līlā* (jeu divin). Comment pouvait-il être son maître alors qu'elle ne l'avait jamais rencontré ?

Mais un peu plus tard, les paroles d'Amma se sont avérées vraies. Ma mère est devenue une dévote de Sai Baba. Le groupe local de Sai Baba se retrouvait régulièrement chez nous. Ma mère remplissait son *dharma*[26] dans la société en réunissant des groupes d'enfants, en leur enseignant des valeurs telles que *satya* (la vérité), *dharma*, *śhānti* (la paix) et *prēma* (l'amour).

À cause de cela, nous n'avons pas revu Amma pendant de nombreuses années. J'ai même oublié mon mantra. Au début, je me suis sentie seule et triste. Puis j'ai essayé d'être heureuse dans le monde matériel mais il me manquait quelque chose. Parfois, quand d'autres s'efforçaient d'obtenir quelque chose avec grand enthousiasme, je ne ressentais que du vide. Il me manquait quelque chose mais je ne savais pas quoi.

Ma mère m'a appris qu'un vrai dévot est toujours protégé par la grâce de Dieu. Elle ne s'inquiétait jamais et nous avons assisté à des miracles dans sa vie. Mon père n'avait pas une foi solide en Dieu et il n'a jamais compris son optimisme. Mais par conviction, il désirait faire le bien. Pendant de nombreuses

---

[26] Littéralement : « Ce qui soutient la création », désigne généralement l'harmonie de l'univers, le code de conduite juste, un devoir sacré ou la loi éternelle.

années, il a consacré son temps et son énergie à travailler dans une communauté de personnes handicapées.

Un jour, quand j'avais dix-sept ans, j'étais dans notre salle de méditation quand soudain, une des photos est devenue lumineuse et a pris vie. C'était la photo d'une jeune femme indienne avec de longs cheveux noirs. Elle me souriait, pleine de joie, et son expression semblait dire : « Ma chère enfant ! Je suis si heureuse que tu reviennes à moi ! » Tout d'abord, je n'ai pas reconnu Amma. Puis, ma mère m'a rappelé : « Tu ne te souviens pas ? Quand tu étais auprès d'Amma, enfant, une des personnes du groupe d'Amma t'a demandé : " Est-ce que tu viendras en Inde quand tu seras grande ? " Tu as répondu " Oui ! " et tu as promis que tu irais. »

Il m'a fallu attendre encore un an pour voir Amma quand elle est revenue en Europe. Après avoir passé mon bac, je suis allée à Londres voir Amma et je lui ai demandé si je pouvais venir dans son ashram pour y passer six mois. Amma a répondu par un seul mot : « Oui. » Cela m'a rendue très heureuse car cela confirmait que mon sentiment intérieur était en harmonie avec la volonté d'Amma.

Quand je suis arrivée à Amritapuri en 1998, j'ai logé dans le dortoir des femmes, situé au-dessus du temple de Kāḷī. Tous les mardis, Amma traversait notre dortoir pour aller dans le temple méditer avec nous ; elle nageait aussi souvent avec nous dans la piscine de l'ashram. Amma nous acceptait, nous les visiteurs qui venions pour la première fois, comme des membres de son immense famille spirituelle et cela m'a beaucoup touchée.

Je suis devenue très attachée à la présence physique d'Amma. Mon *seva* pendant les nuits de *Dēvī Bhāva* consistait à faire des chappatis à la cuisine. Parfois, j'étais triste et Amma me manquait tant que j'allais en courant au temple de Kāḷī où se tenait le *Dēvī Bhāva* pour me plonger quelques minutes dans cette belle énergie avant de retourner à la cuisine.

Mes souvenirs de cette merveilleuse période avec Amma m'ont nourrie pendant les années où je suis restée loin d'elle. Je venais chaque année et on me permettait souvent de loger dans le temple avec les résidentes de l'ashram. Cela m'a toujours donné le sentiment que je rentrais à la maison. Amma dit que même si un oiseau s'envole très loin, il n'oublie jamais son nid. J'avais beau vivre encore dans le monde, grâce à ces souvenirs d'Amritapuri, j'ai eu le sentiment de faire partie de la famille de l'ashram longtemps avant de venir enfin y vivre.

De retour en Allemagne, mes pensées allaient toujours vers Amma et ma famille ne comprenait pas le changement qui s'était produit en moi. Quand j'ai ensuite revu Amma pendant le tour d'Europe, elle m'a dit beaucoup de choses concernant la nature du monde et entre autres : « Tout le monde veut recevoir de l'amour, mais personne n'est prêt à en donner ! On ne peut pas être vraiment heureux de cette manière ! »

J'ai médité là-dessus. Si personne n'est prêt à donner de l'amour, comment puis-je changer et devenir capable de donner de l'amour de manière désintéressée ?

Je travaillais dans une grande ville et j'ai consacré du temps à faire du bénévolat dans une soupe populaire que tenaient les sœurs de Mère Teresa. Là, j'ai pu mettre en pratique l'enseignement d'Amma et connaître une joie qui ne dépendait d'aucun objet et de personne. Quand j'en ai parlé à Amma, elle a été très heureuse et m'a regardée avec beaucoup d'amour. Elle m'a dit : « Fais ce que tu veux vraiment faire et vis selon tes convictions ! » J'ai donc pris la décision intérieure de suivre Amma et de soutenir ses œuvres caritatives.

***

En 2003, la première retraite de Swāmī Śhubhāmṛitānanda en Allemagne s'est déroulée dans une grange qui fait maintenant partie de l'ashram allemand. Pendant la retraite, il y a eu une tempête et des pluies torrentielles. La grange a pris un peu la pluie et une partie de l'autel est tombée. La tempête s'est rapidement dissipée et tout le monde a participé au nettoyage ; nous avons reconstruit l'autel à un endroit différent. La photo d'Amma se trouvait maintenant en face de la porte principale. Quand le soleil a brillé de nouveau, Swāmī a fait un merveilleux commentaire : « Amma voulait simplement voir la beauté de la nature ! » Quand il a dit cela, nous avons senti la présence invisible d'Amma.

En 2004, quelques dévots et disciples d'Amma ont permis l'ouverture de l'ashram en Allemagne. Comme je voulais participer à la vie de l'ashram, j'ai déménagé pour habiter à côté. À partir de ce moment-là, j'ai passé tous mes week-ends à l'ashram pour y faire du *seva*. L'année suivante, la personne qui gérait l'ashram nous a informés qu'Amma y viendrait après le tour d'Europe. Quelle surprise ! Nous avons ressenti cela comme une grande bénédiction.

L'ashram allemand était auparavant un centre équestre, situé dans un lieu retiré, entouré par la beauté de la nature. Il y a toujours une écurie, des prairies et des chevaux. Chaque fois qu'elle venait, Amma leur rendait visite, les nourrissait et les promenait. Amma est partout chez elle. Le jour où Amma est venue, elle a pris un des chevaux par la longe comme si elle avait fait cela toute sa vie. Nous avons eu le sentiment qu'Amma était nôtre. En nous rappelant ces précieux moments, nous avions la force de faire du seva toute l'année avec beaucoup d'enthousiasme, sans jamais nous lasser. Des années plus tard, on a construit à l'ashram allemand une grande salle pour les programmes d'Amma et depuis lors, des gens du monde entier sont venus y assister.

En Occident, on accorde souvent une importance exagérée aux aspects extérieurs du *seva*. Nous avons tendance à travailler trop sans penser à Dieu.

***

Quand Swāminī Amṛitajyōti Prānā est venue en visite, elle m'a dit : « Si on veut servir le monde, il faut être fort. Ce sont les pratiques spirituelles qui nous donnent de la force ». Plus tard, j'ai compris à quel point c'était vrai.

La *sādhanā* m'a aidée à libérer mon mental des distractions extérieures et à me rappeler la vraie raison pour laquelle j'étais venue à l'ashram. Une fois que j'ai pris conscience de cela, j'ai toujours essayé de donner la priorité à mes pratiques spirituelles. Une fois par semaine, j'allais dans un endroit où je pouvais être seule pour y passer une demi-journée en silence.

Pendant de nombreuses années, j'ai eu le désir profond de venir vivre à Amritapuri. Mais comme il y avait tant à faire à l'ashram allemand, j'y suis restée et j'ai fait du *seva* pendant quatorze ans. Quand j'ai dit à Amma que j'aimerais servir Dieu en travaillant, elle m'a encouragée à rester à l'ashram allemand. Amma m'a dit : « Tout ce dont tu as besoin viendra à toi ici. » Ainsi, elle me guidait et me donnait cette confiance : Si on consacre son travail à Dieu, Il prend soin de tous nos besoins.

Servir les autres et voir tous les êtres comme des membres de la famille élargie d'Amma, travailler dans le jardin, me sentir en harmonie avec la nature, penser à Dieu en préparant l'autel et en chantant des *bhajans*... je trouvais de la satisfaction dans toutes ces activités.

Généralement, avant le tour d'Europe, une petite partie du groupe d'Amma arrivait en avance à l'ashram allemand pour préparer le tour. Chaque fois qu'ils repartaient pour suivre Amma dans sa tournée, j'étais extrêmement triste et je me demandais : « Est-ce que dans cette vie, je vais manquer la chance si précieuse d'être avec Amma ? » J'ai appris à observer les émotions qui surgissent dans mon mental, à les regarder apparaître et disparaître. Je suis un jour allée voir Amma, profondément triste. Elle m'a dit de gagner de l'argent et de venir en Inde. Chaque année, j'éprouvais la même tristesse en voyant partir le groupe qui faisait le tour d'Europe. Mais j'ai réussi à surmonter ces émotions négatives en voyant Amma dans chaque personne du groupe. Maintenant, je ne ressens que de la gratitude car ils sont pour moi une source d'inspiration : je les ai vus travailler sans relâche, avec un dévouement incroyable. En plus du seva, j'ai accepté plus de travail salarié et finalement, j'ai pu venir vivre à l'ashram d'Amritapuri

Dans le *bhajan Bhaktavatsalē Dēvī*, Amma chante :

> « Ô Océan de Miséricode, permets-moi de me joindre à Tes dévots qui vivent en servant Tes pieds de lotus sacrés. Ô Dēvī, Déesse des trois mondes, où dois-je donc aller pour être délivré de ma souffrance ? »

Peu après que je sois venue vivre à l'ashram en tant que renonçante, j'ai demandé à Amma comment surmonter le sentiment que j'éprouve encore : celui de la différence entre moi et les autres et le sentiment d'être séparée du Divin. Amma m'a dit d'abandonner toutes mes idées préconçues et de me concentrer davantage sur l'essence de la spiritualité, d'y plonger plus profondément au lieu de me concentrer sur les différences extérieures. Elle m'a dit aussi d'aimer les autres comme moi-même, de mettre cela en pratique dans ma vie quotidienne.

Pour terminer, je voudrais raconter une expérience récente : comment j'ai pu transcender une situation qui me gardait prisonnière de mon petit « moi », dans les limites du corps-mental.

Cela s'est passé la première fois que je me suis retrouvée en quarantaine à cause du Covid. Je me suis sentie complétement séparée de la nature, des autres et d'Amma. J'avais le sentiment d'être en prison. Puis, Amma a donné le *darshan* pour la première fois après de nombreux mois mais je n'ai pas pu y aller. J'étais vraiment triste. Quand je suis sortie de quarantaine, j'avais la sensation d'être totalement coupée de tout. Le fait d'être dans la nature en lui prêtant mon attention, de parler aux autres de mon expérience et bien sûr, la présence d'Amma, tout cela m'a aidée à surmonter cet état dépressif.

Trois mois plus tard, on m'a demandé de traduire en allemand un texte très inspirant sur la nature. Comme j'étais très prise à ce moment-là par mes différents sevas, j'ai répondu : « Pour que j'aie le temps de traduire ce texte, il faudrait que je sois en quarantaine ! » Le lendemain même, j'ai dû retourner en quarantaine parce que j'avais été en contact avec quelqu'un qui avait été testé positif au Covid. J'ai donc pu commencer cette traduction.

C'était le jeu divin d'Amma. Et ce texte était son enseignement pour moi. Il disait : « Nous ne sommes pas seuls. Quand nous nous relions à la nature, nous pouvons dépasser cette notion de solitude. Quand on regarde autour de soi et qu'on aime toute la création, une fréquence d'amour plus élevée vibre dans notre cœur. »

J'ai essayé de me relier à la nature en regardant le cocotier devant ma fenêtre, en voyant les oiseaux qui s'approchaient, l'écureuil qui montait et descendait sur l'arbre, les rayons du soleil qui jouaient entre les branches, et je me suis sentie en paix. Aussitôt, je me suis sentie reliée à tout et j'ai pensé : « Je ne suis pas impuissante, je ne suis pas en prison. Je ne suis pas limitée au corps et au mental, le Soi est bien au-delà de tout cela. Je peux employer ce temps de la meilleure manière possible. » Je peux presque dire que j'ai aimé le temps que j'ai passé dans cette pièce ; je l'ai considéré comme une retraite et j'ai éprouvé beaucoup de gratitude envers mes sœurs qui m'apportaient chaque jour à manger. J'ai clairement vu alors que c'était mon mental qui avait créé tout cela : la prison comme la retraite.

C'est par la grâce d'Amma qu'il m'a été possible de changer mon attitude envers la situation. Si jamais je devais me retrouver à nouveau en quarantaine, je serais peut-être triste mais j'ai appris maintenant comment transcender le sentiment de la séparation. Amma m'a montré les étapes et maintenant, je n'ai plus qu'à les suivre.

Puissions-nous tous trouver des moyens de nous relier à Amma même dans des situations difficiles. Puissions-nous nous rappeler notre lien éternel avec Dieu et découvrir le véritable Soi.

18

De l'Illusion à la Vérité, des Ténèbres à la Lumière, de la Mort à l'Immortalité

Varenya – Espagne

En espagnol, nous avons une expression idiomatique qui décrit ma situation présente : « Por la puerta grande » ce qui signifie mot à mot : « Passe par la grande porte ». Le sens implicite est le suivant : « Je n'ai aucune idée de ce que je fais mais je suis là, assise à côté de la Mère divine elle-même, devant un public qui en sait beaucoup plus que moi sur la spiritualité, y compris les petits enfants ».

Mon *satsang* d'aujourd'hui a été élaboré à partir du mantra védique que je vais citer. C'est une prière sacrée en sanskrit qui a une signification spirituelle profonde. Elle est tirée des Védas, des Écritures anciennes de l'Inde.

asatō mā sadgamaya,
tamasō mā jyōtirgamaya,
mṛityōrmā'mṛtam gamaya

Ce *pavamāna*, ce mantra de purification, se trouve dans la *Bṛihadāraṇyaka Upaniṣhad*. Il signifie :

« Guide-nous de l'illusion à la vérité,
Des ténèbres à la lumière,
De la mort à l'immortalité »

***asatō mā sadgamaya* — « Guide-nous de l'illusion à la vérité »**

En relation avec cette ligne du mantra, je vais vous raconter comment j'ai rencontré Amma.

Je suis née dans une famille à l'esprit ouvert dont les membres sont plutôt des intellectuels. J'ai été éduquée à employer la logique, à être indépendante et à prendre mes propres décisions en me fondant sur la raison. La sœur cadette de ma mère s'intéressait réellement à la méditation et à la spiritualité depuis son plus jeune âge et très vite, elle s'est impliquée dans le mouvement de la Méditation Transcendantale (MT).

Ma mère n'avait pas comme elle le désir de se consacrer pleinement à la spiritualité ou de vivre dans un ashram et pourtant, elle aussi s'est mise à méditer, suivie de ma grand-mère. C'est ainsi que la spiritualité a conquis un à un les membres de ma famille, comme des perles enfilées sur un fil d'or. J'ai reçu mon mantra personnel quand j'avais six ans et j'ai été initiée à la méditation. J'aimais la méditation mais je n'ai jamais pu aller profondément dans la MT ou la pratiquer beaucoup. La technique en soi est bonne ; mais je sentais au fond de moi que ce n'était tout simplement pas le bon moment pour moi. J'étais en revanche très attirée par la nature, j'aimais être seule et je lisais au lieu de regarder la télévision. Je n'étais pas une enfant ordinaire.

Bien des années plus tard, j'ai compris que le mantra de la MT avait semé en moi une graine, qu'il m'avait protégée de nombreux dangers et avait préparé mon mental à recevoir mon guru, mon Amma, au moment approprié. J'ai entendu parler d'Amma quand j'étais adolescente. Ma mère allait la voir chaque année à Barcelone et ma tante et mes cousins participaient activement à l'organisation de sa visite annuelle en Espagne. Ils m'ont invitée de nombreuses fois à les accompagner mais j'étais adolescente... Quoi ? Une femme qui vous prend dans ses bras

?!? Vous vous moquez de moi ?!? Pas question ! Je ne veux pas qu'on me touche !

Les années ont passé. J'ai terminé ma licence de journaliste, puis j'ai obtenu un diplôme en communication des entreprises ; j'ai décroché un emploi de rêve dans une agence de publicité. J'avais de beaux vêtements, une mobylette, une vie sociale et culturelle active à Barcelone, un bel appartement avec une terrasse privée... tout cela à vingt-cinq ans. Mais soudain, quelque chose a commencé à me perturber. Je n'étais pas heureuse. Il n'y avait aucune raison à cela. J'avais tout ce qu'on est censé avoir pour être heureux.

Quand j'en parlais dans le cercle de mes amis proches, ils répondaient tous la même chose : « Le bonheur est une chose qui ne dure pas, qui n'est pas faite pour durer ! Il va et vient. Tu achètes une voiture neuve et tu es heureuse un moment, puis ce bonheur passe et il faut trouver autre chose. C'est la nature du bonheur. »

Malgré cela, il y avait en moi une petite voix, une intuition plus forte que toute logique, qui disait constamment : Le bonheur éternel existe.

J'ai un tempérament très inquisiteur et j'ai fait des études de journalisme ; j'ai donc entamé des recherches : j'ai lu des livres, j'ai rencontré de nouveaux amis, j'ai participé à des cérémonies bouddhistes, j'ai renoué avec ma pratique de la méditation, j'ai pris des cours de yoga, j'ai pris des remèdes homéopathiques plutôt que de l'allopathie, j'ai choisi des aliments biologiques, je me suis préoccupée de Mère Nature, j'ai recyclé... bref, j'ai commencé à ouvrir mon cœur et à changer de vie.

Après avoir lu quelques livres sur la spiritualité, j'ai eu la conviction que j'avais besoin d'un guru. Dans un flash, Amma est apparue sur l'écran de mon mental. Elle met à profit toutes les opportunités. Elle sait parfaitement quand se manifester.

Je me suis dit : « En fait, Amma a déjà adopté une partie de ma famille, alors pourquoi pas moi ? » Le jour même, je me suis assise pour méditer, j'ai fermé les yeux et je l'ai appelée... et Amma est venue. Je l'ai vue aussi clairement que je la vois maintenant physiquement. Elle était assise devant moi en posture du lotus, elle rayonnait d'une lumière dorée ; les yeux fermés, elle méditait. Elle avait l'air si paisible et en même temps, si heureuse. Elle resplendissait. Amma m'a totalement conquise sans dire un seul mot. Alors je lui ai dit : « D'accord, Amma, fais ce que tu dois faire ».

Je comprends maintenant ce que signifie « donner un chèque en blanc à Amma ». À ce moment-là, je n'avais aucune idée de ce que je faisais. Après lui avoir dit cela dans ma méditation, il m'a été impossible de continuer à faire ce que j'avais l'habitude de faire, de fréquenter les mêmes lieux, d'avoir les mêmes amis, de travailler dans la même société, de m'habiller comme avant... le monde qui m'était familier s'écroulait très rapidement autour de moi. Je voulais changer... mais fallait-il que ce soit aussi rapide ?

En l'espace d'une année, la vie que je menais a pris fin. J'ai quitté mon travail, distribué mes vêtements à quelques (très heureuses) jeunes femmes, j'ai quitté mon bel appartement et vendu mes meubles. Je n'ai gardé que quelques cartons dans la maison de mes grands-parents. Puis, j'ai pris l'avion pour Amritapuri.

C'était il y a plus de dix ans et par l'immense grâce d'Amma, je suis rarement partie d'ici depuis. Les quelques affaires que j'avais laissées en Espagne avant de venir ont finalement été données aussi. Elles n'avaient plus aucune importance pour moi. Quand je regarde en arrière, je me rends compte que seule la grâce d'Amma a fait en sorte que je garde mon équilibre, que je ne sois pas submergée par des changements aussi grands, survenus en si peu de temps. En réalité, j'avais vécu un mensonge :

une vie complètement matérialiste, sans aucun fondement ni but. Cela n'avait plus aucun sens pour moi. Amma, en revanche, m'indiquait la vérité, la vérité immuable, la beauté éternelle que nous sommes en réalité. C'est ainsi qu'Amma m'a menée pour la première fois de l'illusion à la vérité... De Barcelone à Amritapuri.

tamasō mā jyōtirgamaya — Guide-nous des ténèbres vers la lumière

Qu'est-ce que les ténèbres ? Les ténèbres, c'est l'ignorance. Parce que nous ne savons pas qui nous sommes, nous vivons dans l'ignorance et nous ne comprenons pas la nature du monde, ce qui engendre la souffrance. Amma dit que dans notre ignorance, nous croyons que ce qui est erroné est juste et que ce qui est juste est une erreur. Voyons comment cela se vérifie dans mon cas :

Après avoir fait des allers-retours pendant quelques années pour être avec Amma à l'ashram d'Amritapuri, après avoir fait quelques tournées avec Amma, j'ai vu très clairement que c'était la seule vie que je désirais. Il m'était impossible de retourner dans le monde. Mais avant de venir vivre à plein temps à l'ashram, je voulais demander la permission d'Amma car j'avais plusieurs problèmes de santé. Pendant la tournée européenne, à Milan, j'ai trouvé le courage de lui demander cette permission. Milan est mon arrêt favori pendant le tour d'Amma en Europe. Il y a beaucoup de monde mais les gens expriment beaucoup d'amour et de *bhakti* (dévotion) envers Amma. Le programme de Milan est celui qui me rappelle le plus les programmes en Inde. De mon point de vue, Milan était donc le meilleur endroit pour demander si je pouvais venir vivre à l'ashram. En réalité, j'étais aveuglée par mon ego.

Swāmī Amṛitaswarūpānandajī traduisait pour Amma ce jour-là. Je lui ai demandé s'il pouvait poser ma question mais il a répondu : « Pas de questions aujourd'hui... demain peut-être. »

J'ai hoché la tête, déçue, et je suis allée m'asseoir sur la scène. Amma venait juste de commencer à donner le *darshan*. Au bout d'un moment, j'ai vu Swāmījī debout à côté d'Amma et il m'a fait signe de venir rapidement. J'y suis allée aussitôt et je me suis assise à côté de la chaise d'Amma et de Swāmījī. Ce jour-là, il n'y avait pas de queue pour les questions ; je me suis donc retrouvée là et j'ai pensé que j'avais beaucoup de chance !

Mais j'ai ensuite observé Amma en train de donner le darshan et je me suis vite rendu compte que ce n'était ni un bon jour ni une bonne ville pour poser ma question. Milan est l'un des plus gros programmes de la tournée et pour couronner le tout, c'était un week-end, si bien qu'il y avait encore plus de monde. Le rythme du darshan était trépidant et accéléré. Amma ne regardait ni Swāmījī ni moi. Je me suis affaissée derrière la chaise d'Amma ; seuls mes deux yeux regardaient furtivement. Mais que pouvais-je faire ? J'étais là, je ne pouvais pas partir.

Swāmījī cherchait à obtenir l'attention d'Amma : « Amme, »... puis encore : « Ammeeee. » Il essayait vraiment mais Amma ne le regardait même pas. Et elle ne ralentissait pas non plus le rythme du darshan. Finalement, comme Swāmījī insistait, Amma s'est tournée pour le regarder avec une expression furieuse. Son regard semblait demander : « Qu'y a-t-il de si important ? »

Je n'avais plus le sentiment que ma question était importante.

Je me suis dit : « Peut-être que je pourrais me glisser complètement sous la chaise d'Amma et disparaître. Swāmījī pourra se débrouiller tout seul... »

Puis, Amma a tourné son regard vers moi. En un instant, son expression a complètement changé, comme si elle avait vu le plus beau petit chaton du monde, un chaton qui essayait de se cacher sous sa chaise ! Amma m'a lancé un regard plein de compassion et Swāmījī a saisi l'occasion pour traduire ma question : « Peut-elle venir vivre à plein temps à Amritapuri ? »

Amma rayonnnait de joie et a répondu par un « OUI ! » retentissant.

Nous avons tendance à projeter nos faiblesses et les illusions de notre mental sur le guru, notre guru. Nous ne la comprenons absolument pas. Elle est pure lumière ; nous sommes dans les ténèbres. C'est exactement ce que j'ai fait. D'abord, je n'ai eu aucun discernement quand il a fallu choisir le jour approprié pour poser ma question. Ensuite, quand je me suis trouvée là, j'ai supposé qu'Amma étant si occupée, avec un tel afflux de gens venus recevoir son étreinte, parmi lesquels il y avait beaucoup de personnes nouvelles, elle ne voudrait pas prendre le temps de répondre à ma question.

Combien de fois Amma nous a-t-elle dit que ses enfants étaient tout pour elle ? Pour elle, ses enfants sont ce qu'il y a de plus important. C'est pour ses enfants qu'elle est ici. Pour Amma, chacun de nous est comme une goutte de son sang.

Une fois ma question posée, je me suis levée rapidement, transportée de joie et pleine de gratitude envers Amma et envers Swāmījī qui, à mes yeux, avait risqué sa vie pour traduire ma question !

Mais dans la même journée, quelqu'un avec qui j'avais des relations amicales est venu me trouver, en colère, et m'a crié dessus sans aucune raison en m'accusant de choses que je n'avais pas faites, que je n'avais même jamais pensé faire. J'étais sidérée. J'ai vu en cela l'enseignement d'Amma : il n'y a pas de bonheur sans chagrin ; il n'y a pas de lumière sans ténèbres ; rien n'est permanent dans cette création en changement constant. Il faut accepter les deux, même s'ils vous arrivent le même jour.

***

Je suis un bon exemple de quelqu'un qui non seulement interprète de travers les expressions faciales d'Amma, mais aussi ses paroles. Des années plus tard, pendant un autre *darshan* avec Amma, elle m'a regardée droit dans les yeux et m'a dit : « Tu es très jeune, c'est pourquoi il y a de nombreuses pensées dans ton mental et il court de-ci, de-là. Mais tu comprendras finalement la nature du monde et ensuite, ce ne sera plus un problème pour toi ». Si Amma me disait cela aujourd'hui, je serais heureuse car je penserais qu'à la fin, je comprendrai quelque chose... Au moins quelque chose !

À l'époque, à cause de ma vision limitée et de mon arrogance, j'ai interprété ses paroles de la manière suivante : elle me disait que je n'étais pas faite pour la vie de l'ashram et qu'à la fin, elle me renverrait en Europe et ferait peut-être même en sorte que je me marie ! Voilà ce que peuvent faire les ténèbres. Elles peuvent transformer la joie en chagrin.

S'appliquer à écouter les paroles du guru avec un cœur ouvert *(śhravaṇam)*, c'est ainsi que l'on commence à dissiper les ténèbres : non en les chassant mais en ajoutant de la lumière. Il faut de l'humilité pour pratiquer *śhravaṇam*. Il faut comprendre que dans bien des situations, nous avons tort et qu'Amma a toujours raison.

C'est seulement grâce à l'immense patience d'Amma que ces ténèbres s'évanouissent. Amma dit que c'est grâce à la patience du guru que le disciple atteint finalement la libération. Dans mon cas, cela est cent pour cent vrai. Je ne peux qu'exprimer ma gratitude pour la divine patience d'Amma.

mṛityōrmā amṛitam gamaya — Guide-nous de la mort à l'immortalité

Qu'est-ce que l'immortalité ? Les Écritures nous disent que nous sommes le Soi éternel. Dans la *Bhagavad Gītā*, Kṛiṣhṇa décrit ainsi le Soi au chapitre 2, verset 24 :

achchhēdyō'yam adāhyō'yam aklēdyō'śhōṣhya ēva cha

> *nityaḥ sarvagataḥ sthāṇur achalō'yaṁ sanātanaḥ*
> « Rien ne peut couper le Soi, rien ne peut le brûler ;
> rien ne peut le mouiller ou le dessécher. Il est éternel,
> omniprésent, immuable, ferme et ancien. »

Comment Amma me guide-t-elle, nous guide-t-elle tous, afin que nous comprenions cela ? Le jour de *Guru Pūrṇimā*, je suis allée tôt le matin dans le temple de Kāḷī pour voir la statue de Kāḷī. Quand je suis arrivée dans le temple, j'ai remarqué sur le sol une petite branche sèche qui portait encore quelques feuilles. Il y avait du vent ce jour-là, j'ai donc pensé que le vent avait apporté la branche de l'extérieur. J'ai eu la forte intuition, le désir de la déposer aux pieds de Kāḷī. Alors je l'ai ramassée et je l'ai emportée.

Elle était tout de même assez grande et les feuilles étaient encore fraîches, disposées de telle manière qu'on aurait dit un balai. Il y avait beaucoup de monde dans le temple intérieur. Chacun avait revêtu ses plus beaux habits en l'honneur de *Guru Pūrṇimā* et priait.

Kāḷī était décorée de magnifiques guirlandes de fleurs fraîches et odorantes, entre autres des fleurs de lotus, et toutes les lampes à huile étaient allumées. Elle était d'une beauté saisissante.

Soudain, j'ai pris conscience en un éclair que je tenais cette branche avec toutes ses feuilles qui dépassaient et prenaient de la place. Je me sentais ridicule, je voulais cacher la branche derrière moi mais les feuilles étaient si écartées que c'était impossible... Je ne savais pas trop comment l'offrir à Kāḷī. Il était hors de question d'essayer de la glisser à travers la grille du sanctuaire. Et ce qui rendait les choses plus difficiles, c'est qu'il y avait beaucoup de dévots dans le temple intérieur qui priaient et faisaient *pradakṣhiṇa* : ils faisaient le tour de la déité, ce qui est considéré comme propice. Je me suis rappelé les paroles d'Amma, qui dit que dans un ashram il n'y a pas de place pour l'orgueil ou pour la honte. Juste à ce moment-là, une place assise s'est libérée à côté de la grille du sanctuaire. Je me suis assise, j'ai regardé Kāḷī et j'ai rapidement offert cette branche sèche avec toutes ses feuilles à ses pieds.

J'ai quitté le temple intérieur et de loin, j'ai jeté un regard en arrière. J'ai vu qu'il y avait une rangée de branches sèches, avec leurs feuilles, accrochées à l'extérieur du sanctuaire. J'ai compris que celle que je venais de déposer aux pieds de Kāḷī était probablement l'une d'entre elles, qui était tombée, et qu'après tout, le vent ne l'avait pas apportée de l'extérieur. Je me suis dit : « Bon, eh bien c'est peut-être la tradition pour cette fête de suspendre des branches de cette manière... Qui sait ? » Et je suis partie tout heureuse.

Ce matin-là, Amma a donné un *satsang* ; elle a expliqué qu'un disciple offre traditionnellement au maître une branche sèche ; cela symbolise l'abandon de tous les attachements matériels. Quand j'ai entendu cela, j'ai ri : mon comportement avait été si stupide quand j'étais allée offrir la branche à Kāḷī. J'aurais pu savourer ce moment ; c'était quelque chose d'unique. Mais le sentiment de honte, lié à mon individualité, m'a bloquée et pour finir, j'ai très rapidement déposé mon offrande tout en regardant tout autour de moi avec embarras. Ce jour-là, j'ai reçu une grande leçon. En fait, quelle raison avais-je de m'inquiéter ? J'avais beau ignorer le symbolisme lié à la branche sèche, en définitive, j'ai fait exactement ce qui était approprié à la situation. *Nimitta mātram bhava* : se considérer comme un simple instrument entre les mains d'Amma ... N'est-ce pas le meilleur moyen de passer de la mort à l'immortalité ?

***

Dans un des cours sur la *Gītā* à l'ashram, le professeur a expliqué qu'il ne se produit pas de changement extérieur quand quelqu'un réalise le Soi. Les changements sont à l'intérieur. Ici à l'ashram, depuis les grands-pères et les grands-mères jusqu'aux petits enfants, nous sommes tous en train d'éveiller notre enfant intérieur. Dans ce processus, nous sommes transformés en « enfants amṛita », les enfants immortels d'Amma, la divine Mère de l'immortelle béatitude.

C'est un processus qui ne va pas sans heurts. En suivant ce chemin, on apprend la patience. Comme un petit qui apprend à marcher, on apprend à essayer encore et encore sans se décourager afin de réussir sur la voie spirituelle, en cultivant la foi innocente qu'un bébé a en sa mère. Le cœur s'ouvre, pour que l'on puisse finalement devenir un instrument de la grâce.

Que se passe-t-il quand l'enfant intérieur s'éveille enfin ? Le corps reste le même mais le miroir nous renvoie un reflet différent... le monde nous semble totalement différent. Quand on redécouvre l'enfant intérieur, on a simplement envie de danser. On redécouvre son innocence perdue, on est heureux sans raison particulière. On devient ivre d'amour.

Pour citer les si belles paroles du poète persan Shams i Tabrizi :

> « Nous croyons que Dieu nous voit d'en haut... mais en réalité, Il nous voit de l'intérieur. »

Puisse Amma nous guider afin que nous devenions ses immortels enfants d'amour, puissions-nous tous être capables de vivre dans l'amour, de grandir en amour, pour finalement nous fondre dans cet amour.

19

Lève-toi, Ô vainqueur des ennemis

Rudran – États-Unis

Au début de la *Bhagavad Gītā*, le Seigneur Kṛiṣhṇa demande à Arjuna :

> « D'où te vient, en cette heure décisive, une faiblesse si honteuse et si méprisable chez un homme d'honneur ? Elle ne t'apportera que l'opprobre et te fermera les portes du Ciel, Ô Arjuna. Ne cède pas à la couardise comme un eunuque. Cela est indigne de toi. Partha ! Chasse de ton cœur cette poltronnerie méprisable. Lève-toi, Ô vainqueur des ennemis. » (Chapitre 2, versets 2 et 3)

Dans ces versets, le Seigneur Kṛiṣhṇa parle sans merci à Arjuna, il le traite même d'eunuque. Mais les insultes du Seigneur Kṛiṣhṇa ne sont pas gratuites. S'il insulte son disciple, c'est qu'il a un but bien défini : dissiper la confusion mentale d'Arjuna, tout faire pour le remettre sur le droit chemin.

Et c'est le sujet de ce *satsang*. Si nous avons vraiment de la chance, Dieu nous peaufine, nous secoue et nous pousse hors de notre zone de confort. Il le fait pour nous permettre d'évoluer ; c'est une expression de son amour suprême.

J'ai rencontré Amma il y a vingt-huit ans, à la retraite de Rhode Island en 1995. À l'époque, il n'y avait pas de tickets pour aller au darshan ; deux fois par jour, on pouvait faire la queue pour aller au darshan si on en ressentait le besoin intérieur.

Ce premier soir, quand je me suis finalement retrouvé devant Amma, j'ai dit : « AAAaaarrrrggghhhhhh ! »

Elle m'a regardé droit dans les yeux et a répondu exactement de la même manière. Amma est descendue à mon niveau, elle s'est mise à ma portée et a fait fidèlement écho à ma frustration existentielle. Des années plus tard, au bord de la rivière Kallai, Amma m'a donné le nom de Rudran, ce qui signifie hurlement (de furie) : c'est le nom du Seigneur Śhiva sous son aspect destructeur. Mais quand j'ai rencontré Amma lors de ce programme, je n'avais pas de nom, j'étais juste un type comme tant d'autres qui voulait réussir et devenir célèbre.

La deuxième nuit de la retraite, pendant qu'Amma méditait avec nous, un énorme ventilateur est tombé par terre. Il s'est écrasé à environ deux mètres de la plateforme où je me trouvais. J'ai tout vu parce que contrairement aux autres, je ne méditais pas. J'observais Amma comme un faucon, les yeux grand ouverts, en essayant de déterminer si elle était un vrai maître ou un imposteur. Quand le ventilateur a touché le sol avec le bruit et la force d'une bombe, tout le monde dans la salle a sursauté de peur, tout le monde sauf Amma. J'ai su à cet instant qu'elle était un vrai maître.

Le dernier matin de la retraite, Amma m'a serré dans ses bras et j'ai senti cet amour incroyable me submerger. Après le darshan, je me suis effondré contre le mur du gymnase, j'ai regardé autour de moi et j'ai ressenti de l'amour pour tous ces dévots que j'avais jugés sans arrêt pendant les trois derniers jours. Pendant environ une demi-heure, Amma m'a permis de voir avec les yeux de l'amour. Puis, je suis allé me mettre devant la photo d'Amma posée sur l'autel, plutôt que devant Amma, et j'ai prié : « Amma, tu vas me manquer énormément. » Sa voix m'a répondu clairement à l'intérieur de moi : « Ne sois pas triste, mon fils ; tu viendras me voir en Inde. » Je n'ai pas cru cette voix. Aller en Inde me paraissait impossible, aussi impossible que d'aller sur Mars ou sur le Soleil.

À l'époque, je n'avais pas compris que les paroles d'un *satguru* se réalisent toujours. Trois ans plus tard, je me suis retrouvé dans une petite barque, en train de traverser la lagune pour aller à Amritapuri. Il n'y avait pas de pont en ce temps-là. Quand la barque a quitté la berge, le temps s'est ralenti, la paix et le calme m'ont envahi. C'était comme si j'avais voyagé cent ans en arrière. Soudain, ce silence a été brisé. Une foule de gens se bousculaient partout tandis qu'un haut-parleur diffusait des *bhajans* à fond. J'ai découvert la raison de ce tumulte sur une bannière accrochée entre deux cocotiers : « Joyeux anniversaire, Amma. » J'étais arrivé le jour des quarante-cinq ans d'Amma. J'ignorais que ce fils prodigue venait juste de mettre le pied dans la demeure de son éternel guru.

***

Avant de rencontrer Amma, j'étais un dévot de Sai Bābā de Śhirdi, le grand saint du 19ème siècle. Ma citation favorite de la biographie de Bābā est significative : « Ses yeux devenaient parfois rouges, il roulait des yeux de rage. Dans ces moments-là, qui aurait osé l'approcher ? » Chaque fois que je lis la biographie de Bābā, je suis attiré par des citations de ce style : l'idée d'être assez proche du guru pour qu'il nous rabote, brise nos concepts erronés et s'attelle à la tâche de détruire l'ego, jusqu'à ce que seul demeure le Divin.

Amma le savait, bien sûr, c'est pourquoi, sous la forme d'expériences qui bousculent, elle a mis dans ma vie juste assez de *masālā* (épices) pour satisfaire ma soif de ce genre de traitement. Elle connaît chacun de nous à fond et façonne notre entraînement spirituel sur mesure afin qu'il convienne à notre tempérament individuel.

Pendant plusieurs tours de l'Inde du nord avec Amma, mon *seva* consistait à tirer les gens loin des bras d'Amma après leur darshan pour laisser la place à la personne suivante. J'ai reçu énormément de grâce en faisant ce seva. Il se trouve que j'étais l'une des personnes qui aidait à tirer les gens loin d'Amma pendant le darshan le plus long jamais donné par Amma : le programme historique de Mangalore. Le darshan a duré vingt-trois heures. Amma n'a pas fait une seule pause. Pendant une grande partie du programme, j'ai été debout sur la rampe, avec deux personnes seulement entre Amma et moi. Une fois qu'un dévot avait reçu le darshan, j'aidais à le tirer loin des bras d'Amma, je l'aidais un peu à descendre la rampe et j'essayais de lui donner le *prasad* d'Amma : un paquet de cendres bénies enroulé autour d'un bonbon. Bien souvent, le rythme était beaucoup trop rapide pour que je puisse donner le *prasad* directement, alors je le passais à la personne derrière moi, qui le passait à la personne derrière moi, etc. Sept personnes passaient ainsi le *prasad* afin de tenir le rythme du darshan d'Amma ce jour-là.

La puissance et la beauté d'Amma pendant qu'elle donnait le darshan à Mangalore sont absolument impossibles à décrire : ce sourire iridescent, ces yeux pleins de lumière, ce champ de force tangible d'amour pur. En faisant ce *seva*, j'avais la sensation d'être une partie d'Amma, une de ses mille mains.

On estime qu'il y avait ce jour-là plus de quatre-vingts mille dévots dans le stade. Il était comble. Avant le début du darshan, il y a eu un grand défilé dans toute la ville pour célébrer l'arrivée d'Amma. Bien longtemps auparavant, un sage avait prédit que les mauvais jours de Mangalore prendraient fin et que la chance reviendrait quand un *mahātmā* y viendrait en visite. Toute la ville savait qu'Amma était ce *mahātmā*.

Le darshan allait à une vitesse absolument surhumaine quand quelqu'un de l'équipe vidéo que je supervisais pendant ce tour est venu me poser une question. Je me suis montré impoli, méprisant et je l'ai disputé. Le darshan s'est arrêté.

Amma s'est tournée vers moi et m'a incendiée... complètement... c'était beau comme une série d'éclairs et de coups de tonnerre. La *brahmachāriṇī* qui était à côté d'Amma a traduit : « Amma dit que pendant que tu argumentais avec le cameraman, un vieil homme pauvre qui avait voyagé pendant deux jours pour venir voir Amma n'a pas reçu son *prasad*. Regarde dans ta main droite. » J'ai regardé. Le *prasad* du vieil homme était encore dans ma main droite. « Amma dit que tu devras endurer son karma pendant un an, un an ! Va-t-en ! » À contrecœur, je suis parti furtivement ; je suis allé m'allonger sur ma natte dans le dortoir. Impossible de dormir ; chaque cellule de mon corps était électrisée et tremblait encore de la semonce que j'avais reçue. Puis, à nouveau, le désir d'être auprès d'Amma m'a submergé, comme la limaille de fer est attirée par un aimant.

Je me suis levé, je me suis faufilé sur la rampe, j'ai repris ma place et j'ai recommencé à tirer les dévots loin d'Amma. Le darshan s'est arrêté. Amma m'a regardé avec des yeux comme des revolvers, pleins d'un feu magnifique.

Elle a crié en anglais « *One year* (un an) ! »

J'allais réellement endurer le karma de cet homme pendant un an. Et j'étais très fier qu'Amma me traite ainsi comme un proche, de pouvoir jouer ainsi à ce niveau avec le plus grand des *satgurus*. Cette petite expérience m'a enseigné énormément de choses : elle m'a montré l'amour total et la sollicitude d'Amma pour ce vieil homme ainsi que pour chacune des quatre-vingts mille âmes qui ont reçu son darshan ce jour-là. Cela m'a appris à respecter le *prasad* d'Amma comme une immense bénédiction individuelle, donnée avec un *saṅkalpa* (intention) adapté à chacun. Et bien sûr, une fois de plus, elle m'a montré que je devais être beaucoup plus attentif.

Ensuite, la chance a tourné pour moi. Je me suis retrouvé de nouveau en Amérique. Quand je regarde en arrière, je regrette de n'être pas resté, de ne pas m'être installé à Amritapuri dans les années 1990 comme l'ont fait beaucoup de mes amis. Mais je n'étais pas encore prêt. J'ai repris la vie normale, j'ai pris un emploi de professeur. Personne n'a posé de questions quand j'ai mis une photo d'Amma sur mon bureau ni en me voyant disparaître tous les matins à dix heures dans la bibliothèque pour faire ma méditation IAM (Integrated Amrita Meditation™) ni quand je suis parti pendant quatre des treize années où j'étais censé enseigner dans cette école afin d'être en Inde avec Amma.

Amma m'a accompagné pendant chaque heure de cours que j'ai donnée dans ce lycée, elle a béni mes élèves de toutes sortes de manières incroyables. Comme la plupart des dévots du monde entier, je parle intérieurement à Amma pendant la journée. Quand j'avais des problèmes avec mes collègues ou mes élèves, je demandais de l'aide à Amma, puis je regardais la magie opérer. Je vais vous raconter une de ces expériences :

Pendant la dernière année où j'ai enseigné dans ce lycée, une jeune fille, Kaleigh, est arrivée en terminale en milieu d'année. Elle appartenait à la sous-culture gothique et s'habillait tout en noir. Je voyais bien qu'elle se sentait isolée et seule. Un vendredi après-midi, elle est arrivée avant tous les autres élèves.

Je lui ai demandé : « Ça va ? »

Elle a répondu sans équivoque : « Non »

J'ai demandé : « Je peux vous faire une boisson chaude ? »

Soyons clair : ce n'est pas mon comportement habituel. Je ne suis pas aussi aimable. La pensée d'Amma m'a traversé l'esprit. Je suis allé en salle des professeurs où un de mes collègues m'a suggéré de faire une tisane de gingembre pour apaiser les nerfs de Kaleigh. Je lui ai donné la tisane et j'ai commencé mon cours.

Peu de temps après, Kaleigh s'est mise à lutter pour respirer. « Mr. D, cette tisane ne contient pas de gingembre, n'est-ce pas ? » Il s'avéra que Kaleigh avait une allergie mortelle au gingembre. Quelques joueurs de football l'ont portée jusqu'à l'infirmerie.

De ma salle de classe, j'ai appelé l'infirmière. Je lui ai demandé si Kaleigh allait bien.

« Non, elle ne va pas bien, a crié l'infirmière, elle a un choc anaphylactique. Sa gorge s'est fermée et elle ne peut pas respirer. »

Puis, le téléphone s'est tu. J'étais devant une classe pleine d'élèves, terrifié. Je me rappelle avoir sincèrement prié Amma mais en-dehors de cela, je ne me souviens pas d'un seul mot du cours que j'ai donné ce jour-là.

Pendant le weekend, j'ai appelé plusieurs fois l'infirmière mais elle ne m'a jamais rappelé. Quand je suis arrivé au lycée le lundi, j'ai aussitôt été convoqué dans son bureau. Je me suis dit : « C'est fini, la jeune fille est morte et c'est ma faute. »

Quand je suis entré dans le bureau de l'infirmière, elle m'a lancé un regard qui ne plaisantait pas. « Asseyez-vous », a-t-elle insisté. « Kaleigh a été transportée d'urgence à l'hôpital et ils ont réussi à stabiliser son état. Mais sachez bien qu'il s'en est fallu de très peu. Ne donnez plus jamais à manger ou à boire à un élève. »

Elle a ajouté plus doucement : « Son père s'est précipité à l'hôpital pour la voir. Leur relation était difficile depuis que Kaleigh avait quitté sa mère pour vivre avec lui. Mais quand le père a vu sa fille en crise à l'hôpital, son cœur s'est ouvert et il a pu dire à sa fille à quel point il l'aimait. » Amma dit que chez la plupart d'entre nous, l'amour ressemble à du miel caché au creux d'un rocher. Il faut parfois frapper un grand coup pour ouvrir le rocher. L'infirmière m'a regardé : « C'est incroyable que cela se soit terminé ainsi ; vous avez beaucoup de chance »

Je savais que ce n'était pas de la chance. Je savais que ce qui aurait dû finir en tragédie avait été transformé par la grâce d'Amma en réconciliation, en ouverture des cœurs. Au fil des mois, j'ai vu Kaleigh être plus heureuse et s'adapter. Elle s'est fait des amis. Et grâce à Amma, elle avait désormais dans sa vie l'influence bienfaisante d'un père aimant.

***

Amma est une mère aimante mais elle aime aussi jouer le rôle du père qui discipline. Pendant les années où je me suis échappé de mon travail de professeur, pendant les tours de l'Inde, j'ai pu passer plusieurs heures à chaque darshan à tirer les dévots loin de l'étreinte d'Amma. Par une grâce incroyable, chaque fois que je retournais en Inde, Amma m'avait gardé ma place. Vingt ans plus tard, les paroles paternelles d'Amma résonnent encore à mes oreilles, un vrai nectar.

« *Saipe*, (un mot usuel qui désigne un étranger) trop de force ! » C'était le refrain constant d'Amma quand je tirais les dévots loin de ses bras. Par un bel après-midi, mon incapacité à me mettre à l'unisson de l'équilibre inconcevable d'Amma entre la pure force et la douceur d'une plume a presque provoqué une catastrophe.

Comme d'habitude, Amma allait à la vitesse de l'éclair. Je faisais de mon mieux pour tirer les gens à la fois avec respect mais aussi le plus vite possible pour protéger le corps d'Amma. Un homme très gros est passé au darshan ; il pesait bien cent quatre-vingts kilos. Je l'ai ensuite tiré de toutes mes forces afin de libérer la place pour le darshan suivant.

Malheureusement, je ne voyais pas les gens que je tirais parce que le *brahmachārī* qui se trouvait devant moi était beaucoup plus grand que moi. Alors je passais mon bras à côté de lui, j'essayais d'évaluer le poids de la personne en me fiant à la taille de son bras, je tirais et je croisais les doigts. Après cet homme corpulent, j'ai attrapé le bras suivant ; il avait la même épaisseur. Cette épaisseur était due au sari de la femme : le tissu s'était enroulé sur son bras gauche. J'ai tiré avec une grande force et elle a fait un vol plané. Les rampes pour le darshan sont construites en pente assez raide, si bien que cette femme s'est retrouvée à un moment en train de planer à au moins un mètre et demi en l'air.

Bouche bée, tous ont regardé, incrédules, cette femme maigre et âgée qui volait, tel le Seigneur Hanumān quand il a franchi l'océan pour atterrir à Lanka. Comme une gymnaste accomplie, elle a atterri gracieusement, s'est retournée à 180 degrés et a fait le plus magnifique des sourires à Amma et à moi-même. Amma lui a lancé un regard radieux, m'a montré du doigt et a haussé les épaules comme pour dire : « Je m'excuse pour la faute de ce fils. » Puis, Amma a levé les bras, avec un sourire jusqu'aux oreilles, dans une prière de gratitude : un désastre avait été évité. C'est l'un de mes souvenirs les plus chers, et cette femme a été l'un de mes plus merveilleux maîtres. Elle a transformé une situation incroyablement dangereuse en une merveilleuse aventure. Si quelqu'un m'avait lancé à un mètre et demi en l'air juste après mon darshan, j'aurais été vraiment en colère. Mais cette femme était dans le moment présent, intimement en harmonie avec l'esprit de joie et de spontanéité d'Amma.

Après ce tour, je suis rentré aux États-Unis et j'ai repris ma carrière d'enseignant ; mais mon occupation de professeur allait se terminer car en 2012, pendant la tournée des États-Unis, quand je suis allé au darshan, Amma m'a pris au dépourvu en disant : « Fou que tu es, quitte ton travail et viens à Amritapuri avant la fin de cette année. » Des amis qui avaient vu ce darshan m'ont raconté que j'avais l'air d'avoir reçu un coup de pelle dans la figure.

J'étais totalement sous le choc. D'une certaine manière, j'ai suivi les instructions d'Amma. J'ai bien quitté mon emploi mais trois semaines plus tard que la date fixée par Amma. Puis, je suis allé à Śhirdi et non pas à Amritapuri, comme Amma me l'avait dit. J'ai passé trois semaines à offrir mes hommages sur la tombe de Śhirdi Sai Bābā. Si j'avais écouté Amma, j'aurais été avec elle quand elle a nagé dans le Gange pendant la fête de la Kumbha Mēla dans le nord de l'Inde. Comme je n'avais pas obéi à Amma, j'ai manqué une chance incroyable qui se présente une seule fois dans la vie. Je suis le seul à blâmer. La leçon que j'en ai tiré : il faut toujours, toujours obéir à Amma.

Amma était dans le nord de l'Inde et nageait dans le Gange ; dans ma bienheureuse ignorance, j'ai tout de même fait un séjour merveilleux à Śhirdi. Chaque matin, je récitais plusieurs *Hanumān Chālīsā*[27] devant une immense statue d'Hanumān. Je passais le reste de la journée à lire l'autobiographie de Bābā. Bābā compare à plusieurs reprises le processus de la réalisation du Soi à la dissolution d'une poupée de sel dans l'océan ; cette description s'est profondément gravée dans mon cœur.

Je suis finalement arrivé à Amritapuri vers dix-sept heures un vendredi après-midi ; on m'a dit qu'Amma méditait sur la plage. J'ai aussitôt laissé mes bagages dans le sable près du temple de Kāḷī et j'ai couru jusqu'à la plage. Quand je suis arrivé, Amma commençait la méditation.

La méditation terminée, quand Amma a ouvert les yeux, elle a tourné la tête vers moi et a dit : « À quoi sert-il de réciter plein de fois l'hymne *Hanumān Chālīsā* devant une immense statue du Seigneur Hanuman si tu ne sais même pas ce que veulent dire les paroles ? De toutes façons, réaliser le Soi, c'est faire comme une poupée de sel qui rentre dans l'océan et se dissout. »

Amma m'a accueilli à la maison en résumant en deux phrases mon séjour à Śhirdi ; elle me prouvait ainsi une fois de plus son omniscience. Et mon cœur a compris exactement ce qu'elle me disait à travers ces paroles : « *Saipe*, pourquoi es-tu allé sur

---

[27] Un hymne de dévotion dédié au Seigneur Hanumān composé par Gōswāmī Tulsīdās ; il comprend 40 versets. Prière en 40 versets = *chālīsā*

ma tombe à Śhirdi quand je suis vivante, ici et maintenant, à Amritapuri ? »

Les choses les plus proches sont parfois les plus difficiles à voir. Nous voyons Amma chaque jour. Elle plaisante avec les petits enfants d'une façon si humble, si naturelle et sans prétention que j'oublie. J'oublie qu'elle est Bhagavān (le Seigneur).

Un des *brahmachārīs* m'a dit récemment qu'Amma avait dit un jour : « J'en ai beaucoup fait voir à *saipe* (Rudran) pendant toutes ces années. » Et cela m'a rendu très heureux. Heureux d'avoir été capable de m'accrocher et de continuer ce voyage parfois pénible, parfois mouvementé et toujours sublime avec Amma. Quand les choses deviennent vraiment difficiles, elle trouve toujours un moyen de me rappeler que je dois m'accrocher. Elle me rappelle que si nous avons vraiment de la chance, Dieu nous polit, nous secoue et nous pousse hors de notre zone de confort. Elle le fait pour nous permettre d'évoluer ; c'est une expression de son amour suprême.

Amma par ta grâce, puisse la paix ressentie pendant notre méditation et nos pratiques spirituelles s'étendre à notre vie quotidienne, accompagnée de la patience et de l'humilité, du détachement et du discernement, de *śhraddhā* (la conscience vigilante) et de l'amour pur. Comme cette merveilleuse femme âgée que j'ai envoyée faire un vol plané après son darshan, puissions-nous aussi atteindre des cimes spirituelles, accueillir les situations quelles qu'elles soient comme ton *prasad* parfait, taillé sur mesure pour nous aider à évoluer.

20
L'humilité

Malathi - France

Dans le livre *Éveillez-vous, mes enfants*, Amma dit que la véritable humilité consiste à se prosterner non seulement avec le corps, mais de tout son être. Il faut sentir de tout son être que l'on n'est rien, non seulement devant le maître ou devant quelques âmes élues mais devant l'ensemble de la création. L'humilité est la seule voie vers Dieu.

Si je suis assise ici aujourd'hui aux tendres pieds de lotus d'Amma, c'est uniquement dû à sa grâce et à sa compassion infinies. Si je suis capable de dire quelques mots, je le dois à sa patience infinie et à son amour inconditionnel.

Amma incarne l'humilité, la simplicité et le sacrifice parfaits. C'est ce qui fait sa réelle beauté. Elle dit souvent : « Si nous développons au moins une qualité divine dans notre vie, toutes les autres qualités suivront. »

J'aimerais prendre pour sujet de ce *satsang* la qualité divine qu'est l'humilité.

Le Seigneur Kṛiṣhṇa dit au chapitre 6, verset 30 de la *Bhagavad Gītā* :

« Celui qui Me voit en tous les êtres et voit tous les êtres en Moi n'est pas séparé de Moi et Je ne suis pas séparé de lui. »

Un vrai dévot ne perd jamais de vue Amma ou Dieu, et Dieu ou Amma ne perd jamais de vue son enfant. Voir Dieu ou la Mère divine en toute chose et en chacun, comprendre que toutes les créatures et la création entière sont des expressions du Divin, c'est là une pratique simple qui nous mènera lentement à la liberté éternelle.

Le nom 702 du *Lalitā Sahasranāma* dit :

> *ōm sarvagāyai namaḥ*
> « Salutations à Toi, présente dans tous les mondes et dans tous les êtres (qui es omniprésente) »

Amma dit : « L'expérience du Soi rend naturellement humble dans toutes les situations. Quand on contemple Dieu en tout, l'attitude intérieure est toujours celle de l'adoration. Quand le sentiment de l'autre n'existe plus, la vie entière devient un acte d'adoration, une forme de prière, un chant de louanges. Dans cet état, rien n'est insignifiant ; tout a sa place particulière. On voit la lumière suprême briller même dans un brin d'herbe. »

Amma est venue sur terre avec la pleine conscience de sa nature réelle, océan infini de pur nectar. Elle offre sa vie entière, chacune de ses cellules et de ses respirations, comme un nectar céleste, amṛita, pour l'élévation de tous les êtres.

Le nom 99 d'Amma dans les 108 noms d'Amma est :

> *ōm śhaśhvallōka hitāchāra magna dēhēndriyāsavē namaḥ*
> « Je me prosterne devant Toi dont le corps et les sens agissent toujours pour le bien du monde. »

Amma, la Mère divine, répand sur nous la lumière immortelle de la vraie connaissance et de la sagesse réelle, afin de nous libérer des griffes de notre propre mental, des souffrances sans fin de ce monde impermanent et de l'océan du *saṁsāra*, le cycle des naissances et des morts.

Le nom 993 du *Lalitā Sahasranāma* est :

> *ōm ajñāna dhvānta dīpikāyai namaḥ*

> « Elle est la lampe brillante qui dissipe les ténèbres de l'ignorance. »

Amma dit : « La vie est un mystère. Il est impossible de la comprendre à moins de s'y abandonner car l'intellect ne peut pas appréhender sa nature vaste et infinie, son véritable sens et sa plénitude. Prosternez-vous bien bas et soyez humble ; vous connaîtrez alors le sens de la vie. »

***

Quand j'étais enfant, j'aimais courir avec vivacité autour de nos pommiers en chantant tout fort trois syllabes distinctes : TI-LA-MA. Ces trois mêmes syllabes composent le nom Mālatī qui m'a été donné par Amma trente ans plus tard.

Dans le royaume de Dieu, le temps n'existe pas ; le temps est Dieu Lui-même. Ce qui arrive maintenant était déjà écrit mais la présence d'un *mahātmā* dans notre vie peut changer notre destinée. Comment pouvons-nous alors décrire avec nos mots et notre compréhension limités l'impact d'Amma, la Mère universelle sous forme humaine, dans notre vie ?

Il nous faut faire un effort constant pour développer le discernement, la vigilance et la conscience, pour accomplir l'action juste au moment juste, avec l'attitude juste, si nous voulons atteindre notre but. C'est seulement ainsi que la grâce divine se répandra sur nous et en nous.

Quand j'avais dix ans, ma mère est allée deux fois dans le Tamil Nadu avec son ONG (organisation non-gouvernementale) pour apporter un soutien matériel à des orphelins dans quelques villages très pauvres. J'ai décidé de donner la somme modique que je recevais chaque dimanche comme argent de poche à ces enfants pauvres.

J'avais quatorze ans quand mes parents ont choisi de mener une vie plus simple, plus proche de la nature. J'ai donc dû quitter l'école et la vie que je menais en Belgique pour aller vivre avec ma mère et mon frère dans le sud de la France. Ce déménagement a aussi permis à ma mère d'aider mon frère aîné à créer une ferme biologique.

En France, j'ai commencé à prendre des cours de yoga ; j'étais très intéressée par la méditation et j'ai été initiée à la méditation transcendantale (MT) de Maharishi Mahesh Yogi. J'ai passé beaucoup de temps dans un petit centre de méditation MT. J'écoutais des *satsangs* et des récits qui parlaient des yogis et des sages de l'Inde. J'ai rencontré un musicien au centre de MT et je me suis mariée très jeune.

Je suis devenue mère mais même ensuite, la spiritualité est restée au centre de ma vie quotidienne. Je consacrais mon temps libre à méditer et à lire des livres sur la spiritualité, sur des saints et des sages de toutes les traditions. Je faisais aussi partie d'un petit groupe de prière. Nous passions du temps en silence dans les monastères, nous avons visité de nombreux lieux saints où de grandes âmes avaient vécu des vies bénies, dans le silence.

Nous menions une vie très simple dans un petit hameau, au pied des Pyrénées, près de Lourdes. C'est à Lourdes qu'en 1858 une belle jeune femme, habillée de blanc immaculé et tenant un rosaire à la main droite, une rose jaune sur chaque pied, est apparue dans une petite grotte à une enfant illettrée de quatorze ans. Elle est apparue en tout dix-huit fois à cette jeune fille et lui a donné un message de prière et de sacrifice pour le monde. Après les apparitions, une fontaine miraculeuse d'eau pure et sacrée a jailli dans cette même grotte. Elle coule aujourd'hui encore en abondance et des milliers de gens viennent du monde entier prendre cette eau considérée comme sacrée.

Dans cette atmosphère paisible, imprégnée de la présence subtile de la Mère bien-aimée de l'univers, j'ai un jour prié en me languissant, avec un désir profond dans mon cœur. Sur un bout de papier, j'ai écrit : « Dans cette vie, je veux te voir, je veux te toucher, je veux que tu répondes à toutes mes questions. » J'ai prié et j'ai pleuré ; je désirais rencontrer la personne qui me guiderait. J'ai pensé : « Où sont tous les saints et les sages ? Ont-ils tous disparu ? Est-ce qu'il n'en reste aucun aujourd'hui sur cette terre ? »

Puis, j'ai fait un rêve très vivant, comme une vision. Je marchais dans une prairie pleine de fleurs multicolores quand j'ai vu devant cette prairie odorante une belle statue de la Mère divine toute vêtue de blanc. Quand elle m'a vue, elle est devenue vivante. Elle m'a souri et a avancé lentement vers moi, les bras grand ouverts. J'ai moi aussi marché vers elle. Quand nous nous sommes rencontrées, elle m'a prise tendrement dans ses bras divins et a doucement appuyé son visage divin contre le mien... je suis devenue sienne...

Peu après ce rêve, j'ai entendu parler d'Amma, une sainte vivante du Kerala. Quelqu'un nous a donné la biographie d'Amma, le livre d'*archana*, des cassettes de *bhajans* d'Amma et une photo d'Amma qui souriait. J'ai rencontré Amma physiquement pour la première fois en 1992, dans le sud de la France, dans un lieu entouré de la beauté de la nature. Tout était si simple, si clair, j'avais trouvé ma Mère divine ! Maintenant, je ne l'abandonnerai jamais, elle me donnera tout ce dont j'ai besoin pour terminer ma quête et elle ne m'abandonnera jamais !

Mes quatre filles étaient avec moi quand j'ai reçu mon premier darshan. Après cette étreinte divine, je me suis assise sous un arbre et j'ai pleuré, j'ai pleuré... J'ai pensé : « Comment puis-je continuer à vivre dans le monde maintenant que j'ai trouvé ma Mère ? » Alors j'ai demandé à Amma : « Puis-je venir vivre avec toi dans ton ashram ? » Amma m'a regardée profondément, avec beaucoup de sollicitude et de compassion. Elle m'a posé quelques questions pratiques, puis elle a dit : « Viens et décide. »

Il s'est avéré que pendant de nombreuses années, nous n'avons pu voir Amma physiquement qu'une fois par an, dans le sud de la France, pendant sa visite de trois jours ; nous recevions souvent deux darshans par jour. Il n'y avait pas de tickets de darshan à l'époque. Nous faisions la queue tranquillement assis dans l'herbe car le programme avait lieu dehors, sous une immense tente. Pendant les *bhajans*, le soir, nous pouvions voir derrière Amma le ciel bleu sombre, rempli d'étoiles qui savouraient elles aussi cette nuit enchanteresse. Après le *Dēvī Bhāva*, un orage venait rafraîchir toute l'atmosphère ; toute la nature baignait dans l'énergie divine d'Amma et respirait la béatitude. Amma m'a donné un mantra. Je le répétais sans cesse et les noms et les formes divines que je connaissais auparavant se sont joyeusement fondus dans l'unité.

***

Avec la bénédiction d'Amma, nous avons formé un petit groupe de *satsang* chez nous. Nous nous sommes retrouvés toutes les deux semaines pendant quinze ans. Suivant les instructions d'Amma, nous commencions le *satsang* par une vidéo d'Amma, puis nous méditions, ensuite nous lisions quelques pages d'un des livres *Éveillez-vous, mes enfants*, chantions quelques *bhajans* et finissions avec l'*ārati*, les prières de clôture et le partage du *prasad*.

En 2000, un couple de dévots m'a offert de m'emmener voir Amma en Belgique. Le voyage a duré deux jours. J'étais si émue que je n'ai rien pu manger avant d'aller au programme. Quand nous sommes arrivés, je me suis assise en présence d'Amma ; je ne pouvais pas la quitter des yeux. Amma a fait un geste dans ma direction... va manger... elle sait.

Ce jour-là, avec un amour et une tendresse infinis, Amma m'a donné mon nom, Mālatī. Le sens spirituel de ce nom est : « Au-delà du chagrin ». Là encore, j'ai pleuré, pleuré ... C'était une nouvelle naissance et elle s'est produite à cinq kilomètres du lieu de ma naissance physique. La véritable naissance se produit quand on réalise sa vraie nature, quand on réalise que l'on n'est jamais né et que l'on ne mourra jamais. C'est alors seulement que toutes nos souffrances disparaîtront. Dans le *bhajan Rāga vairikaḷ nīṅgiḍum*, Amma chante : « Quand le mental se fond en Mère, celle qui dissipe toutes les souffrances, alors tous les ennemis (sous la forme des désirs) s'évanouissent, les chagrins et les peines disparaissent. Les ombres ténébreuses qui pèsent sur le cœur se dissipent alors et on demeure dans la vérité. Ô Incarnation de la Conscience, puissent mes pensées se calmer à jamais. Mettras-Tu fin à mes peines ? Me libéreras-Tu du sentiment d'être séparée de Toi ? Alors le but de ma vie sera accompli. Ô Mère, Toi seule apporte la béatitude à mon être. »

Je me rappelle la profonde impression que cela m'a fait quand j'ai posé le pied sur le sol sacré de l'Inde, la Mère du *Sanātana dharma*. Je pouvais enfin respirer profondément. Je me suis sentie chez moi. C'était en juillet 2001 et j'ai passé trois semaines à l'ashram d'Amritapuri. Quand je suis arrivée à l'ashram, le lieu le plus sacré sur cette terre, quelqu'un m'a dit qu'Amma donnait le darshan dans le temple de Kāḷī et que je devais y aller immédiatement. Je suis entrée dans le temple bondé. J'étais extrêmement fatiguée après deux longs jours de voyage sans sommeil. Soudain, j'ai été assaillie par une vague de doutes : « Il y a tant de monde ici... Je ne vais rien comprendre ... Amma me connaît-elle réellement ?... Est-elle ma Mère ? » Je suis arrivée près d'Amma avec ce mental obscurci, anxieux. Elle m'a regardée droit dans les yeux, m'a prise gentiment par les épaules et s'est mise à me secouer doucement en me disant avec force : « Ma fille, ma fille, ma fille...Ok ? » Aussitôt, mon mental est devenu calme et les sombres nuages du doute se sont dispersés ... Je suis sa fille, il n'y a plus de place pour le moindre doute.

Le mardi suivant, j'ai fait la queue pour le *prasād*[28]. J'étais en train de vivre une purification émotionnelle et j'avais très peu d'appétit. Quand je suis arrivée à Amma, elle est allée chercher derrière elle une assiette moins pleine, prévue pour les enfants et m'a prouvé ainsi qu'elle savait exactement ce dont j'avais besoin. Plusieurs fois, Amma m'a ainsi clairement montré son omniscience. Elle sait tout, elle voit aussi notre passé et notre avenir.

Un après-midi, je flottais dans la piscine tout en contemplant les nuages blancs toujours en mouvement au-dessus de moi. Je pensais dans mon cœur à quel point j'aimerais, au moins une fois, être dans la piscine avec Amma ...

Avec ce profond désir dans le cœur, je m'apprêtais à partir quand j'ai entendu un énorme tumulte ; quelqu'un a dit : « Amma arrive ! » Mon petit rêve s'est réalisé et j'ai eu le grand plaisir qu'Amma me pousse dans la piscine et dans les eaux rafraîchissantes de sa délicieuse présence.

***

Quand je suis rentrée en France, je me suis mise à lire la version du *Rāmāyaṇa* écrite par Valmīki ; c'est une des grandes épopées de l'Inde. J'ai apprécié la beauté de chacun de ses vers et j'ai découvert le noble principe spirituel que l'on appelle le *dharma* : la loi éternelle et très subtile qui soutient l'harmonie de l'univers

[28] Le mardi à l'ashram, Amma réserve traditionnellement une demi-journée aux résidents. Au moment du déjeuner, Amma fait passer des assiettes de nourriture qui deviennent du *prasad* quand elle les touche.

entier. Pour vivre en harmonie avec elle, il nous faut renoncer à l'attraction et à la répulsion, renoncer aux pensées, aux paroles et aux actions qui jaillissent de l'ego, apprendre à servir tous les êtres et à partager avec altruisme. Amma nous donne l'exemple idéal du *dharma* ; sa vie entière est l'expression parfaite de l'amour inconditionnel et de la compassion en action.

Avec la bénédiction d'Amma, j'ai commencé à travailler avec les personnes âgées à domicile, à prendre soin d'elles et à m'occuper de leurs besoins. En conduisant, je récitais souvent l'*archana* tout en écoutant l'enregistrement fait par Swāmījī (Swāmī Amṛitaswarūpānanda), et mes larmes coulaient en abondance... Seule Amma sait comment j'arrivais à destination et accomplissais les tâches qui m'étaient confiées. Je faisais aussi la méditation IAM (Integrated Amrita Meditation™) chez moi tous les soirs.

« C'est une erreur de penser que ceux que nous aimons nous aimeront toujours en retour ; en vérité, nous sommes toujours seuls. » Cette affirmation d'Amma confirme ma propre expérience. Dans les moments les plus difficiles, on prend conscience que l'on est toujours seul. On rêve d'un compagnon éternel, fidèle, que l'on cherche généralement désespérément à l'extérieur, alors que ce compagnon nous attend tout le temps patiemment à l'intérieur. La Mère divine est le vaste océan de béatitude et nous en sommes les vagues infinies. Quand on oublie l'identification si limitée au corps-mental, on se fond dans le rayonnement de béatitude qui est notre vraie nature, notre Soi réel. Amma dit : « L'humilité est la porte qu'il faut franchir pour être un vrai disciple et le maître lui-même donne toujours l'exemple parfait de l'humilité. »

En 2004 et en 2008, je suis revenue à Amritapuri avec mes filles. Comme j'avais participé pendant de nombreuses années au *seva* qui consistait à fabriquer des guirlandes de fleurs pour le programme d'Amma à Toulon, en 2009, les organisateurs locaux m'ont offert la grande chance de faire la *pāda pūjā*, le rituel d'adoration des pieds d'Amma. J'ai pu adorer ses doux pieds sacrés. Je me suis ensuite assise quelque part et j'ai observé : mon mental était parfaitement calme et tranquille.

Amma dit : « L'humilité, c'est accepter la volonté de Dieu. L'humilité c'est l'abandon de soi, abandonner sa volonté à la volonté de Dieu. Alors seulement, on peut être humble, parce qu'on voit que tout ce qui arrive dans la vie, que ce soit un bonheur ou un malheur, est Sa volonté. Dans cet état, toutes les réactions disparaissent. Il n'y a plus de réactions, seulement l'acceptation. On peut donc considérer que l'humilité, c'est l'acceptation totale. »

J'ai ouvert mon cœur à Amma ; je lui ai dit que j'étais seule dans mon voyage spirituel. J'étais certes mariée mais nos vies n'allaient pas dans la même direction. Amma m'a dit qu'elle en avait conscience et a ajouté : « Dans le bateau qui permet de traverser l'océan du *saṁsāra*, tu es seule. » Puis elle a dit : « Si tu souffres trop, tu dois prendre une décision. »

En 2011, j'ai divorcé avec la grâce d'Amma pour seul soutien. En décembre de cette même année, j'ai passé quelques semaines à Amritapuri. Avant ma venue en Inde, mon genou droit me faisait beaucoup souffrir. Le climat chaud et humide de l'Inde a aggravé les choses, au point qu'il m'était même difficile de marcher. J'étais désemparée parce que je ne pouvais pas me prosterner physiquement devant Amma. Mais intérieurement, je ne cessais de me prosterner et mon cœur était plein de gratitude et de détermination. Avant de repartir pour la France, j'ai parlé de mon genou à Amma et je lui ai demandé si je pouvais venir vivre à l'ashram en tant que renonçante. Elle a répondu : « Suis les instructions du docteur et reviens bientôt. »

Je me suis fait opérer du genou et j'ai été immobilisée quelques semaines. Comme je ne pouvais pas beaucoup bouger, j'ai passé mon temps à lire une traduction française du *Bhāgavata Purāṇa*[29]. Plongée dans la lecture des jeux divins *(līlas)* de Kṛiṣhṇa, mes pensées allaient spontanément vers Amritapuri et je me remémorais les précieuses paroles qu'Amma m'avait dites avant mon départ : « Reviens bientôt. »

Pour gagner de l'argent, j'ai travaillé pendant neuf mois comme soignante pour une personne sévèrement handicapée. Par la grâce infinie d'Amma, toutes mes filles avaient entre-temps terminé leurs études et travaillaient. Je suis donc venue vivre à l'ashram d'Amritapuri en 2013.

En marchant vers la sortie de l'aéroport de Kochi, j'ai vu soudain un des swamis d'Amma ; il tenait une belle guirlande de fleurs fraîches. Quelques minutes plus tard Amma, rayonnante comme la pleine lune de l'amour pur et de la sagesse parfaite, arrivait devant nous ! Amma et moi étions arrivées à l'aéroport en même temps. Le lendemain, c'était *Guru Pūrṇima.* Aurais-je pu rêver d'un moment plus propice pour arriver à l'ashram ?

***

La veille du Nouvel An 2013, j'ai eu la chance rare de rester assise toute la nuit derrière la chaise d'Amma pendant qu'elle donnait le darshan. Cette même nuit, mon père a quitté ce monde. Quelques mois plus tôt, j'avais appris qu'il avait le cancer. Avant de partir pour Amritapuri, j'avais écrit une lettre à mes parents en leur expliquant mes décisions et en leur exprimant mon respect sincère, ma gratitude et mon amour. Pendant toutes ces années, j'avais essayé de faire ressentir à tous les membres de ma famille la douceur d'Amma, le centre de ma

[29] Ouvrage ancien qui fait partie des Écritures et raconte surtout la vie du Seigneur Kṛiṣhṇa.

vie. En tant que catholiques, je pensais qu'ils comprendraient mais la réalité, c'est qu'ils ne pouvaient pas accepter Amma et ils n'ont jamais manifesté le moindre désir de la voir ni même la moindre curiosité.

Quand l'ego et le mental se fondent dans le centre spirituel que l'on appelle le cœur, on peut voir et sentir la présence de Dieu dans sa propre création et reconnaître ses messagers divins. L'amour et la compassion d'Amma créent l'atmosphère la plus favorable pour que nos cœurs s'épanouissent.

Amma dit : « Le but même de la vie spirituelle, c'est de devenir humble. »

La présence physique d'Amma crée le climat le plus favorable à notre progrès spirituel. Sa voix, son contact, sa forme nous aident à nous reconnecter à notre origine divine.

Pendant les huit dernières années à Amritapuri, mon *seva* m'a donné l'occasion d'avoir beaucoup de contacts avec les autres. J'ai beaucoup de gratitude pour cela. Mon anglais était très limité au début, j'ai donc aussi beaucoup appris sur l'art subtil de la communication et sur la manière de me comporter avec plus de maturité émotionnelle dans mes interactions. Chaque personne est un miroir parfait et reflète fidèlement notre être. Si nous pouvons totalement accepter chaque situation comme le *prasad* d'Amma, cette attitude d'acceptation nettoiera peu à peu notre mental de toutes les idées fausses et de toutes les incompréhensions.

Le processus de la purification intérieure est l'opération chirurgicale ultime.

Amma, le divin chirurgien, nous opère tous en toute sécurité afin de nous ramener à notre état original d'innocence et de pureté intérieure. Quand le parfum divin de l'humilité s'élève dans le jardin de notre cœur, les fleurs de l'acceptation, de la patience, du pardon, du détachement, de l'amour pur et de la force intérieure s'épanouissent.

Puisse la joie éternelle remplir nos cœurs
Puisse l'harmonie divine remplir nos vies
Puissions-nous devenir des fleurs blanches de la paix à ses pieds de lotus.

21

Amma, le guide, la voie et le but

Sahaja – France

Il était une fois, dans le Tamil Nadu, un homme très pieux appelé Pūsalar. C'était un grand dévot du Seigneur Śhiva. Il désirait intensément construire un temple mais il n'en avait pas les moyens, même en demandant une aide à la ville. Alors un jour, il édifia les fondations d'un temple imaginaire dans son cœur. Il observa tous les rites traditionnels de la construction des temples et purifia le terrain. Chaque jour, il ajoutait quelques pierres à l'édifice du temple. Au bout de plusieurs années, le temple dans son cœur fut finalement achevé et il invita le Seigneur Śhiva à l'inauguration.

Au même moment, le puissant roi Rājasimha avait lui aussi terminé la construction d'un temple majestueux dédié au Seigneur Śhiva à Kāñchīpuram. Le roi pria le Seigneur Śhiva de venir à l'inauguration de son temple. Le Seigneur Śhiva le visita en rêve et lui dit : « Je suis désolé, j'inaugure un autre temple ce jour-là. Je serai présent à l'inauguration du temple de Pūsalar ; Je ne suis donc pas libre. »

Le lendemain matin, le roi se rappela son rêve. Furieux, il fulminait : « Comment ce temple peut-il être plus important que le temple édifié par le roi ? » Il partit à la recherche du temple de Pūsalar mais il ne le trouva nulle part. Il rencontra finalement quelqu'un qui lui dit que dans une très vieille hutte, vivait un pauvre homme du nom de Pūsalar. Il ajouta : « Je serais très surpris si un homme aussi pauvre avait trouvé les fonds nécessaires à la construction d'un temple. » Le roi trouva la hutte du pauvre homme et entendit une cloche sonner à l'intérieur. Il entra et ne vit qu'un homme pauvre, vêtu d'un vieux *dhōti* (un tissu que les hommes nouent autour de la taille). Il était profondément absorbé dans la prière. Le son des cloches devint de plus en plus fort à mesure que le roi se rapprochait de Pūsalar. Il mit finalement l'oreille contre la poitrine de Pūsalar et entendit les cloches du temple qui sonnaient à l'intérieur de son cœur. L'inauguration du temple avait commencé et le roi comprit que le Seigneur Śhiva avait choisi le temple dans le cœur du dévot sincère plutôt que son temple à lui, extérieur ! Le lieu de séjour favori du Seigneur est un cœur innocent. Comme Pūsalar, faisons de notre cœur un temple dédié aux pieds de lotus d'Amma.

Comme on ne peut pas constamment garder Amma dans ses pensées, on peut se régler sur sa fréquence grâce à l'introspection : Amma serait-elle contente de mes actions ? De mes paroles ? De mes pensées ? Ainsi, que nous soyons près ou loin d'Amma, nous pouvons rester en harmonie avec elle. Puissions-nous utiliser des occasions comme ce confinement dû au Covid-19 pour ouvrir notre cœur et nous mettre sur la fréquence de la mélodie éternelle de la sagesse et de la grâce infinies d'Amma.

Quand je suis arrivée à l'ashram, je n'avais pas développé la capacité de me mettre intérieurement sur la fréquence d'Amma. Je ne voulais pas quitter Amma un seul jour, ni même une seule heure. Comme au début de sa vie un bébé n'est jamais séparé de sa mère, je pensais que j'avais besoin d'être avec elle à chaque instant. J'aurais voulu me transformer en petite souris et suivre Amma partout, y compris dans sa chambre. Je voulais me cacher derrière les meubles et observer chacun de ses gestes quand elle recevait des gens, parlait au téléphone, mangeait, parlait à son assistante, dormait, etc.

Je pensais aussi que si elle m'accordait cette faveur, je serais éternellement comblée et que cela suffirait pour que j'atteigne *mōkṣha*, la libération. Dans le cours sur les Écritures, j'ai appris que l'on atteint *mōkṣha* en se réglant intérieurement sur la fréquence du guru. Mais j'avais eu beau entendre cet enseignement, je m'accrochais encore à la croyance que j'avais besoin d'être très proche physiquement. Quelques années plus tard, je me suis rendu compte qu'Amma avait exaucé mon souhait d'être sa petite souris, mais pas comme je m'y attendais. En de nombreuses occasions, j'ai pu avoir un aperçu de la grandeur d'Amma et de sa nature divine. Elle m'a, par exemple, donné la chance d'aider à organiser l'*ārati*[30] fait par les dévots pendant le tour d'Europe.

Chaque expérience que nous faisons auprès de notre Amma bien-aimée a de la douceur. Il est doux de courir derrière elle, il est doux de la voir rire, de voir son tendre sourire, et la douceur de ses mains est incomparable... Tout en Amma est doux. Elle est *chitta chōra*, celle qui dérobe les cœurs. Comme le Seigneur Kṛiṣhṇa qui volait le beurre et en même temps, dérobait le cœur des *gōpīs*, Amma utilise différentes techniques pour dérober le cœur de ses enfants. Amma, comme Kāmadhēnu, la vache qui exauce tous les désirs, a comblé mon souhait d'être physiquement proche d'elle. Puis, elle s'est assurée que je me tourne vers l'intérieur en me donnant les instructions suivantes : passer plus de temps à méditer, à étudier les Écritures, tenir un journal et écrire des *bhajans* comme une forme de *sādhanā*. Amma m'a dit : « Le mental est comme de l'eau, il coule naturellement vers le bas. Grâce au feu de la *sādhanā*, l'eau (le mental) s'élève vers le haut et se dissout en s'évaporant. »

[30] L'*ārati* est un rituel traditionnel qui consiste à décrire des cercles avec une lampe allumée devant le guru ou la déité. Ce rituel a généralement lieu vers la fin de la *pūjā* ou de l'adoration. Lors de certains programmes, de nombreux dévots se relayent pour offrir la flamme à Amma pendant qu'elle répand sur eux une pluie de pétales et que l'on chante l'*ārati*.

***

J'ai énormément appris en voyageant avec Amma pendant ses tournées au cours de la dernière décennie. Ces tournées m'ont enseigné une leçon que l'on peut résumer par cette phrase : accepte la situation ou bien souffre. Quand il s'agit de résister à la volonté d'Amma, je me suis parfois montrée experte. Souvent, mon acceptation n'était qu'une demi-acceptation : le corps obéissait mais le mental protestait. Ce n'est pas ainsi que l'on trouve la paix. J'ai appris par l'expérience que quand j'accepte totalement, les situations difficiles peuvent devenir joyeuses.

Par sollicitude pour ses enfants, Amma avait demandé pendant un tour de l'Inde à ce que chaque bus soit équipé de toilettes portables pour les cas d'urgence. Au cours d'un voyage entre deux villes, les toilettes portables avaient été utilisées. Nous étions toutes totalement dégoûtées ! Les personnes assises devant les faisaient passer vers l'arrière du bus puis inversement ; elles faisaient donc des allers-retours entre l'avant et l'arrière.

J'étais assise vers le milieu du bus et pour finir, les toilettes portables ont atterri dans le couloir entre moi et une autre femme. Nous sommes toutes les deux arrivées à la conclusion suivante : « Il est inutile de pousser les toilettes vers d'autres puisqu'il faut bien que quelqu'un en supporte la proximité et qu'en les déplaçant, on risque qu'elles débordent par accident. »

Elles sont donc restées entre nous deux. Ma voisine maintenait le couvercle fermé pour que le contenu ne se répande pas s'il y avait un dos d'âne sur la route. Au début, nous n'étions pas très heureuses mais quand nous avons compris que nous ne pouvions pas changer la situation, nous en avons plaisanté. Nous imaginions Amma en train de rire aux éclats de la situation. Nous avons découvert qu'en étant obligées d'appuyer sur le couvercle, nous avions trouvé un bon accoudoir. Le reste du voyage nous a semblé plus rapide, grâce aux plaisanteries et aux rires que nous échangions. Cette situation en apparence difficile s'est avérée un divertissement pour nous toutes et nous a aidées à nous souvenir d'Amma.

Nous avons le choix à chaque instant : accepter ou souffrir... Quand on ne peut pas changer une situation, soit on la considère comme une malédiction et on souffre, soit on l'accepte et on en tire le maximum. L'acceptation peut rendre notre voyage agréable, même dans des situations extrêmes. L'acceptation mène à la libération.

Dans la *Bhagavad Gītā*, le Seigneur Kṛiṣhṇa dit au chapitre 18, verset 62 :

> *tam ēva śharaṇaṁ gachchha sarva-bhāvēna bhārata*
> *tat-prasādāt parāṁ śhāntiṁ sthānaṁ prāpsyasi śhāśhvatam*
> « Prends refuge en Lui seul, de tout ton être, Ô Bhārata (Arjuna). Par Sa grâce, Tu trouveras la Paix ultime et la demeure éternelle. »

Le Seigneur Kṛiṣhṇa a conseillé à son dévot Arjuna de s'abandonner exclusivement à Lui. Amma va plus loin. Comme Kṛiṣhṇa, elle nous conseille de suivre les principes de la spiritualité et de plus, comme un metteur en scène divin, elle crée des situations qui sont des occasions de mettre en pratique ces principes. Ce sont des tests qui permettent d'évaluer nos progrès. Puis, si nous échouons au test, elle nous console et nous étreint pour nous redonner du courage. Nous apprenons que dans le monde d'Amma, tout est une bénédiction, même si nous ne pouvons pas toujours le voir ainsi. Tout est la grâce de Dieu. Tout peut nous servir de tremplin pour progresser, chaque chute est une occasion de se relever et de se remettre debout avec plus de fermeté. Comme le dit Amma, on ne critique pas les vagues parce qu'elles sont grandes ou petites. Nous savons qu'elles sont imprévisibles. Certaines sont insignifiantes ; d'autres vont nous mouiller. On les accepte telles qu'elles sont et si la mer est agitée, on ne s'en approche pas trop. Ainsi, les vagues de la vie sont parfois grandes, parfois petites. Elles sont comme elles sont et c'est seulement en les acceptant que l'on peut se mettre en harmonie avec le flot de la vie, avec le Divin.

Quand j'avais du chagrin, si je n'étais pas avec Amma, j'allais confier mes peines à l'océan pour m'en décharger. Mais ensuite, je me sentais coupable, je pensais : « Suis-je infidèle à Amma ? »

Plus tard, alors que je posais à Amma une question complètement différente, elle m'a dit : « Amma est l'océan, Amma n'est pas une piscine. Il faut plonger dedans ! » Elle a fait un geste de la main pour me montrer comment plonger dans Amma. Elle m'a encouragée à utiliser l'adoration de sa forme comme un moyen de réaliser son aspect immense et sans forme. Elle m'a aussi montré qu'elle n'est pas différente de Mère Nature et a encouragé mon désir de protéger notre Terre Mère et d'en prendre soin.

Amma m'a donné la chance de travailler dans le jardin avec quelques-uns des petits enfants de l'ashram. Il y a maintenant quelques années que je jardine avec eux et il est vraiment merveilleux de les voir dans la nature. J'apprends beaucoup de leur innocence. Certains enfants sont tellement reliés à la nature qu'ils sont capables d'écouter les arbres ; ils me disent ce dont l'arbre a besoin rien qu'en les embrassant. Un enfant disait : « Cet arbre a besoin de plus d'espace... ou de plus d'eau... » Et ce que l'enfant disait était vrai. Nous avons tous ce lien profond avec la nature, avec Dieu et avec l'univers entier.

Amma est le guide, la voie et le but. Elle est la force qui nous permet de rester sur la voie. Nous n'accomplissons rien ; c'est elle qui fait tout. Nous l'oublions et nous nous comportons littéralement comme des voleurs en nous mentant à nous-mêmes et en pensant : « J'ai fait ceci. » La grande Mère de l'univers,

Jagadamba, doit rire en voyant ses petites marionnettes bouger et déclarer qu'elles réalisent de grandes choses alors qu'en réalité, c'est elle qui tire les ficelles de ces marionnettes.

Pendant un cours sur les Écritures, notre professeur a dit : « Celui ou celle qui est attaché à ses actions sera perturbé par des pensées concernant le résultat de ces actions dans les moments où il s'assied pour méditer. » Cela m'arrivait souvent. Pour y remédier, je me suis efforcée d'abandonner mon attachement aux résultats de mon *seva* aux pieds de notre Amma bien-aimée. Je me visualisais en train de mettre tout mon *seva* dans une boîte. Puis, je la fermais bien avec une ficelle et je l'offrais aux pieds de lotus d'Amma.

Combien de vies avons-nous passées à faire des actions et à en attendre les fruits ? Cette attitude est profondément gravée en nous. Si nous accomplissons une petite action, nous en attendons un petit fruit, gros comme un citron. Si l'action est importante, nous attendons un gros fruit, peut-être une mangue ou même une papaye. En tant que chercheurs spirituels, nous voulons nous libérer du cycle des naissances et des morts. Pour cela, il nous faut abandonner le fruit de nos actions, cesser d'attendre le citron d'un « Merci », la fraise d'un sourire, le kiwi de la réussite ou même une papaye : voir les choses se dérouler comme nous nous y attendions. Amma, le *jagadguru* (guru universel) qui observe toutes les actions de ses enfants, fournit à chacun de nous un entraînement personnalisé pour nous détacher des fruits de l'action. Au départ, c'est peut-être douloureux. Mais rappelons-nous pourquoi nous avons choisi la voie de la spiritualité, soyons conscients qu'Amma veille sur nous avec un regard plein de compassion. Cela nous aidera à surmonter toutes les difficultés et à apprendre les plus précieuses leçons de la vie. Ces leçons nous permettront finalement de nous fondre en Amma. Pendant combien de vies avons-nous attendu cette chance ? Il y a presque huit milliards d'humains actuellement sur la Terre mais combien connaissent le véritable but de la vie ? Combien ont une Mère omnisciente pour leur dire comment le trouver ? Nous avons tant de chance d'avoir trouvé la Mère divine dans cette vie. Nous buvons chaque jour sa sagesse, comme d'heureux bébés qui boivent le lait maternel.

Voilà comment je suis arrivée auprès d'Amma :

Quand j'avais neuf ou dix ans, nous passions l'été dans la maison de campagne de mes parents en France. Je dormais sous les étoiles et je leur parlais du sens de la vie ; je leur demandais si Dieu existait ou non... Je viens d'une famille religieuse et traditionnelle mais mes parents s'étaient rebellés contre leur religion. Alors, la question de l'existence de Dieu est restée sans réponse pour mon mental d'enfant.

J'ai un jour éprouvé le besoin de dessiner quelque chose. J'ai dessiné une forme ronde assise en tailleur : une mère tenant son enfant dans ses bras. Cet été-là, j'ai refait ce dessin d'innombrables fois. J'ai demandé à ma mère : « Est-ce que tu connais quelqu'un qui ressemble à ce dessin ? Je veux savoir qui c'est. » Ma mère m'a fait entrer dans la maison et m'a montré une femme africaine avec son bébé dans les bras. J'ai dit : « Non, je ne pense pas que c'est elle. ». Puis elle m'a montré la statue de la Vierge Marie qui se trouvait dans notre salon. Je n'étais pas non plus totalement convaincue que c'était elle. Bien des années plus tard, j'ai réalisé que la forme que je dessinais était Amma, tenant un petit enfant dans ses bras. La rondeur des lignes indiquait les qualités de notre Amma bien-aimée qui nous enveloppe de son amour. J'ai dessiné cette forme encore et encore pendant ma jeunesse, sans jamais avoir entendu parler d'Amma. Elle m'appelait de l'intérieur, j'aspirais à la trouver, je me demandais où je pourrais la trouver sur cette terre.

Plus tard, j'ai entendu dire que pendant le premier tour du monde, Amma avait déclaré qu'elle avait décidé d'aller en tour parce qu'elle entendait l'appel de ses enfants du monde entier. Cela m'a beaucoup touchée. Oui, je l'appelais, je désirais intensément être nourrie spirituellement par la Mère de l'univers. En réalité, c'était elle qui lançait cet appel vers moi, à travers moi.

En 2008, j'ai terminé mes études universitaires ; j'avais tout ce que désirent la plupart des gens mais je n'avais pas trouvé le bonheur. J'ai compris que j'avais besoin d'un guru pour m'expliquer le sens profond de la vie, pourquoi le bonheur permanent semblait un mirage. J'ai pris l'avion pour l'Inde et j'ai séjourné dans différents ashrams du Tamil Nadu. Dans un de ces ashrams, quelqu'un m'a dit : « Va à Amritapuri pour rencontrer Amma. Elle est la Mère divine. Elle est merveilleuse ! Tu ne seras pas déçue. »

Je suis arrivée à Amritapuri pendant les fêtes de l'anniversaire d'Amma. J'ai reçu mon premier darshan. Il y avait tant de monde que l'étreinte a duré moins de deux secondes. J'ai eu l'impression de recevoir une décharge électrique et de me reconnecter profondément à la Mère que je n'avais pas vue depuis longtemps. Je me suis rendu compte qu'elle était la forme que j'avais dessinée enfant. J'étais enfin arrivée jusqu'à elle. L'enfant avec la mère ; la mère avec l'enfant. Même l'image de la mère et de l'enfant semble trop limitée pour décrire notre lien éternel avec Amma. Amma est à l'intérieur de nous et nous sommes à l'intérieur d'elle. Elle est nous et nous sommes elle. Nous sommes liés dans l'unité, dans un amour unique et infini.

Dans les *Bhakti Sūtras* (un texte des Écritures qui traite de la dévotion) le sage Nārada dit : « Il n'existe pas de séparation entre Dieu et ses dévots. »

Le lien unique que nous avons avec Amma est en réalité le lien que nous avons avec l'ensemble de la création, un lien d'amour infini, inconditionnel, prēma.

Le Seigneur Kṛiṣhṇa dit au chapitre 9, verset 6 de la *Bhagavad Gītā* :

> « Comme le vent puissant qui souffle partout mais réside toujours dans l'éther, comprends que toutes les créatures sont en moi. »

La multiplicité n'existe pas, seul l'Un existe. L'unité n'est pas seulement ce que les *ṛiṣhis* (sages) ont perçu il y a bien longtemps ; c'est la vérité, et elle est uniquement voilée par nos egos. Amma s'est attelée à la tâche de faire fondre nos egos grâce à son amour. La multiplicité n'existe pas. Seul l'Un(e) existe. Il/Elle est partout.

Puisse la lumière de cette connaissance se lever en nous comme le Soleil.

Puissions-nous abandonner toutes nos erreurs aux pieds divins d'Amma.

22

Amma, l'amour qui triomphe de toutes les peurs

Vimala Purcell – États-Unis

Il y a peu de temps, au large de la côte de Californie, une baleine grise femelle s'est retrouvée prisonnière de pièges à crabes et de lignes de pêche. Elle avait du mal à rester à flot car les pièges pesaient plus de cinquante kilos. Elle était complètement empêtrée dans les lignes de pêche, tout son corps était pris et elle en avait jusque dans la bouche.

Un pêcheur l'a repérée et a lancé un appel radio pour qu'on l'aide. Une équipe de sauveteurs est arrivée et la seule manière pour eux de sauver la baleine était de plonger et de démêler les lignes. C'était dangereux car la baleine pouvait facilement tuer un humain. Les sauveteurs ont travaillé habilement et patiemment pendant des heures. La baleine est restée tranquille. Une fois libérée, elle a nagé vers chacun des plongeurs et les a poussés très doucement pour les remercier, puis joyeusement, elle a nagé en faisant des cercles.

Le narrateur qui a publié cette histoire avait écrit en commentaire : « Puissiez-vous tous avoir la chance d'être entourés de personnes qui vous aident à vous libérer de tous les liens qui vous retiennent prisonniers. » Amma consacre chaque instant de sa vie à nous libérer patiemment de tout ce qui nous lie. Avec une grande habileté, elle utilise ses enfants spirituels qui vivent ici à Amritapuri comme des instruments qui permettent de desserrer les liens.

Au chapitre 18, verset 30 de la *Bhagavad Gītā*, le Seigneur Kṛiṣhṇa dit :

> *pravṛittiṁ cha nivṛittiṁ cha kāryākāryē bhayābhayē*
> *bandhaṁ mōkṣhaṁ cha yā vētti buddhiḥ sā pārtha sāttvikī*
> « Ô Arjuna, fils de Pṛithā ! L'intellect capable de discerner correctement entre la voie de l'action et celle du renoncement, entre l'action juste et l'action erronée, entre la peur et l'intrépidité, entre ce qui nous enchaîne à ce monde et ce qui nous en libère, un tel intellect est qualifié de bon (sattvique). »

J'ai choisi ce verset parce qu'il me semble décrire une difficulté que la plupart des gens rencontrent toute leur vie : avoir la volonté de faire ce qui est juste mais sans toujours savoir ou discerner quelle est l'action juste. Sur la voie spirituelle, la peur est pour moi un obstacle de taille ; c'est un nœud qu'il m'a été particulièrement difficile de dénouer. Avant ma rencontre avec Amma, il a gouverné ma vie pendant de nombreuses années. La peur a influencé la plupart de mes décisions. Mon enfance a été chaotique et traumatisante. Heureusement, mes grands-parents, une source de chaleur humaine et d'amour, étaient très présents dans notre vie. Nous étions catholiques et ils nous emmenaient à l'église. C'est à cette époque que j'ai établi une relation avec Dieu. Cette foi ne m'a jamais quittée, même dans les moments les plus sombres. Intérieurement, j'ai beaucoup souffert du traumatisme de mes années d'enfance. Adolescente, j'éprouvais de l'angoisse et je me sentais perdue, déconnectée.

Je voulais être heureuse, j'ai donc cherché de l'aide dans la thérapie. Je voulais me libérer du passé et ne pas répéter les erreurs de mes parents. La seule solution était d'aller de l'avant. J'ai fait une licence en psychologie puis j'ai déménagé, quittant une petite ville de l'Illinois pour une grande ville en Floride. J'y ai passé ma maîtrise en santé publique. C'est à l'université que j'ai connu mon amie Deepa, qui m'a ensuite permis de rencontrer Amma. Quand l'année 2000 est arrivée, je réussissais bien dans mon métier, j'avais mon propre appartement, une voiture, un chat et une vie sociale active. Matériellement, j'avais tout, mais au fond de moi je n'étais pas en paix. Je ne voulais pas vivre uniquement pour moi-même. Je voulais être utile au monde. Cette insatisfaction est devenue un désir ardent et une prière. Un matin, je conduisais pour aller travailler quand j'ai été submergée de désespoir ; j'ai sincèrement prié Dieu du fond du cœur de se révéler à moi, de venir dans ma vie.

Quelques semaines plus tard, j'ai appris qu'il y avait une retraite à Santa Fe, au Nouveau Mexique, avec une sainte indienne appelée Amma. Curieuse, je me suis inscrite en même temps que mon amie Deepa. Elle avait rencontré Amma l'année précédente. Je pensais que la retraite serait une sorte d'atelier sur la spiritualité. Je m'imaginais qu'Amma donnerait quelques enseignements et que nous aurions beaucoup de temps libre pour faire d'autres choses. Mon amie a essayé de me préparer mais je n'avais aucun cadre de référence, j'ai donc gardé l'esprit ouvert. Nous sommes arrivées le soir, la veille de la retraite. Je ne savais pas quoi penser de ce que je voyais. Mais la présence d'Amma était réconfortante. Quand tout le monde a chanté « Om », j'ai ressenti un calme intérieur ; je me sentais connectée.

Pendant mon premier darshan, j'avais si peur de faire une erreur que je n'ai pas été très présente pendant l'étreinte. Avant que je m'en aperçoive, le darshan était terminé ; j'étais un peu sidérée. En partant, j'ai été surprise de trouver un chocolat (kiss-un baiser) dans ma main et de voir que ma main tremblait. La retraite a commencé le lendemain. Elle avait lieu dans un hôtel au centre de Santa Fe. J'avais beau être ouverte, j'ai vraiment eu du mal à accepter l'adoration rendue à Amma parce que dans le christianisme, on considère Jésus comme le fils unique de Dieu. J'ai toujours cru qu'il existait d'autres êtres comme Jésus mais je n'imaginais pas qu'il était réellement possible de rencontrer un tel être. Mon amie Deepa s'est avérée un grand soutien et une source importante de connaissance dans ce moment critique.

***

C'est pendant le *Dēvī Bhāva* qu'il s'est produit un changement décisif dans mon attitude. Ce jour-là, j'étais de mauvaise humeur, il n'y a aucun doute là-dessus ; je ne saurais pas vraiment expliquer pourquoi. Je ne voulais même pas aller au *Dēvī Bhāva*. Quand je suis allée dîner, j'ai vu une femme que j'avais rencontrée pendant la retraite.

Elle avait un ticket de darshan[31] pour le début de la nuit mais son mari avait un numéro élevé pour la fin du darshan. Elle était triste car elle désirait passer au darshan du *Dēvī Bhāva* avec lui ; or il avait des problèmes de santé et il ne lui était pas possible de veiller. J'avais un ticket pour le début du darshan mais je n'étais pas d'humeur à me montrer généreuse. Je souhaitais désespérément aller me coucher tôt... nous nous étions couchés tard pendant toute la retraite et en plus, le lendemain, nous devions faire le trajet en voiture jusqu'à Dallas. Je n'ai rien dit. Mais très vite, j'ai senti l'aiguillon de ma conscience. Je n'ai pas pu partir sans lui donner mon ticket. Je suis revenue à la table et, encore irritée, je lui ai donné mon ticket. Son visage s'est éclairé ! En échange, elle m'a donné le ticket de son mari pour la fin du darshan. En voyant sa joie, mon humeur a complètement changé. Du coup, j'étais heureuse aussi. J'ai veillé toute la nuit et j'ai eu mon darshan à cinq heures du matin.

---

[31] Un ticket avec un numéro distribué aux dévots qui désirent recevoir le darshan d'Amma.

Quand je suis arrivée auprès d'Amma pour le darshan, je me suis effondrée. J'ai sangloté sur son épaule. Pourquoi je pleurais ? Je n'en avais aucune idée mais cela m'a fait beaucoup de bien. J'ai eu la sensation qu'un poids énorme était doucement enlevé de mes épaules. Si je n'avais pas donné mon ticket à cette femme, sans ce petit acte de bonté, je ne pense pas que je serais aujourd'hui là où je suis.

Une fois rentrée chez moi, j'ai remarqué que plusieurs petits attachements et certaines habitudes avaient disparu. J'ai cessé de manger de la viande, de me maquiller, de dépenser de l'argent en frivolités comme les manucures et les coiffures à la mode. Pendant ces premières années, je suis devenue très attachée à la forme d'Amma. Je me levais tôt, je récitais l'*archana* (les noms divins) et je méditais. En allant travailler et pendant le trajet de retour, j'écoutais chaque jour des *bhajans*.

Chaque année j'allais à Dallas, au Texas, pour revoir Amma et j'ai fini par m'impliquer dans le *seva* pour la visite annuelle d'Amma. J'établissais la liste des dévots qui mettaient le *prasād* dans la main d'Amma, ce qu'elle donne à toute personne qui vient au darshan. Je m'assurais que les dévots qui faisaient du *seva* à Dallas aient bien leur chance de donner le *prasād* à Amma pendant le programme ; j'organisais des rotations. Je me sentais utile. J'étais si occupée que j'oubliais de manger et que je dormais à peine. J'adorais cela !

Au début de ma relation avec Amma, je lui ai confié lors d'un programme que j'avais beaucoup de peur à l'intérieur, que j'avais même peur d'Amma. Tout d'abord, elle m'a répondu : « Amma est ton être même, elle est tienne. » Puis elle a ajouté : « L'amour et la peur ne peuvent pas coexister. Concentre-toi sur l'amour et la peur disparaîtra tout naturellement. »

Une année, j'ai commis une grosse erreur en faisant la liste du *prasād*. Le premier jour du programme est le plus occupé, il est donc difficile d'obtenir des responsables, ceux qui travaillent le plus dur, qu'ils viennent donner le *prasād* à Amma. Ils disent toujours qu'ils ont trop à faire. J'ai donc eu cette idée géniale... les responsables viendraient donner le *prasād* seulement le second jour du programme puisqu'ils auraient plus de temps.

J'étais fière d'avoir trouvé une solution. Mais le matin du second jour, je me suis réveillée avec la sensation de sombrer : j'ai réalisé que le darshan du matin se terminait plus tôt à cause du *Dēvī Bhāva* qui commençait en début de soirée. J'avais mal calculé... Cela signifiait que ceux qui travaillaient le plus, les responsables, les organisateurs du tour, l'équipe de la cuisine, etc., auraient une minute entière de moins auprès d'Amma que ceux qui avaient donné le *prasād* la veille. Quand j'ai pris conscience de mon erreur, avec beaucoup d'appréhension, je suis allée l'avouer à Amma. Amma s'est mise à me parler en malayalam et d'après ses gestes, j'ai compris qu'elle était préoccupée.

Mon erreur avait raccourci le temps des dévots auprès d'Amma mais à la réflexion, j'ai compris que cette situation était en réalité une forme de la compassion d'Amma ; elle me montrait où j'avais manqué de *śhraddhā* (conscience vigilante). Amma se compare souvent à un jardinier dont le travail consiste à enlever les chenilles et les mauvaises herbes afin que les plantes poussent et s'épanouissent. Pendant que je parlais à Amma, je n'ai senti que son amour. Toutes mes peurs se sont évanouies en présence de cet amour. Plus tard, je me suis rappelé ce qu'Amma m'avait dit : « Concentre-toi sur l'amour et la peur disparaîtra. » J'ai senti la vérité de ses paroles. Et ce qui est plus important encore, j'ai appris une importante leçon. Je me suis rendu compte que c'était mon désir égoïste de voir le programme se dérouler sans accroc, associé à un excès de confiance en moi, qui avaient provoqué ce chaos. Cette expérience m'a fait beaucoup réfléchir et me guide depuis des années.

Amma dit : « Être réceptif, c'est être capable de croire, d'avoir foi et d'accepter l'amour. C'est la capacité d'empêcher le doute de s'infiltrer dans notre mental.

***

C'est en 2003, à l'occasion d'Amṛitavarṣham50, la célébration des cinquante ans d'Amma, que je suis venue à Amritapuri pour la première fois. J'ai passé trois semaines pleines de bonheur à l'ashram. Puis, avec des amis, je suis partie à Kochi quelques jours avant les fêtes de l'anniversaire pour faire du *seva.*

Nous sommes allés à l'hôtel et on nous a demandé de déposer notre argent et nos passeports dans un des petits coffres situés derrière la réception. Et on nous a donné une clé. Deux jours avant les célébrations, j'ai voulu sortir de mon sac la clé du coffre mais elle n'y était pas. J'ai cherché dans la chambre et je ne l'ai pas trouvée. J'ai demandé à la réception : elle n'y était pas. Je n'avais aucun accès à l'argent et j'ai commencé à m'inquiéter. J'ai de nouveau fouillé la chambre. Puis, je me suis dit que la clé était peut-être tombée de mon sac au stade, là où avait lieu le programme. J'ai dit à la réceptionniste que je ne trouvais pas la clé et je lui ai demandé : « Que fait-on si on perd la clé ? » Elle a répondu : « Je ne sais pas, ça n'est jamais arrivé et pour assurer la sécurité des clients, nous n'avons pas de double. » J'ai rapidement pris un taxi pour aller au stade et chercher. Pendant tout le trajet, j'ai prié intensément : « Amma, je t'en prie, fais que je trouve cette clé... fais que je trouve cette clé. »

Quand je suis arrivée, la tente où nous avions fait du *seva* était devenue une cuisine pleine d'énormes pots et de machines. J'étais découragée. C'est alors que j'ai vu qu'on installait le Bureau International ; je suis allée trouver les deux personnes assises à la table pour leur demander où était le bureau des objets trouvés. Ils m'ont montré, un peu plus loin, une rangée d'étagères en métal. J'y suis allée en répétant mon nouveau mantra : « Amma, je t'en prie, fais que je trouve cette clé. »

En voyant les étagères vides, j'ai eu le cœur lourd. Mais en approchant, j'ai vu un tout petit objet, posé là, tout seul, sur une grande étagère en métal. Est-ce que c'était la clé ? Oui !

J'étais remplie d'un respect sacré et de gratitude. « Amma a matérialisé la clé ! » Cette expérience est pour moi un symbole de notre relation avec Amma. Elle est toujours prête à nous donner la clé que nous pensions avoir perdue si nous la lui demandons sincèrement.

Je suis retournée à Amritapuri en 2006 pour y séjourner six mois. Au fond de moi, j'avais l'espoir de pouvoir venir vivre ici. J'ai commencé à économiser de l'argent et à payer mes dettes. J'ai perdu tout intérêt pour la vie dans le monde.

En 2010, je suis revenue pour un séjour plus long et pendant un darshan, j'ai demandé à Amma si je pouvais vivre ici comme renonçante... Elle a répondu : « Ok *mōlē* (fille). » Elle m'a dit : « Le bonheur est une décision » et j'ai ri... parce que j'avais toujours cru que le bonheur était hors de ma portée.

Ma mère biologique, en revanche, n'était pas heureuse de ma décision d'aller vivre à l'ashram et chaque fois que je l'appelais, elle exprimait ses sentiments blessés et sa colère. Elle avait le sentiment que je l'abandonnais. Je lui ai dit de nombreuses fois : « Amma est la Mère universelle et elle est aussi ta mère. » Il ne s'est pas écoulé un an avant qu'elle vienne me voir à Amritapuri ; elle a ensuite établi sa propre relation avec Amma.

En tant que nouvelle renonçante, je me suis lancée à fond dans la vie de l'ashram. J'ai oublié ma vie précédente aux États-Unis. La *sādhanā* quotidienne m'absorbait totalement : *seva*, cours sur les Écritures, tournées en Inde et voir Amma quand c'était possible. On m'a donné un *seva* au Centre d'Écologie. La personne qui distribuait les *sevas* m'a dit que la gérante du Centre d'Écologie allait faire la tournée des États-Unis avec Amma et qu'il fallait que je la remplace jusqu'à son retour. J'avais eu moins d'une semaine pour me former et j'ignorais tout de la façon de gérer un Centre d'Écologie et des détails que cela impliquait. Je n'avais même pas rencontré les gens que j'allais diriger. C'était vraiment au-delà de ma zone de confort et... cela me faisait un peu peur.

Amma nous dit souvent qu'elle crée des situations à l'ashram pour nous faire grandir et ces situations sont parfois difficiles. Elles sont faites pour nous purifier, pour nous libérer de nos *vāsanās* (tendances latentes), de nos attachements, de l'attraction et de la répulsion.

Saint Jean de la Croix, un saint catholique du 16ème siècle, a dit à ses moines : « Si vous êtes venus au monastère, c'est uniquement pour travailler sur vous, pour éprouver votre vertu ; vous êtes comme la pierre qui doit être ciselée et taillée avant d'être utilisée pour la construction d'un bâtiment. Comprenez donc que ceux qui sont dans le monastère sont des artisans placés là par Dieu pour vous mortifier (purifier) en travaillant sur vous, en vous sculptant."[32]

Dans le monde, j'ai souvent reçu des compliments pour mon travail et j'ai rarement été critiquée. Ici, à Amritapuri, il y a en revanche beaucoup d'artisans disponibles et prêts à montrer du doigt nos erreurs et nos imperfections. Il n'est pas facile d'accepter la critique et c'est parfois douloureux. Quand quelqu'un nous critique, Amma dit qu'il faut examiner la critique et voir si on peut en apprendre quelque chose. Il est tentant de vouloir aussitôt blâmer ses détracteurs mais Amma dit qu'en examinant ses propres faiblesses, on progresse spirituellement. Ayant le rôle de directrice dans mon *seva*, j'ai dû encaisser beaucoup de critiques de la part des autres. J'ai le sentiment que ce processus de

---

[32] Conseil à un religieux par Saint Jean de la Croix .

« sculpture » a arrondi les angles tranchants de mon caractère... au moins un peu. Comme pour la baleine de l'histoire, les cordes de la négativité qui nous lient se desserrent grâce aux gens et aux situations qu'Amma place habilement autour de nous. Nous savons que chaque grain de sable ici est imprégné des larmes de dévotion pour Dieu versées par Amma. En d'autres termes, ce lieu, comme Amma, est fait de pur amour divin. Il ne peut que purifier les ténèbres en nous car telle est la nature de l'amour.

***

Je voudrais conclure par une histoire, une anecdote très chère à mon cœur.

Pendant l'été 2015, tous les résidents de l'ashram se rassemblaient dans le grand hall pour la retransmission du *Dēvī Bhāva*. Et pendant une retransmission, à un moment, Amma s'est tournée, a regardé droit vers la caméra et a souri. J'ai eu l'impression qu'elle me souriait ! J'ai pensé : « Est-ce que je suis folle ? » Une Ammamar, une des grand-mères de l'ashram, assise à côté de moi, m'a dit dans son anglais hésitant : « *Amma look Vimala!* (Amma regarde Vimala !) » J'ai ressenti une grande joie intérieure tout en me demandant pourquoi Amma m'accordait de l'attention.

Le *Dēvī Bhāva* que nous regardions était la première visite d'Amma à Atlanta, en Géorgie. Ma mère y était allée, c'était la première fois qu'elle voyait un *Dēvī Bhāva*. Le lendemain du programme, je lui ai parlé au téléphone. Elle m'a raconté ce qui s'était passé dans la soirée : elle avait été une des dernières à recevoir le darshan puis elle avait assisté à la fin du *Dēvī Bhāva* quand Amma jette une pluie de pétales de fleurs sur tous et lance ce regard magnifique. J'étais très heureuse pour elle. Je pensais que la conversation était terminée mais elle m'a dit : « J'ai encore autre chose à te raconter... »

Elle m'a parlé de ma sœur qui vit toujours dans la ville où nous avons grandi. C'est une toute petite ville en milieu rural, dans l'Illinois ; personne n'en a jamais entendu parler. Le mari de ma sœur pêchait dans un grand étang, dans un parc de la ville. Je connais bien ce parc puisque j'ai grandi là. Le parc était désert, il était seul. Soudain, il a entendu des véhicules arriver, puis les voix de nombreuses personnes qui entraient dans le parc. Il a raconté que ces personnes étaient heureuses, qu'elles riaient et bavardaient. Arrivée à ce moment de la conversation avec ma mère, je me suis levée tout à coup ; je savais ce qu'elle allait me dire. Amma et le groupe qui l'accompagnait s'étaient arrêtés pour dîner dans le parc de ma ville natale au cours de leur voyage vers la prochaine étape du tour ! Certains membres du groupe sont venus trouver mon beau-frère pour lui parler d'Amma et lui dire qu'il pouvait avoir son darshan (étreinte) s'il le désirait. En voyant la foule qui entourait Amma, il s'est senti intimidé et en plus, Amma commençait à distribuer le *prasād*. Il a refusé. Amma a demandé à tout le monde de se tenir par la main autour de l'étang pour méditer. Mon beau-frère avait refusé l'étreinte mais il a joint les mains avec les membres du groupe pour méditer et réciter le mantra *lokāḥ samastāḥ sukhinō bhavantu*, (Puissent tous les êtres dans tous les mondes être heureux).

Quand mon beau-frère est rentré chez lui et a raconté à ma sœur ce qui était arrivé dans le parc, elle a immédiatement su qu'il avait vu Amma. Heureuse et profondément émue, elle a pensé : « Il y a tant de parcs et de villes sur leur route et pourtant, Amma s'est arrêtée ici ! »

C'est peut-être une simple coïncidence qu'Amma ce soit arrêtée là pour dîner mais pour moi, c'était révélateur du lien éternel entre Amma et moi, ma famille, ma ville natale et Amritapuri. Physiquement, j'étais ici chez Amma, pendant qu'elle était là-bas, chez moi ! Grâce à cela, je me suis sentie très proche d'Amma.

Les choix que j'ai faits et qui m'ont permis de venir ici sont uniquement la grâce d'Amma. Je prie pour que, comme la baleine, nous nous abandonnions au lieu de résister... alors, libres, nous danserons pour l'éternité en cercles joyeux avec notre Amma bien-aimée.

23

Amma, un doctorat et plus encore !

Dr. Shyam Nath – Île Maurice

> *ya dēvī sarva bhūtēṣhu śhakti rūpēṇa saṁsthita*
> *namastasyai namastasyai namastasyai namo namaḥ*
> « Salutations à la Déesse qui demeure en tous les êtres sous la forme de *śhakti*, la puissance, la force ; salutations, salutations, salutations encore et encore. »
> (Dēvī Mahatmyam)

Je viens de Varanasi, que l'on appelle aussi Kashi, dans l'état d'Uttar Pradesh, un lieu célèbre car il abrite un des douze *jyōtirlingams*[33] du Seigneur Śhiva. J'ai étudié l'économie à l'université hindoue de Bénarès ; certes, la religion comptait pour moi mais je n'appartenais à la lignée d'aucun guru. Je fréquentais cependant régulièrement le temple de Tilbhandēśhwar Mahādēv (Śhiva) à Varanasi.

Il est intéressant de noter que la graine qui m'a conduit à rencontrer mon guru n'a pas été semée en Inde mais curieusement aux Etats-Unis quand je suis allé à l'université Syracuse pour y faire mon post-doctorat.

J'attendais un jour le bus à la gare terminale à New York et j'ai commandé un café et un beignet au petit kiosque qui s'y trouve. Mais avec un sourire, la vendeuse derrière le comptoir a refusé de prendre mon argent en me disant que son guru venait d'Inde.

---

[33] *Jyōtirliṅgas* : On en compte généralement douze ; ce sont des temples où Śhiva est apparu sous la forme d'une colonne de feu ou de lumière (*jyōti*). Selon la tradition, en refroidissant, ces *jyōtis* ont pris la forme de *liṅgas*, objets d'adoration.

Quand elle a dit cela, pour la première fois, j'ai eu le sentiment qu'il manquait quelque chose dans ma vie !

Pendant que j'habitais encore en Inde, il se trouve que j'ai dû me rendre à Trivandrum pour traiter des affaires de la Commission du plan du gouvernement de l'Inde. C'était la première fois que j'allais dans le Kerala. Je ne pense pas que ce soit une coïncidence ; c'était une chance de passer dans la région d'Amma, même si je ne suis pas allé à Amritapuri. À l'époque, en 1989, je n'aurais jamais imaginé que ce serait mon lieu de résidence dans le futur. Cette brève visite de trois jours dans le Kerala s'est avérée être un tournant décisif dans ma vie. J'ai toujours rêvé, quand je prendrais ma retraite, de vivre dans un village qui serait proche d'un temple, où il y aurait l'électricité, l'eau courante et les moyens de communication modernes. Amritapuri est un village international où l'on jouit de commodités incroyables. Mon voyage vers Amma est passé par l'Île Maurice où j'ai travaillé comme professeur d'économie à l'université de l'Île Maurice depuis 1990. Pendant les dix premières années que j'ai passées à l'Île Maurice, je n'ai jamais eu l'occasion de rencontrer Amma alors que j'habitais à deux kilomètres seulement de son ashram, situé à Quatre Bornes. En l'an 2000, un de mes amis mauriciens a voulu recevoir le darshan d'Amma, sa bénédiction, car il était malade. Il m'a demandé si je pouvais lui obtenir un ticket de darshan. J'ai eu un ticket pour lui et un pour moi-même. Pendant le darshan, Amma a regardé mon ami mais c'est à moi qu'elle a parlé. Je n'ai pas compris. Pourtant, il ne s'est rien passé pour moi, je ne me suis pas connecté à Amma. Malgré cela, grâce aux messages insérés dans les *bhajans* d'Amma, j'ai soudain été transporté sur un autre plan d'existence. Ma dévotion et ma curiosité spirituelle latentes ont été éveillées.

***

C'est en 2002 que je suis venu pour la première fois à Amritapuri. Une nouvelle phase de ma vie a commencé. Le jour où nous sommes arrivés, ma femme Nisha et moi, Amma nous a appelés dans sa chambre pour un darshan privé. Quelle chance ! Ce darshan en face à face avec Amma est resté mémorable. J'ai raconté à Amma qu'après notre visite à Amritapuri, nous avions prévu d'aller à Varanasi, ma ville natale. Avant de quitter la pièce, Amma a ajouté un petit rebondissement. Elle m'a dit de regarder la photo d'Ādi Śhaṅkarāchārya qui se trouve au-dessus du portail quand on sort du temple de Kāśhī Viśhvanāth. Je n'avais jamais remarqué cette photo auparavant. Quand Amma l'a mentionnée, j'ai compris que le sens de la vie était bien au-delà de notre imagination limitée. Le peu que je sais, je le sais ; mais l'étendue de mon ignorance, je l'ignore. Amma m'a ainsi fait prendre conscience de quelque chose qui est pour moi à la fois un trésor et une voie vers le monde d'Amma.

À l'époque, mon voyage annuel en Inde commençait toujours par Amritapuri. Incidemment, quelque chose d'incroyable m'est arrivé en 2006. Pendant un darshan public, Amma a demandé au doyen de l'Amrita Business School (École de commerce Amrita) à Coimbatore de m'y emmener pour que je conçoive un programme à plein temps pour un doctorat en gestion. Le vice-chancelier de l'université m'a lui aussi encouragé. C'est ainsi que j'ai fait connaissance avec le beau campus d'Ettimadai à Coimbatore.

J'ai commencé à enseigner l'économie environnementale dans le cadre du programme de la maîtrise de commerce et chaque année, depuis l'Île Maurice, je venais enseigner à Coimbatore. Le programme de doctorat a finalement démarré en 2009 et même si, en définitive, je n'ai jamais travaillé sur ce programme, j'ai ressenti comme une bénédiction le fait qu'Amma m'ait utilisé comme un instrument pour lancer le processus en 2006. Amma dit que nous ne sommes ni faibles ni incapables mais que, par la grâce du Seigneur, nous sommes tous des sources de puissance illimitée.

Amma a accordé une grande importance à la qualité du programme de doctorat. Le niveau d'attention et de soin, jusque dans les moindres détails, dont elle a fait preuve, dépasse notre entendement. Amma a un jour convoqué en réunion à Amritapuri les professeurs les plus importants de tous les campus Amrita, afin de leur donner des recommandations sur la façon d'établir le curriculum des programmes de doctorat dans les universités Amrita. C'est ainsi que j'ai pu voir par moi-même comment Amma apporte son soutien direct et ses conseils aux programmes universitaires, les programmes de doctorat inclus.

***

En 2010, je devais aller à Londres pour assister à la sortie d'un livre que j'avais écrit sur le développement durable des petites îles. Comme il fallait que j'aille à New Delhi pour obtenir mon visa pour le Royaume-Uni, j'ai décidé de m'arrêter au passage à Kochi où Amma donnait justement le darshan, afin d'avoir sa bénédiction pour ce voyage.

Quand mon tour est venu d'aller au darshan, j'étais impatient de recevoir la bénédiction d'Amma mais elle n'a pas du tout répondu à mon enthousiasme. Je n'ai pas du tout compris le comportement d'Amma jusqu'à ce que, à ma grande surprise, je reçoive le lendemain même un message du secrétariat du British Commonwealth m'annonçant que le lancement du livre était annulé à cause de la mort soudaine de l'éditeur principal.

Quand mon livre a été publié, début janvier 2011, je me trouvais aux États-Unis, à Berkeley. J'ai reçu un exemplaire du livre et je suis allé en Inde demander la bénédiction d'Amma. Amma était au temple *brahmasthānam* de Chennai et donnait le darshan. Je me suis mis dans la queue du darshan et j'ai montré le livre à Amma. Avec des pétales de fleurs, elle a répandu sa bénédiction sur le livre et m'a donné une longue étreinte, puis une pomme !

Amma accorde beaucoup d'importance à la tenue que l'on porte quand on travaille à l'université. Un jour, je suis allé au darshan et elle a touché ma chemise qui n'était pas bien repassée ; elle a fait un commentaire : ce n'était pas une tenue appropriée pour quelqu'un qui enseigne à l'université. J'ai reçu cela comme une bénédiction.

Le lendemain, j'ai mis une chemise neuve, impeccable, et je me suis posté près de la rampe pour avoir l'attention d'Amma. Après le darshan, Amma est passée devant moi mais soudain, elle s'est arrêtée et elle est revenue quelques pas en arrière pour inspecter ma tenue. Elle a touché ma chemise et a dit : « Oui, maintenant c'est correct. » Je m'émerveille encore de l'attention qu'Amma a donnée à quelqu'un qui a choisi de s'habiller simplement.

***

Amma m'a toujours découragé de lancer un curriculum entièrement dédié à l'économie. Néanmoins, sans doute poussé par mon ego, j'ai conçu un curriculum de doctorat en économie et je l'ai présenté à Amma. Mais le programme n'a jamais démarré. Cela illustre bien la manière dont l'ego prend le dessus et insiste pour obtenir le soutien du guru.

Permettez-moi de vous raconter une belle histoire qui montre comment le guru défie l'ego en chacun. Satyabhāmā, une des épouses de Kṛiṣhṇa, était très fière de sa beauté, de sa richesse et elle se montrait aussi très possessive avec Kṛiṣhṇa. Kṛiṣhṇa voulait qu'elle comprenne que cela venait de son ego. Il a demandé au sage Nārada de créer une situation dans laquelle

Satyabhāmā accepterait d'échanger toutes ses richesses contre l'attention exclusive de Kṛiṣhṇa. Nārada a fait installer une grande balance pour qu'on mette sur un des plateaux Kṛiṣhṇa et sur l'autre, les richesses de Satyabhāmā. Si les richesses de Satyabhāmā parvenaient à faire pencher la balance en sa faveur, elle obtiendrait l'attention exclusive de Kṛiṣhṇa. Quoi qu'il en soit, le poids de toutes ses richesses n'a pas réussi à contrebalancer le Seigneur Kṛiṣhṇa, assis sur l'autre plateau de la balance. Déconcertée, Satyabhāmā a demandé de l'aide à Rukminī dont elle était jalouse. Rukminī a cueilli une feuille de tulasī et l'a ajoutée aux richesses de Satyabhāmā. Le poids de cette seule feuille de tulasī, offerte avec dévotion par Rukminī, a fait monter le plateau sur lequel était assis Krishna.

Kṛiṣhṇa a expliqué que la dévotion de Rukminī, représentée par la feuille de tulasī, avait plus de poids que l'ego de Satyabhama, nourri par sa beauté et sa possessivité. Grâce à cette *līlā* (jeu divin) on peut voir comment Kṛiṣhṇa gérait l'ego de ceux qui lui étaient proches. Mais notre Amma bien-aimée gère par ses līlās les egos de ses quatre mille enfants spirituels, ici à Amritapuri, et encore des milliers d'autres ailleurs !

***

Amma connaît toutes nos souffrances grâce à sa compassion infinie. En 2016, j'ai décidé de participer à la retraite organisée à l'ashram de San Ramon en Californie. Je suis allé à Kochi prendre l'avion pour les États-Unis et j'ai pris une chambre à la maison d'hôte de l'hôpital AIMS car mon vol ne partait qu'après minuit.

J'ai soudain eu un peu mal au ventre. J'avais ressenti cette douleur aiguë deux ou trois fois auparavant. Je n'étais pas sûr d'avoir la force de faire le long voyage jusqu'à San Francisco. J'ai prié Amma et je me suis précipité aux urgences à AIMS où un jeune médecin m'a brièvement examiné. Il m'a prescrit des médicaments et m'a donné son feu vert pour le voyage. J'hésitais pourtant à partir. Finalement, par la grâce d'Amma, je me suis senti assez fort et après avoir participé à la retraite de San Ramon avec Amma, je suis rentré sans encombre à Amritapuri avec Amma.

Le lendemain de mon retour à Amritapuri, je suis allé au darshan et Amma m'a demandé d'aller immédiatement à AIMS faire un bilan. J'étais bien sûr terriblement anxieux et je suis parti aussitôt pour AIMS. On m'a examiné et on a diagnostiqué des calculs biliaires, cause de ces douleurs. Les médecins ont suggéré une opération mais la seule idée de me faire opérer m'horrifiait. Amma a néanmoins donné sa bénédiction divine pour que l'on procède à l'opération. Une fois que tout a été terminé, les médecins ont été soulagés car cette opération, complexe, s'est très bien déroulée. La convalescence fut longue mais Amma m'avait sauvé.

Ici, en présence d'Amma, toutes les formes de Dieu se fondent en une seule. Amma donne l'exemple du Soleil qui se reflète dans cent pots remplis d'eau. Les reflets nous donnent l'impression qu'il y a cent Soleils, mais en réalité, il n'y en a qu'UN.

Permettez-moi de conclure avec les paroles divines d'Amma : « Il n'y a pas d'erreur dans la création divine. Chaque créature et chaque objet créé par Dieu est tout à fait spécial. »

24
Le mystère de la foi

Janani – Pologne

J'offre mon être entier aux pieds de lotus de la Mère divine qui n'est autre que Dieu incarné parmi nous. Elle était avec moi avant ma naissance et sera avec moi après ma mort. Elle a accompagné cette enfant sous la forme de ses parents, de ses professeurs, de ses amis et de ses ennemis, et de toutes les expériences, heureuses ou traumatisantes.

Tous et toutes ont accompli leur but, qui était de me pousser toujours plus loin, jusqu'à ce que j'arrive à l'incarnation de Dieu même. Ô Amma, qui d'autre que toi appelle tes enfants vers leur demeure ? Aucun mérite, aucun miracle ne peut nous rendre digne de contempler ton regard plein de grâce !

Le sujet de ce *satsang* est « Le mystère de la foi ».

Nous ignorons pourquoi et quand Dieu vient frapper à notre porte, nous accordant le don de la foi.

J'ai passé mon enfance en Afrique. Une année, les instituteurs de mon école primaire nous ont emmenés faire un voyage au printemps dans le désert du Sahara. La beauté et la vaste étendue du désert ont enchanté tous les enfants. Mais au cours du vol de retour, l'avion a eu de graves problèmes techniques et a littéralement commencé à tomber du ciel. Ceux qui n'avaient pas attaché leur ceinture de sécurité ont été catapultés au plafond. Les gens pleuraient et vomissaient, nous étions tous pétrifiés. Puis, la mer est devenue clairement visible en bas ; elle se rapprochait rapidement, alors nous avons tous compris que nous allions mourir.

Les cris ont cessé. J'étais assise à côté d'un camarade de classe qui portait autour du cou une croix chrétienne en argent. Ensemble, nous avons tenu la croix dans nos mains, en silence. Soudain, tout est devenu calme ; il n'y avait ni pensées ni émotions, rien que la paix à l'état pur. Ce jour-là, pour la première fois, j'ai fait l'expérience de l'état de témoin : *sākṣhi bhāva*. Dans cet état, la peur de la mort n'existe pas ; la mort n'existe pas.

Aussi incroyable que cela puisse paraître, l'avion a pu remonter et nous avons atterri sains et saufs. L'équipe de secours d'urgence est venue nous accueillir à la sortie de l'avion ; nos jambes flageolaient. Mais cet instant de paix parfaite s'est gravé en moi, comme si une porte s'était ouverte vers une autre dimension de l'être.

Je sais aujourd'hui qu'Amma était déjà là et me tenait dans ses bras. Elle m'a sauvée car mon destin était de regarder directement dans les yeux de la créatrice universelle. Il nous a été accordé la chance fabuleusement rare d'avoir une relation personnelle avec Dieu ; quel luxe indicible : faire l'expérience de Dieu à la fois en tant qu'Infini sans forme et que Mère aimante !

Le moine bouddhiste tibétain Chogyam Trungpa a qualifié la spiritualité de « sagesse folle » ; il veut signifier par là que la vraie connaissance ne peut pas être appréhendée par le mental humain. Amma parle souvent d'elle-même comme d'une mère folle, disant que son comportement parfois excentrique, ses *bhāvas* (humeurs) qui changent constamment et sa simplicité enfantine créent un lien intime entre Amma et ses enfants spirituels. Quand je suis témoin de ces petites *līlās* (jeux divins) mon cœur est ravi.

Il y a quelques mois, Amma nous a appelés sur la scène pour un darshan en groupe après une longue interruption due au Covid. Elle a fait distribuer à tous du thé chaud et des bananes cuites ; cela a fait pleurer certains de joie et a créé une atmosphère de convivialité. Quelqu'un a offert à Amma un petit bouquet de feuilles de tulasī. Amma portait un masque N95 dont elle a doucement soulevé un coin pour mettre deux feuilles de tulasī dans sa bouche. Tout en les mâchonnant doucement, elle m'a regardée avec des yeux remplis d'une béatitude mystique. En observant sa mine d'enfant qui regarde par le trou de la serrure et qui est prise sur le fait, j'ai été moi aussi remplie de béatitude ; je me suis sentie en profonde connivence avec elle, comme si nous étions seules au milieu de la foule, rien qu'Amma et moi. Amma prend autant de formes qu'elle a de dévots ; alors les cœurs chantent dans l'étreinte intime du Divin. Dans mon cœur fou de bohémienne, elle s'est installée sous la forme de cette folle de Kāḷī, la reine de l'illusion.

***

Nous avons fait l'expérience d'Amma comme Kāḷī et aussi comme Kṛiṣhṇa. Mais comment prouver cela à ceux qui ne nous croient pas ? C'est impossible, puisque toute expérience est subjective. C'est une question de foi. Si on réfléchit plus profondément, on constate que les soi-disant faits scientifiques ne sont que des croyances, fondées sur la supposition que tout ce que nous percevons avec nos sens est réel. En définitive, rien n'est factuel. L'univers lui-même est basé sur notre expérience subjective. Il est plus facile de croire à ce qui est manifesté à nos sens qu'à ce qui n'est pas manifesté puisque nous sommes totalement identifiés au corps. Je suis donc incapable d'expliquer Amma aux autres. Amma seule peut insuffler dans notre cœur la foi qui transcende tous les doutes en nous accordant une vision, une prise de conscience qui dépasse la compréhension intellectuelle, un aperçu de sa nature. Seule cette sorte de prise de conscience peut vaincre le mental, qui doute toujours.

C'est le miracle de la grâce et l'histoire du salut : Dieu/la Déesse prend le dessus sur le mental qui tient le psychisme humain sous sa coupe et installe son image directement dans le cœur de son bien-aimé/sa bien-aimée. Les érudits passent leur vie à étudier les Écritures mais c'est mère Yaśhōdā qui s'est évanouie, prise d'une frayeur sacrée, quand il lui fut accordé la faveur spontanée de voir l'univers entier dans la bouche de Kṛiṣhṇa. Tel est l'impact de l'expérience directe, que seule la grâce peut accorder.

Il y a des années, l'idée de vénérer une forme divine m'aurait fait rire. Née dans une famille athée et élevée par un père rationaliste, j'ai toujours eu tendance à observer plutôt qu'à imaginer. Mes parents, même s'ils n'étaient pas enclins à la spiritualité, avaient un haut niveau de moralité ; ma sœur et moi avons été élevées avec les idées suivantes : donner la priorité à la connaissance par rapport au confort matériel et aider les autres en faisant de bonnes actions.

J'étais à l'école primaire quand mon père s'est retrouvé au chômage pendant un an. Malgré notre pauvreté, il y a toujours eu assez d'argent pour assurer notre éducation. Le jour de mes sept ans, j'ai reçu en cadeau un atlas du monde. Alors je montrais du doigt l'Inde et je disais : « Un jour, j'irai là-bas. C'est le bout du monde. Quand j'arriverai là, j'aurai atteint ma destination. »

Comment une enfant qui ignorait tout de l'Inde a-t-elle pu prononcer des paroles d'une signification si profonde pour son avenir ? Comment savait-elle ? Qu'est-ce que cette connaissance mystique, que le mental ne peut pas appréhender ? Adolescente, j'ai atteint un état où la vie ne semblait plus avoir aucun sens. En regardant autour de moi, je ne trouvais rien qui en vaille la peine. Je me posais sans cesse la question : « Pourquoi est-ce que j'existe ? Quel est le sens de la vie ? » Rien ne pouvait satisfaire ma quête de sens, j'ai donc essayé trois fois de mettre fin à mes jours. La souffrance engendrée par une vie dépourvue de sens est pire que la souffrance émotionnelle. C'est, hélas, l'expérience de beaucoup de jeunes en Occident. Ma destinée a suivi son cours et Amma a tenu la promesse qu'elle avait faite à cette enfant de sept ans.

***

À la suite d'une incroyable série de péripéties, je me suis retrouvée en train de faire le voyage entre la Pologne et l'Inde en auto-stop, à l'âge de vingt ans ; arrivée à destination, j'ai vécu pendant un an sur cette terre sacrée. J'ai visité de nombreux ashrams où j'ai ressenti un bien-être étrange, puis j'ai passé une semaine avec un *sādhu*[34] dans son ermitage de montagne. Notre Mère l'Inde m'a permis de retrouver mon innocence et l'amour de moi-même. Je la vénère et je baise le sol chaque fois que je rentre de l'étranger. L'Inde m'apparaît clairement dans mon cœur non pas comme un pays, mais comme un être conscient, Bhūmi Dēvī, la déesse Terre. J'y ai vu des gens qui ne possèdent presque rien mais qui rient et qui dansent ; j'ai reçu leur hospitalité, leur amitié et leur générosité simple, et tout cela m'a profondément transformée.

Je suis rentrée en Pologne ; ma quête d'un bonheur et d'une paix intérieure durables qui ne dépendent pas des circonstances extérieures m'a conduite au bouddhisme zen, puis plus tard dans un ashram de l'*advaita vēdānta*. Mais une voix dans mon cœur ne cessait de me rappeler en Inde.

De nouveau en Inde, j'étais absorbée dans le silence d'un temple dans le Kerala quand j'ai entendu cette même voix me dire distinctement : « Tu te prosterneras devant moi, tu te prosterneras devant moi, tu te prosterneras devant moi. »

---

[34] Un ascète, un moine mendiant ou toute autre personne sainte dans l'hindouisme et le jaïnisme ayant renoncé à la vie dans le monde.

Puis de nouveau trois fois... j'ai ouvert les yeux et j'ai vu qu'à l'extrémité opposée du temple se trouvait un petit sanctuaire ; une statue en argent brillait dans le saint des saints. Soudain, je me suis prosternée devant l'idole. J'étais là, déconcertée par mes propres actions, quand le prêtre qui desservait le sanctuaire m'a appelée et m'a mis entre les mains une feuille avec de la pâte de santal en disant : « *Kāḷī prasād* ». Trois jours plus tard, je suis arrivée à Amritapuri.

Un grand maître comme Amma n'a aucun intérêt personnel à avoir des disciples. C'est par amour et par compassion qu'elle répand sur nous ce dont nous avons le plus besoin à ce moment précis pour grandir. Pendant cette première visite, qui fut brève, ce n'est pas la forme physique d'Amma qui m'a attirée. Certes, j'ai reçu son darshan, mais je n'ai pas pu voir vraiment qui elle était ni établir une relation avec elle.

Elle m'a en revanche plongée dans un état de béatitude pendant trois jours au cours desquels j'ai perçu le monde comme une conscience lumineuse qui émanait de l'intérieur. Amma savait qu'elle me lierait à son amour en passant par le sans forme. Jamais elle ne m'a découragée de suivre la voie de l'introspection, de la quête du Soi. Les trois jours sont devenus trois semaines, puis trois mois, puis des années ...

La présence d'Amma m'a permis de faire deux découvertes spirituelles très importantes :

La première, ce fut la lecture de l'« *Évangile de Sri Ramakrishna* ». Ce livre a éveillé en moi une immense fascination pour Kāḷī. À la requête d'Amma, l'idole de Kāḷī qui se trouve dans le temple d'Amritapuri a été sculptée par la même famille qui avait sculpté la Kāḷī de Dakṣhiṇēśhwar.

Un jour, dans un état d'extase profonde, j'ai appelé Kāḷī : « Ô Mère, si le Soi est le témoin de tout ce qui se passe en moi, cela signifie-t-il que Tu n'es qu'une statue ? Alors comment Śhrī

Rāmakṛiṣhṇa[35] a-t-il pu dire que Tu es réelle ? Je T'en prie, montre-moi la vérité et délivre-moi de cette contradiction ! » À ce moment-là, j'ai vu la statue de Kāḷī vibrer de force vitale, de conscience. Simultanément, j'ai senti la même présence intelligente dans mon cœur. Kāḷī m'a emmenée au-delà de mes idées de dualité et de non-dualité, jusqu'à l'état de pure innocence où tous les aspects de l'infini existent. J'ai appris que la Mère divine entend toujours l'appel à l'aide lancé avec l'innocence d'un enfant. Si l'appel est assez fort, cette Mère nous accorde une compréhension visionnaire qui dépasse les fruits de nos pratiques de méditation. J'ai appris à m'accrocher aux jupes d'Amma quoi qu'il arrive !

La seconde découverte a été la lecture du livre *Le Silence du cœur* de Robert Adams, un classique moderne de la philosophie de la non-dualité. Ses enseignements nous indiquent une seule chose : ne t'identifie à rien de ce que tu perçois, même pas à la notion « Je ». Le vrai silence n'est même pas le silence plein de béatitude de l'être ; c'est le silence de celui qui perçoit l'arrivée et le départ du « Je ». Observer ce « Je » qui va et vient, c'est la vraie liberté. Quand on observe la notion du « Je », on prend conscience que c'est une illusion : la personne, l'individu n'existe pas.

J'étais tiraillée entre les deux voies de *jñāna* (la connaissance) et de *bhakti* (la dévotion) ; chacune des deux m'avait apporté de profonds éléments de compréhension. Alors j'ai pris mon courage à deux mains et j'ai demandé à Amma : « Je suis les enseignements non-dualistes de l'advaita, mais dans le même temps, j'éprouve un amour fou pour Kāḷī. Puis-je avoir les deux ou dois-je choisir ? »

---

[35] Maître spirituel du Bengale, salué comme l'apôtre de l'harmonie religieuse.

Avec un sourire espiègle, Amma a répondu : « Mais cet amour pour Kāḷī n'existe que pour te conduire à l'advaita ! » Ce jour-là, j'ai interprété la réponse d'Amma comme une incitation à abandonner l'adoration de Kāḷī. J'ai pensé qu'elle me disait que l'advaita était supérieur. Aujourd'hui, je vois les choses différemment. Je pense qu'Amma, en parlant d'advaita, ne désignait pas les enseignements mais l'état de non-dualité qui transcende tous les enseignements et toutes les descriptions ; elle parlait de la vérité en tant qu'expérience vécue. Ainsi, elle me disait que toutes les formes d'aspiration au Divin sont des outils merveilleux qui nous sont donnés pour atteindre l'ultime.

Elle a aussi mentionné le fait que Kāḷī est *ichchhā śhakti, jñāna śhakti* et *kriyā śhakti svarūpiṇī* ; en tant que telle, c'est elle qui accorde les pouvoirs de la volonté, de la connaissance et de l'action. Amma suggérait ainsi subtilement que ce que je considère comme mon effort personnel pour atteindre Dieu n'est en réalité que l'effet de sa grâce. Les enseignements d'Amma sont en vérité merveilleux !... Elle est capable de transmettre en une phrase l'essence de la spiritualité.

***

En réalité, Amma n'a même pas besoin des mots. Un seul regard d'elle suffit à accorder la connaissance divine sous la forme d'une expérience immédiate à l'intérieur de soi. En voici un exemple :

Mon budget étant limité, la tournée d'Australie avec Amma était la seule que je pouvais me permettre de suivre. J'ai organisé mon voyage et réservé mes billets pour Brisbane, en omettant Sydney car les billets d'avion pour y aller étaient beaucoup plus chers. Mais cette nuit-là, je n'ai pas pu dormir. Chaque fois que je fermais les yeux, j'avais une vision très intense et très nette d'Amma, vêtue comme la Mère divine, habillée d'un sari turquoise avec un motif floral particulier. Elle m'a regardée dans les yeux d'un air grave, en me tenant dans ses bras. Après une nuit d'insomnie, je me suis levée et, comme si j'étais mue par une puissance invisible, j'ai modifié mes billets d'avion pour inclure Sydney. Curieusement, les billets d'avion pour Sydney étaient alors beaucoup moins chers qu'auparavant.

Assise dans la salle à Sydney, j'attendais que le programme du *Dēvī Bhāva* commence. Le rideau s'est ouvert et Amma est apparue, glorieuse, sous la forme de la Mère divine. Je me suis mise à rire tout fort : Amma portait exactement le sari que j'avais vu dans ma vision. Des larmes de béatitude roulaient sur mes joues car je me rendais compte qu'Amma avait prévu dès le début que je sois à Sydney avec elle ; elle vit dans mon cœur et me guide de l'intérieur.

Amma m'a dit un jour que le vrai *bhakta* (dévot) est conscient que le Dieu qu'il vénère réside dans son propre cœur et qu'il n'adore pas une forme qui serait extérieure. Dans la voie de la *bhakti*, on s'abandonne complètement à la volonté de Dieu, on abandonne même l'idée « c'est moi qui agis ». Mais si la volonté individuelle n'est pas réelle, si tout est la volonté de Dieu, pourquoi faisons-nous l'expérience de la séparation et de la souffrance ? Comment la grâce agit-elle sur nous ? Le Seigneur Kṛiṣhṇa, dans son dernier enseignement, appelé *Uddhava Gītā*, donne une réponse qui, de mon point de vue, réconcilie à la fois la perspective du dévot et celle du *jñāni* (celui qui suit la voie de la connaissance) ; il valide les deux.

Kṛiṣhṇa dit : « La vie d'un être humain est façonnée par ses actions. Je ne la gouverne pas et Je n'interfère pas non plus. Je suis un simple témoin qui observe de près tout ce qui arrive. C'est le *dharma* de Dieu. Mais quand on prend conscience que J'observe tout en tant que témoin, on ne peut plus rien faire de mal ni commettre de péché. C'est seulement quand on oublie cela que l'on s'imagine pouvoir faire quoi que ce soit sans que Je le sache. »

En définitive, nous sommes tous des dévots. Un *bhakta* vénère Īśhvara (Dieu) avec le support d'une forme physique et un *jñāni* vénère Īśhvara sous la forme de sa propre conscience. C'est l'attention ininterrompue fixée sur l'un ou l'autre qui permet de transcender l'illusion de l'individualité. Et le lien entre les deux, le but de toute pratique spirituelle, c'est d'obtenir le calme du mental. Nous avons besoin d'un mental calme, d'un mental maîtrisé pour entendre l'appel de Dieu, l'appel de Son amour.

***

C'est peut-être pendant le dernier tour d'Australie que j'ai vécu le moment d'amour le plus profond avec Amma. Après la retraite de la Gold Coast, je suis partie pour l'aéroport prendre l'avion pour Singapour où Amma se rendait aussi. Mon vol avait du retard, alors j'ai enregistré mes bagages et j'ai attendu dans l'aéroport désert.

Soudain, j'ai vu Amma, entourée de quelques personnes seulement, se rendre au comptoir d'enregistrement. Je n'en croyais pas mes yeux. Sans attendre les autres, Amma a quitté le comptoir et est venue droit vers moi, traversant le grand hall d'enregistrement. Elle paraissait en fait glisser très doucement ; il émanait d'elle une pureté et une innocence qui m'ont laissée bouche bée. C'était comme si elle me montrait qu'au cœur de son univers, au-delà des rôles qu'elle joue en tant que déesse, mère, guru, il n'y a que le silence ; un calme éternel fait d'extrême humilité, de révérence, de bonté et au-delà. Je suis restée pétrifiée, remplie d'un respect sacré. Je n'ai même pas eu l'idée de me prosterner, de joindre les mains en namastē, ou de dire simplement Namaḥ Śhivāya à ma mère.

Amma s'est approchée de moi, m'a regardée dans les yeux et avec un sourire d'enfant, avec des mots qui ont résonné profondément au fond de mon cœur, elle m'a dit : « Je suis toi. »

Quand je suis montée dans l'avion, mon mental a finalement appréhendé le sens de ses paroles et j'ai sangloté, j'ai ri et pleuré jusqu'à ce que l'avion atterrisse à Singapour. C'était un cri de liberté, l'appel de l'amoureux. Par cet échange simple et bref, elle a lié ma vie éternellement à la sienne ; je demeure dans son étreinte qui, à mon sentiment, est l'expérience la plus sublime qui soit dans une vie humaine. Amma a dit un jour que la dévotion est encore supérieure à la réalisation du Soi car dans la pure dévotion, on renonce aussi au désir de la réalisation, abandonnant même cela au Divin. L'amour pour Dieu suffit, il est en soi l'alpha et l'oméga, le commencement et la fin.

Pour employer le langage de la connaissance, l'advaita dit que le Soi est constamment présent. Il n'y a rien à atteindre. Aucun effort ne peut nous apporter ce que nous sommes déjà éternellement. Nous croyons simplement à tort que nous ne sommes pas cela. C'est *māyā*, la grande illusion. Et pourtant, l'effort est nécessaire. Swāmī Pūrṇāmṛtānandajī m'a dit un jour : « Il faut en vérité de gros efforts pour prendre conscience que l'on est complètement impuissant. C'est seulement quand on perçoit son impuissance que l'on peut enfin s'abandonner totalement à Dieu. »

C'est par amour qu'est apparue cette mystérieuse *līlā* de l'expérience. Certains vont persévérer pendant des vies et pratiquer avec diligence la pleine conscience, d'autres auront la chance que l'infini leur soit montré uniquement par la grâce du guru. Cette grâce est le mystère de la foi ; c'est la plus rare des chances.

La bouche d'Amma, ce sont les *Vedas*, et les yeux d'Amma contiennent l'univers entier. Elle est à la fois cette forme humaine si belle, vêtue de blanc, et le témoin qui se trouve dans notre cœur. Nous sommes vraiment bénis car nous faisons cette expérience de première main, alors que des générations de chercheurs spirituels avant nous ont erré pendant des siècles en quête de cette réalité. Amma est pour nous le commencement et la fin.

***

Permettez-moi de conclure par un récit tiré de la vie de Śhri Rāmakṛiṣhṇa Paramahaṁsa :

Le maître qui enseigna la philosophie de l'*advaita vedanta* à Rāmakṛiṣhṇa était un moine éminent du nom de Tōtāpurī. Absorbé dans le sans-forme non duel, Tōtāpurī riait en voyant Rāmakṛiṣhṇa se prosterner devant une idole d'argile et rejetait ses visions divines de la déesse Kāḷī. Tōtāpurī tomba un jour très malade ; il avait la dysenterie et aucun médicament ne faisait d'effet. Sa souffrance devint insupportable et il ne trouvait aucun moyen de la soulager.

Il essaya de concentrer son mental en profonde méditation, de le retirer du corps mais au contraire, son mental se précipita vers la douleur dans son ventre. Il essaya bien des fois, sans jamais réussir. Plein de dégoût pour son propre corps, il pensa : « Je dois me libérer de cette nuisance. Je sais que je ne suis pas le corps. Pourquoi. devrais-je souffrir en restant associé à ce corps pourri ? Ce soir, je l'abandonnerai au Gange et je mettrai fin à tous ces ennuis. » Il fixa son mental sur Brahman et entra dans le Gange. Tōtāpurī était presque arrivé de l'autre côté du fleuve quand il se rendit compte qu'il ne trouvait aucun endroit assez profond pour s'y noyer. « Quelle est cette divine *māyā* ? Quel mystère que ce jeu divin du Seigneur ! Le Gange est devenu trop peu profond pour que je me noie ! » s'exclama-t-il.

Aussitôt, comme si un voile recouvrant son mental était soudain levé, il pensa : « Cela est dû à la Mère divine omniprésente et toute-puissante ! Mère est l'eau et la terre, elle est le corps et le mental, la maladie et la santé, la connaissance et l'ignorance, la vie et la mort. Tout ce que je vois, entends, pense et imagine est la Mère divine ! Elle transforme un oui en non, et un non en oui. Aucun être incarné ne peut échapper à sa juridiction à moins qu'il lui plaise de l'y autoriser. Personne n'a jamais eu le pouvoir de mourir. La même Mère est au-delà du corps, du mental et de l'intellect, elle est transcendante et dépourvue de tout attribut. Toute ma vie, j'ai adoré cette même Mère en tant que Brahman, lui offrant mon amour sincère et ma dévotion. Brahman et le pouvoir de Brahman ne font qu'un. »

Mon Amma bien-aimée, puissé-je avoir envers toi une dévotion aussi forte, afin qu'elle suffise et qu'il n'y ait besoin de rien d'autre. Je me prosterne éternellement devant toi et je dépose ma vie à tes pieds, sachant que ces paroles même, c'est toi qui les prononce. Puisses-tu résider dans nos cœurs, en faire la demeure de ta gloire.

25

Devenir un instrument

Gautam – États-Unis

Récemment, nous avons eu de nombreuses discussions au sujet de l'expression, *nimitta mātram* : devenir un instrument. Je ne connais pas le sanskrit mais je sais que le mot instrument peut signifier un tas de choses en anglais. Il peut s'agir d'un instrument de musique : tablas, guitare, flûte etc. Un instrument peut désigner un outil émoussé ou rudimentaire : marteau, ciseau, pelle, etc. Il peut s'agir d'un outil raffiné, d'un outil de pointe comme un microscope électronique, un accélérateur de particules, etc.

En tant qu'enfants d'Amma, nous avons une chance immense car, quel que soit notre niveau d'évolution spirituelle, nous pouvons devenir son instrument. Il y a deux raisons à cela : premièrement, le fait d'être un instrument relève plus de notre attitude quand nous faisons quelque chose et beaucoup moins de nos capacités et de nos talents. Deuxièmement, Amma est experte dans l'art de tirer le maximum de chaque instrument. Non seulement, elle utilise chaque instrument à son plein potentiel mais elle augmente constamment ses capacités et redéfinit ses limites. Notre tâche principale est de permettre à la puissance divine de couler à travers nous, de s'exprimer et de nous utiliser pour faire son œuvre. Cela exige l'abandon de soi, la confiance et le souvenir que notre but ultime est de devenir des instruments parfaits entre les mains d'Amma, ce qui fait alors de nous une simple extension d'elle-même. Parfois, nous n'avons rien à faire de spécial pour être un instrument entre les mains d'Amma. Il suffit d'être soi-même, d'être à l'aise et de laisser Amma faire le reste. Si on laisse Amma prendre les rênes, elle peut faire le meilleur usage de l'instrument que nous sommes. Amma m'a utilisé de cette manière et cela a été une merveilleuse expérience ; je suis devenu un clown, un bouffon, rien que pour alléger l'atmosphère, faire rire les gens et leur faire un moment oublier leurs problèmes.

Amma sait que presque tous ceux qui viennent la voir, partout dans le monde, ont besoin de se décharger de leurs peines. Certes, Amma veut nous enseigner la vérité ultime du Soi mais elle se met à notre niveau : spirituellement, nous en sommes à nos premiers pas, elle enseigne à des tout-petits. Donc, elle enseigne aussi par le biais de plaisanteries ou d'histoires drôles.

Voici comment j'ai eu le grand honneur de devenir une des histoires drôles légendaires d'Amma pendant toute une année :

J'étais à Los Angeles et j'enseignais dans une école primaire avant de partir faire le tour des États-Unis avec Amma pendant l'été. Je suis généralement très spontané avec mes élèves et après quelques heures de cours, ils se sont rendu compte qu'ils pouvaient me parler ouvertement. Dans une de mes classes, il y avait une élève très mignonne mais aussi très effrontée.

Elle est venue un jour à mon bureau et nous avons eu la conversation suivante :

Élève : « M. Harvey, il faut qu'on vous trouve une petite amie. »

Moi : « Comment sais-tu que je n'en ai pas déjà une ? »

(Elle m'examine en fronçant les sourcils et en secouant la tête)

Élève : « Non, vous n'avez pas de petite amie. »

Moi (très amusé) : « Alors que dois-je faire pour en avoir une ? »

Élève : « Je ne devrais pas vous le dire. Ce n'est pas agréable. »

Moi (curieux) : « Pourquoi ? »

Élève : « Ça va vous rendre triste. »

Moi (encore plus curieux) : « Non, dis-moi. Je veux savoir. »

Élève : « Vous êtes sûr ? »

Moi : « Oui. »

(L'élève devient soudain très enthousiaste et prend mes cheveux entre ses doigts)

Élève : « D'abord, ces cheveux, il faut les faire couper correctement... les longueurs sont inégales... il faut d'abord arranger ça. »

(Puis elle montre mes sourcils)

Élève : « Et puis ces sourcils, il faut les épiler... c'est une vraie jungle. »

(Montrant mes dents)

Élève : « Et regardez ces dents ; prenez du bicarbonate et essayez de les blanchir ... elles sont toutes jaunes. »

(Montrant mon visage qui n'est pas rasé)

Élève : « Vous n'êtes même pas rasé, quelle femme voudra d'un type trop paresseux pour se raser avant d'aller travailler ? »

(Montrant ma chemise froissée)

Élève : « Et regardez votre chemise... elle est toute froissée, c'est moche. »

(Montrant mes bras)

Élève : « Regardez tous ces poils sur vos bras, aucune femme ne voudra d'un homme aussi poilu... il faut les épiler. »

Etc... etc... etc...

Et elle continuait... je ne savais pas si je devais rire ou pleurer. C'était très drôle et toutes ses critiques étaient fondées.

Quand elle a eu fini de me dire tout ce qui n'allait pas dans mon apparence, je lui ai demandé : « Bon, et si je fais tout cela... que dois-je faire ensuite ? »

Élève (toujours très enthousiaste) : « Bon, une fois que vous avez fait tout ça, vous allez sur ce site internet, vous créez un profil et vous trouverez une petite amie. »

J'étais très surpris qu'elle connaisse ce genre de site internet alors, je lui ai demandé : « Mais comment se fait-il que tu connaisses ce genre de site ? »

Elle m'a regardé comme si j'étais complètement fou et a dit : « Allons, M. Harvey ! JE SUIS EN COURS ÉLÉMENTAIRE 1 !!! » (Sept à huit ans)

J'ai un jour raconté cette histoire à Amma pendant le tour, cet été-là. Amma l'a beaucoup aimée et m'a demandé de la lui écrire. C'est ce que j'ai fait, puis je n'y ai plus pensé. Mais un soir, pendant le *satsang* d'Amma, alors que j'étais dans un des bureaux adjacents à la salle du programme au centre de San Ramon en Californie, j'ai soudain entendu Swāmījī (Swāmī Amṛitaswarūpānanda) traduire une histoire qui parlait d'un instituteur... Il a dit : « Cet instituteur est quelque part dans la salle. » Curieux, je suis sorti du bureau, entré dans la salle et aussitôt, Swāmījī et Amma ont tous les deux pointé dans ma direction en disant : « C'est lui ! Cette histoire parle de lui ! »

Immédiatement, tous les yeux se sont levés vers moi... et pendant les minutes suivantes, toutes les têtes se sont tournées tantôt vers Amma, tantôt vers moi, tandis que les rires fusaient à mesure que Swāmījī racontait l'histoire qui faisait partie du *satsang* d'Amma.

Cette histoire est devenue la plaisanterie vedette dans les *satsangs* d'Amma pendant toute une année, à toutes les étapes des tours de l'Inde, puis l'été suivant pendant le tour d'été des États-Unis et pendant tout un tour d'Europe. J'ai pu entendre parler de mes sourcils épais, de mes bras poilus et de mes dents tordues et jaunies en tamoul, en hindi, en français, en espagnol, etc. Comme un de mes *sevas* consistait pendant ces tournées à prendre des photos, j'étais inévitablement sur la scène et très clairement visible quand on racontait mon histoire et Amma me montrait du doigt, ce qui ne faisait qu'augmenter les éclats de rires dans la foule. Quand Amma avait raconté cette histoire, j'ai remarqué que parfois les gens venaient vers moi et examinaient mes bras, mes sourcils ou mes dents avant de s'éloigner en souriant.

La grandeur d'Amma, c'est qu'elle peut utiliser un seul instrument pour exécuter de nombreuses tâches à la fois. Elle peut utiliser un instrument (en l'occurrence, moi), pour faire rire tout le monde et en même temps, me raffiner, m'aider à surmonter mes faiblesses intérieures. Je ne suis pas timide mais comme la plupart des gens, je doute de moi-même et je manque parfois de confiance en moi. Après avoir utilisé mon histoire pendant une année, Amma m'a un jour appelé pendant le darshan et m'a demandé si j'étais gêné, si j'avais honte quand les gens m'examinaient ainsi. J'ai répondu : « Non, en fait j'ai apprécié ! » Amma m'a regardé avec fierté et a dit que les chercheurs spirituels ne devraient pas avoir honte quand il s'agit de choses superficielles comme leur apparence physique... Ils doivent rester concentrés sur leur objectif : réaliser la beauté intérieure.

***

Quand un maître parfait comme Amma nous utilise comme instrument, au lieu de nous briser, elle nous rend plus forts et meilleurs à chaque usage. C'est qu'elle le fait avec énormément d'amour, de soin, de douceur et de spontanéité. Alors, on ne peut pas s'empêcher d'être inspiré, d'avoir le désir de progresser et de devenir une meilleure version de soi-même. Quand on rencontre Amma, on désire naturellement la rendre heureuse et fière de nous. On éprouve souvent un grand enthousiasme, on a envie de faire tout ce qu'on peut pour devenir son instrument, même si on n'est pas encore très raffiné ou parfait dans ses efforts. Quand nous arrivons auprès d'Amma, nous en sommes tous à différentes étapes de notre évolution et nous essayons de progresser en partant des niveaux les plus bas pour devenir des êtres spirituels hautement évolués. En conséquence, nous sommes parfois au départ des instruments grossiers, simples et rudimentaires. La beauté de la voie d'Amma, c'est qu'elle ne nous exclut pas, qu'elle ne nous empêche pas d'offrir nos services dès ce stade initial. Bien au contraire, elle nous donne de nombreuses occasions de servir, mettant à jour les arrêtes rugueuses et tranchantes de notre instrument afin que nous prenions conscience de ce sur quoi nous devons travailler. Plus nous avons le sentiment « C'est moi qui agis », plus nos défauts sont révélés.

Quand je suis arrivé à l'ashram, je désirais intensément devenir l'instrument d'Amma. Amma était prête à nourrir cet enthousiasme car elle savait que mes efforts me fourniraient de nombreuses occasions de voir qu'à l'époque, je ressemblais plus à la massue rudimentaire d'un homme des cavernes qu'à un instrument raffiné.

Comme la plupart d'entre nous, je suis arrivé auprès d'Amma avec toutes sortes de défauts et de faiblesses. Dans mon cas, il y avait beaucoup d'arrogance, de colère, un manque de patience, etc. Amma m'appelait souvent Durvāsā, Jarāsandha ou Vishvāmitra ; tous ces personnages des Écritures sont connus pour leur tempérament de feu.

Amma crée constamment des situations pour révéler nos faiblesses, nous en faire prendre conscience et nous permettre finalement de les surmonter. Bien des années avant que le gouvernement impose un personnel de sécurité officiel à l'ashram d'Amritapuri, il y avait une liste d'hommes occidentaux chargés de garder l'accès à la chambre d'Amma, juste en-dessous. Je me suis senti très honoré quand on m'a demandé de faire ce seva. En-dehors du fait que j'avais vu beaucoup de films d'action, je n'avais aucune qualification ; malgré tout, j'étais très orgueilleux et beaucoup trop sûr de moi.

Amma rentrait un jour dans sa chambre après le darshan quand une femme étrange est apparue. Elle avait vraiment l'air suspecte, je l'ai donc tenue à l'œil pendant qu'Amma passait devant elle et commençait à monter l'escalier qui mène à sa chambre. Soudain, cette femme étrange s'est mise à suivre Amma. Comment pouvais-je laisser cette assaillante suivre Amma dans sa chambre ?!? Jamais de la vie ! Quelle belle occasion d'entrer en action et d'être un héros ! Je pouvais sauver Amma de cette femme ! Héroïquement, j'ai ordonné à cette femme de s'arrêter et, sans attendre une seconde qu'elle réponde ou suive mon ordre, je l'ai attrapée par l'épaule et je l'ai fait pivoter, l'empêchant ainsi avec succès d'arriver jusqu'à Amma.

J'éprouvais la fierté du héros ; mais en voyant le choc qu'exprimaient tous les visages autour de moi, je me suis rendu compte que cette personne n'était peut-être pas l'assaillante que je croyais. Personne ne m'a aidé à retenir cette « méchante » parce que tout le monde, sauf moi, savait qu'elle était présidente de la chaire de l'UNESCO pour l'étude expérimentale sur l'innovation et le développement durable ; directrice et professeur au Centre Amrita pour les réseaux et les applications sans-fil ; doyenne de programmes internationaux : Dr. Manisha.

Aujourd'hui encore, Amma aime me rappeler cette histoire ainsi qu'à Manisha (qui est maintenant une bonne copine) ; je l'ai attrapée par les cheveux, comme un homme des cavernes, pour la tirer loin d'Amma. J'espère avoir payé un peu de cette dette karmique car, pendant les quinze dernières années, un de mes *sevas* pendant le tour des États-Unis consistait à charger les bagages dans le camping-car d'Amma avant le départ pour la ville suivante. Comme Manisha voyage souvent avec Amma dans le camping-car, je charge aussi les bagages de Manisha.

***

Mais la plus belle occasion qu'Amma m'a donnée pour essayer de devenir sans cesse un meilleur instrument est sans doute le *seva* qui consiste à donner les tickets de darshan. C'est une merveilleuse bénédiction de pouvoir aider les gens à obtenir l'étreinte magique d'Amma et, en même temps... c'est incroyablement dangereux. Il arrive que je me cache dans ma chambre pour éviter d'être poursuivi par des foules en colère une fois la table des tickets fermée ou bien, si je n'ai pas donné assez de tickets, que je me cache d'Amma.

J'ai d'innombrables histoires, des expériences, des leçons qu'Amma m'a enseignées à travers ce *seva* mais je vais vous en raconter juste une :

Bien souvent, surtout pendant la saison touristique, quand les foules sont très nombreuses, je suis mal à l'aise et anxieux quand il s'agit de donner des tickets car Amma termine le darshan très tard chaque nuit. Je me dis que plus je donne de tickets, plus Amma termine tard et je me sens responsable puisque je contribue à la faire rester. Je traverse une lutte intérieure et je pense : « Si je peux donner moins de tickets, Amma pourra finir un peu plus tôt et se reposer un peu plus. »

Cette idée s'est souvent manifestée par de la frustration quand je voyais des gens qui, à mon avis, demandaient trop souvent des tickets. Toutes les nuits, j'assistais au sacrifice qu'Amma faisait de son corps ; elle donnait parfois le darshan jusqu'à deux ou trois heures du matin. Quelques heures plus tard, j'étais de retour à la table des tickets et je voyais les mêmes visages, les mêmes personnes qui demandaient un darshan. Je comprends l'attirance indéniable qu'Amma exerce et le désir de plonger une fois encore dans la rivière de béatitude incroyable qu'est l'amour d'Amma mais je pensais aussi... « Est-ce que ça ne vous suffit pas ? »

Tout au fond de moi, je savais bien que je ne voyais que la surface de ces personnes, que je les jugeais sans rien savoir de la plupart d'entre eux, sans savoir de quels problèmes ils se déchargeaient en les déposant dans les bras d'Amma. Malgré cela, je penchais toujours du côté de l'avarice pour protéger le corps d'Amma et en conséquence, j'affrontais la colère des gens auxquels je demandais de revenir un autre jour ; et finalement, Amma aussi me disputait.

Donner les tickets, ce devrait être la manière la plus facile pour moi d'être l'instrument d'Amma. Il suffit d'obéir, d'appliquer exactement les instructions données directement par Amma. Mais l'ego est subtil et le sentiment d'être celui qui agit est très difficile à dépasser. Abandonner le contrôle, renoncer à nos idées sur la manière dont il faudrait faire les choses est donc souvent une lutte. La beauté de ce *seva*, c'est que je reçois chaque jour et parfois immédiatement les recommandations d'Amma quand j'essaie de faire les choses à ma manière et non pas à la sienne qui est toujours juste. Le don suprême d'Amma, c'est qu'elle utilise chaque seconde de sa vie à nous montrer ce que signifie réellement être un instrument de Dieu, et cela par son exemple. Dans la mesure où nous sommes capables de suivre ses instructions et son exemple, nous devenons de meilleurs instruments.

Je me rappelle le cas d'un couple d'Européens qui était venu à un moment où il y avait énormément de monde à l'ashram. Je me montrais très strict en distribuant les tickets et ce couple était très fâché : ils ne pouvaient pas venir au darshan aussi souvent qu'ils l'auraient souhaité. Au cours de leur bref séjour, je m'étais disputé plusieurs fois avec eux et ils étaient partis vraiment mécontents de moi. Pendant cette période, Amma m'a appelé tard une nuit et m'a demandé de donner des tickets aux gens qui étaient tristes. Quand je l'ai implorée en disant qu'il était déjà tard et que beaucoup d'entre eux étaient déjà souvent venus au darshan, elle m'a expliqué avec beaucoup d'amour tous les sacrifices que ces personnes avaient faits pour venir à l'ashram : prendre des congés, économiser de l'argent, etc. Pour certains, c'était le seul moment de l'année où ils pouvaient voir Amma.

Amma a terminé la leçon en me regardant avec un grand sourire et en me donnant une dernière instruction : à partir de maintenant, elle voulait que je porte un masque quand je donnais les tickets. C'était bien avant le Covid. Elle m'a dit de porter un masque où serait peint un sourire permanent. Elle savait bien que je n'étais pas encore capable de sourire sincèrement à chaque personne mais elle voyait en moi cette capacité. Et jusqu'à ce que je devienne un instrument plus raffiné, Amma voulait que tous voient un visage souriant quand ils venaient chercher leur ticket.

J'ai essayé de mon mieux de me rappeler le tendre conseil d'Amma et de toujours garder le sourire quand je donnais des tickets. Parfois, je réussissais, parfois j'échouais. Plusieurs mois ont passé. Puis, j'ai remarqué que ce couple d'Européens qui avait quitté l'ashram en pensant que j'étais le diable était de retour pour une autre brève visite. Je me suis dit que c'était l'occasion parfaite de mettre mon masque spécial, arborant un sourire. Quand ils sont venus à la table demander un ticket, j'ai bien senti qu'ils étaient prêts à batailler... Mais j'avais un immense sourire, rayonnant... et cela les a totalement désarmés. Je leur ai parlé avec douceur et je leur ai donné des tickets. Ils sont partis presque en état de choc. Heureusement, cette fois-ci il y avait beaucoup moins de monde à l'ashram que lors de leur précédente visite. En fait, je faisais souvent une ronde, tard dans la nuit, en quête de personnes auxquelles donner des tickets. J'ai mis un point d'honneur à toujours essayer de trouver ce couple.

Quand ils sont partis, nous étions bons amis et nos contacts se déroulaient dans la bonne humeur.

***

L'amour d'Amma est l'aimant qui fait émerger notre beauté intérieure. Elle a toujours été là, en nous, mais sous le poids de nos impuretés intérieures elle ne pouvait pas se révéler, elle demeurait cachée. Quand l'aimant d'Amma commence à faire émerger cette beauté intérieure, la première chose qui remonte est la saleté qui la recouvrait. Une fois qu'elle a été enlevée, nous pouvons devenir de vrais instruments et inspirer les autres par nos actions.

Pendant plusieurs années, dans le cadre de l'aide aux victimes du tsunami organisée par Amma, j'ai eu la chance de participer au projet Amṛita Kuṭīram, c'est-à-dire à la construction de maisons. Chaque année, des étudiants d'une université japonaise venaient se joindre à nous en tant que bénévoles. En 2006, plus de quatre-vingts d'entre eux nous ont accompagnés à Nagapattinam, dans le Tamil Nadu, pour contribuer au travail de reconstruction après le tsunami. Cette année-là, il y avait dans le groupe japonais bien des visages familiers car de nombreux étudiants venaient pour la deuxième ou la troisième fois. Mais il y avait aussi parmi eux un nouveau visage qu'il était difficile d'oublier.

Je me rappelle bien l'arrivée du groupe quand j'ai vu ce jeune ; Takaki souffrait de paralysie cérébrale. Au niveau intellectuel, il fonctionnait parfaitement, mais il était en chaise roulante. Il avait une maîtrise très limitée de ses muscles, il avait des difficultés à faire le moindre mouvement et même à parler. Quand Takaki a rencontré Amma à Tokyo en 2003, il l'a regardée donner le darshan pendant des heures. En voyant ses efforts inlassables, il a eu le désir de faire quelque chose pour les autres. Il voulait lui aussi être un instrument. Il savait que ses camarades venaient en Inde depuis plusieurs années pour participer à l'œuvre d'Amma en construisant des maisons, mais ses possibilités physiques étant si limitées, il paraissait irréaliste qu'il y aille. Il ne voulait pas devenir un fardeau pour les autres bénévoles en prenant sur leur temps de travail et se sentir coupable. Comme il avait tort !

Une fois arrivés à Nagapattinam, la première journée de *seva* n'a pas été très différente de n'importe quel jour sur un chantier en Inde : il faisait très chaud, il y avait beaucoup de travail manuel très physique... et rien à faire pour Takaki. Il a passé la première journée à regarder les autres dans son fauteuil roulant, en attendant l'occasion d'aider.

Le lendemain, son désir a été exaucé. Certaines maisons en étaient au stade de la peinture. J'ai suggéré que Takaki pourrait peut-être peindre. Cette idée l'a enthousiasmé et il a aussitôt accepté d'essayer. Nous nous sommes concertés pour trouver le moyen de lui rendre le travail plus facile ; puis quelques camarades ont porté Takaki sur leurs dos jusqu'à un échafaudage. Comme il ne peut pas agripper les objets, on a fixé un pinceau à sa main et il était prêt à commencer. On guidait sa main pour qu'il trempe le pinceau dans le seau de peinture et ensuite, avec de grands efforts, il appliquait la peinture sur le mur en bougeant le bras. La peinture volait partout, elle éclaboussait tout le monde autour de lui mais cela ne dérangeait personne. Personne ne s'est écarté. Il y a eu autour de lui un petit rassemblement et plusieurs l'ont regardé faire avec des larmes dans les yeux. Visiblement touché, un de ceux qui supervisaient ce chantier a mis les mains sur son cœur et a dit : « Voilà un vrai service. »

Pendant plusieurs heures, Takaki a peint cette maison. Toute la journée, les passants se sont arrêtés pour lui crier des encouragements. La blague, c'est qu'il mettait autant de peinture sur lui que sur le mur. Les gens se relayaient pour le soutenir sur l'échafaudage et l'aider à tremper le pinceau dans le seau de peinture.

Au coucher du soleil, la maison avait changé d'apparence : la couleur grise du ciment avait cédé la place à la couleur rose, celle du soleil couchant. Plusieurs bénévoles avaient passé des heures à peindre la maison mais l'effort de Takaki était unique. Par cet acte tout simple, peindre la maison, il avait rempli les cœurs de tous ceux qui avaient eu la bénédiction d'en être les témoins. Son effort a permis aux autres de croire qu'ils pouvaient eux aussi apporter leur contribution et que, malgré leurs limites, ils peuvent faire une différence.

Takaki est un bel exemple de quelqu'un qu'Amma a inspiré et qui a réussi à dépasser ses limites physiques ; à son tour, il inspire les autres par son attitude et son service.

Amma nous montre chaque jour la beauté et la joie d'une vie consacrée à servir les autres, en faisant passer leurs besoins avant les nôtres. Quand on fait quelque chose avec une attitude désintéressée, on devient automatiquement l'instrument de Dieu. Amma crée les conditions parfaites à notre croissance spirituelle et cela nous mènera finalement à réaliser que tout ce que nous voyons est lumière et que chacun est une partie de nous-même. Ensuite, nous aurons automatiquement de la compassion pour la création entière et en conséquence, nous servirons tous les êtres.

Je prie pour que nous ayons la grâce de mettre pleinement à profit les chances qui nous sont données et de devenir de parfaits instruments entre les mains d'Amma.

Glossaire

abhyāsa : pratique spirituelle assidue, effort constant.

adharma : ce qui est contraire au *dharma*, à la loi divine, qui s'écarte de l'harmonie naturelle.

adhyāsa : superposition ; l'erreur qui consiste à attribuer par ignorance les qualités d'un objet à un autre. Exemple : voir un morceau de corde dans la pénombre et croire qu'il s'agit d'un serpent.

Ādi Śhaṅkarāchārya : (8ème siècle de notre ère) figure révérée de l'Hindouisme ; l'avocat principal de la philosophie de la non-dualité *(advaita)* dont il rétablit la suprématie. Ses commentaires sur les *Upaniṣhads*, la *Bhagavad Gītā* et les *Brahma Sūtras* font aujourd'hui encore autorité ; il est aussi l'auteur du *Saundarya lahari* (Vagues de beauté) un hymne qui célèbre le dynamisme et la beauté de la Déesse.

advaita : (mot-à-mot) non-deux ; non-duel ; philosophie qui enseigne qu'en essence, le *jīva* (l'âme individuelle) et *jagat* (l'univers) ne font qu'un avec Brahman, la Réalité suprême.

« advaïtique » : qui relève de l'*advaïta.*

ahaṅkāra : mot composé de *aham*, « je » et de *kāra*, « celui qui crée » ; il désigne le sentiment d'être un « moi » séparé du reste de l'univers.

AIMS Hospital ; Hôpital AIMS : Amrita Institute of Medical Sciences (Institut Amrita de Sciences Médicales), un hôpital équipé de spécialités de pointe, situé à Kochi, Kerala

ammamār : mot malayalam, pluriel de mère.

amṛit : nectar de l'immortalité, une substance divine qui symbolise la vie éternelle et la libération du cycle des naissances et des morts.

Amṛitānandamayī : « Pleine de béatitude immortelle », le nom sous lequel Amma est connue dans le monde entier.

Amritapuri : le siège international du Mata Amritanandamayi Math, situé sur le lieu de naissance d'Amma, dans le Kerala, Inde.

Amṛitavarṣham50 : la célébration du 50ème anniversaire d'Amma qui prit la forme d'un événement international fait de dialogue et de prières. Il se déroula à Kochi, Kerala, en septembre 2003, sur le thème « Embracing the World for Peace & Harmony » (Étreindre le monde pour la paix et l'harmonie). Les fêtes durèrent quatre jours ; y assistèrent des entrepreneurs de différents pays, des artisans de la paix, des éducateurs, des guides spirituels, des défenseurs de l'environnement, les plus importants chefs politiques de l'Inde et des artistes ; il y eut chaque jour plus de 200 000 personnes, parmi lesquelles des représentants de chacun des 191 pays membres des Nations Unies.

Amṛita Kuṭīram : un projet humanitaire du Mata Amritanandamayi Math, la construction de maisons gratuites pour des familles très pauvres dans tous les états de l'Inde.

Amrita Vidyalayam : un réseau national d'écoles gérées par le Mata Amritanandamayi Math ; elles proposent une éducation fondée sur les valeurs universelles et incluent le primaire et le secondaire.

Amrita Vishwa Vidyapeetham : une université privée, multidisciplinaire, qui comprend aujourd'hui (2025) neuf campus ; elle est actuellement classée parmi les meilleures universités en Inde (7ème) par le National Institutionnal Ranking Framework.

ārati : le rituel traditionnel dans lequel on offre de la lumière sous la forme du camphre qui brûle en sonnant une cloche devant la divinité du temple ou devant une personne sainte, en conclusion d'une *pūjā*, d'une adoration. Le camphre ne laisse pas de résidu quand il brûle, ce qui symbolise l'anéantissement total de l'ego. Lors des programmes, des dévots se relayent pour accomplir le rituel devant Amma pendant qu'elle répand des pétales sur eux et que l'on chante le chant de l'*ārati*.

archana : « Offrande en adoration ». Une forme d'adoration dans laquelle on récite les noms d'une déité, généralement 108, 300 ou 1000 noms en une session, par exemple le *Lalitā Sahasranāma*.

Arjuna : un grand archer, l'un des héros du *Mahābhārata*. C'est à Arjuna que Kṛiṣhṇa s'adresse dans la *Bhagavad-Gītā*.

artha : but, richesse, substance ; un des quatre *puruṣārthas* (les buts de la vie humaine).

arthārthī : une des quatre sortes de dévots mentionnées dans la *Bhagavad Gītā* ; un *arthārthī* est celui qui prie pour obtenir la richesse.

āsana : posture du corps, désigne généralement une posture de yoga ou une posture assise favorable à la méditation. C'est aussi le siège que l'on utilise pour la méditation assise.

āśhram : « lieu où l'on s'efforce » (de réaliser Dieu). Un endroit où les chercheurs spirituels vivent ou séjournent pour y mener une vie spirituelle et faire une *sādhana*. C'est généralement la résidence d'un maître spirituel, d'un saint ou d'un ascète qui guide les chercheurs.

ātmā (ātman) : le Soi. La nature essentielle de notre existence réelle. Un des principes fondamentaux du *Sanātana dharma*, c'est que nous ne sommes ni le corps physique ni les émotions, ni le mental ni l'intellect ou la personnalité. Nous sommes le Soi, pur, éternel et que rien ne peut souiller. Souvent traduit par « âme », mais le Soi n'est pas créé, il est éternel, contrairement à l'âme dans le christianisme.

avatar : de la racine sanscrite *ava-tarati*, descendre ; incarnation divine, « descente ». Une incarnation du Divin. Dieu s'incarne dans le but de protéger le bien, de détruire le mal, de rétablir l'harmonie et la justice dans le monde et de guider l'humanité vers le but spirituel. Il est très rare qu'une incarnation soit une incarnation totale *(pūrnāvatār)*.

avyakta : non manifesté

Āyurvēda : médecine traditionnelle de l'Inde.

Āyurvēdique: qui se rapporte à l'Āyurvēda

bhaga : les six qualités bénies, c'est-à-dire *jñāna* (la connaissance), *aiśhvarya* (la souveraineté), *śhakti* (l'énergie), *bala* (la puissance), *vīrya* (la vaillance) et *tējas* (la splendeur spirituelle). Quiconque possède ces qualités est appelé Bhagavān (Dieu) ou Bhagavatī (Déesse).

Bhagavad Gītā : « Le Chant du Seigneur » ; composé de dix-huit chapitres écrits en versets, dans lesquels le Seigneur Kṛiṣhna conseille Arjuna. L'enseignement est donné sur le champ de bataille de Kurukṣētra, juste avant que les vertueux Pāṇḍavas combattent les Kauravas, ennemis du dharma. C'est un guide pratique pour surmonter toute crise pouvant survenir dans notre vie personnelle ou sociale et l'essence de la sagesse védique.

Bhagavān : Dieu, Celui qui possède les six qualités divines liées à *bhaga* (voir *bhaga*).

Bhāgavata Purāṇa : aussi appelé *Bhāgavatam* ; c'est l'un des dix-huit *Purāṇas*, une œuvre en sanscrit qui raconte la vie, les jeux et transmet les enseignements de différentes incarnations de Vishṇu, essentiellement celle du Seigneur Kṛishṇa. Le *Bhāgavatam* relève de la voie de la dévotion.

bhajan : chant dévotionnel ou hymne de louange à Dieu.

bhakti : la dévotion envers Dieu.

Bhakti Sūtras : aphorismes sur la dévotion attribués au sage Nārada.

bhakti yōga : la voie de la dévotion.

Bhārat : l'Inde

bhāṣhya : commentaire ou exposition d'un texte.

bhava : identification intérieure à une déité.

Brahma Sūtras : aphorismes écrits par le sage Bādarāyaṇa (Vēda Vyasa) et qui exposent la philosophie du Vēdanta. Un texte philosophique essentiel qui synthétise les enseignements des *Upaniṣhads* ; appelé aussi *Vēdānta Sūtras.*

brahmachārī : un disciple célibataire qui fait des pratiques spirituelles sous la direction d'un guru ; *brahmachārinī* est l'équivalent féminin.

brahmacharya : le célibat ; voir *āśhrama*. Brahma signifie aussi Vēda. *Brahmacharya* est donc l'étape de la vie où l'on s'adonne à l'étude des *Vēdas*, tout en disciplinant le mental et les sens, sous la direction d'un *āchārya* (enseignant).

Brahman : la vérité ultime au-delà de tout attribut ; la Réalité suprême qui est le support de toute vie ; le substrat divin de l'existence.

Brahmasthānam : « la demeure de Brahman ». Le nom des temples consacrés par Amma dans différents états de l'Inde et à l'Île Maurice. Le sanctuaire du temple est doté d'une idole unique, une pierre dont les quatre faces sont sculptées ; cela symbolise l'unité qui sous-tend la diversité des formes divines.

Bṛihadāraṇyaka : une des *Upaniṣhads* les plus anciennes et les plus importantes.

buddhi : l'intellect, la faculté de raisonner

darshan : entrevue avec une personne sainte ou vision du Divin. Le darshan emblématique d'Amma est une étreinte.

darshan token : ticket avec un numéro, distribué aux dévots qui veulent recevoir le darshan d'Amma.

dēva : déité ou dieu ; être divin ; être céleste. Dēva est la forme masculine. L'équivalent féminin est dēvī.

Dēvī : déesse ; la Mère divine (l'aspect féminin de Dieu).

Dēvī Bhāva : l'état divin d'identification à Dēvī ; le *darshan* qu'Amma donne en révélant son unité avec la Mère divine.

Dēvī Mahatmyam : aussi appelé *Durgā Saptaṣhaṭi*, 700 versets dédiés à Durgā ; l'œuvre raconte comment la Mère divine a vaincu le mal sous la forme du démon Mahiṣhāsura.

Dhanvantari : fondateur de l'Ayurvēda, incarnation partielle de Viṣhṇu et médecin des dēvas.

dhāraṇā : concentration. Sixième des huit « membres » *(aṣhtāṇga)* du yoga décrits par le sage Patañjalī dans ses *Yōga Sūtras.*

dharma : « ce qui soutient (l'univers) ». *Dharma* désigne généralement l'harmonie divine, le code de la conduite juste, le devoir sacré, ou la loi éternelle.

dhyāna : méditation.

Dukha : la souffrance

Durgā : une manifestation de la Mère divine, souvent représentée tenant un grand nombre d'armes et chevauchant un lion ou un tigre.

dvaita : dualité ; la philosophie qui considère que Dieu et l'âme individuelle sont deux entités séparées.

ēkāgrata : la concentration en un seul point.

Gaṇēśha : déité avec une tête d'éléphant, fils du Seigneur Śhiva et de la Déesse Pārvatī.

Gaṅgā : le Gange, la rivière la plus sacrée de l'Inde.

gōpa : petit bouvier de Vṛindāvan

gōpī : les laitières de Vṛindāvan. Les *gōpīs* étaient célèbres pour leur ardente dévotion au Seigneur Kṛiṣhṇa. Leur dévotion est l'exemple de l'amour le plus intense pour Dieu.

Gōvardhan : montagne mentionnée dans le *Bhāgavata Purāṇa* ; Kṛiṣhṇa tint la montagne comme un parapluie pour abriter les habitants de Vriṇdāvan des pluies torrentielles envoyées par Indra.

gṛihastha : chef de famille ; se trouve dans la seconde des quatre étapes de la vie *(āśhramas)*, qui incluent *brahma charya* (la vie d'étudiant célibataire), *gārhasthya* (la vie de chef de famille), *vānaprastha* (la vie retirée consacrée à la contemplation) et *sannyāsa* (la vie de renoncement complet).

guṇa : une des trois qualités : *sattva*, *rajas* et *tamas*. Les êtres humains manifestent une combinaison de ces trois qualités. *Sāttva* est associé au calme et à la sagesse, *rājas* à l'activité et à l'agitation et *tāmas* à l'inertie, à l'apathie.

Guru : maître spirituel.

Guru Granth Sāhib : le livre sacré des Sikhs.

guru kṛipa : la grâce du guru.

Guru Pūrṇimā : le jour de la pleine lune *(pūrṇimā)* du mois hindou *āṣhāḍha* (juin-juillet) ; ce jour-là, les disciples honorent le guru ; c'est l'anniversaire du sage Vyāsa, compilateur des

Vēdas, auteur des *Purāṇas*, des *Brahma Sūtras*, du *Mahābhārata* et du *Śhrīmad Bhāgavatam.*

gurukula : école traditionnelle où les enfants vivent avec un guru qui leur donne la connaissance des Écritures et celle des sciences, tout en leur transmettant les valeurs de la spiritualité.

Hanumān : le *vānara* (singe) disciple et compagnon de Rāma. Un des personnages principaux de l'épopée du *Rāmāyaṇa.*

Hanumān Chālīsā : hymne dévotionnel dédié au Seigneur Hanumān, composé par Gōswāmī Tulsīdās ; il comprend 40 versets. Prière de 40 versets = *chālīsā.*

haṭha yoga : exercices physiques ou *āsanas* conçus pour améliorer le bien-être général en tonifiant le corps et en ouvrant différents canaux du corps pour aider l'énergie à circuler librement ; la science du *prāṇāyama* (maîtrise de la respiration) inclut d'autres aspects du yoga, parmi lesquels les *āsanas* et les *mudras* (gestes ésotériques des mains qui correspondent à des énergies ou à des pouvoirs spécifiques).

IAM™ : Integrated Amrita Meditation,™ une pratique de méditation formulée par Amma qui associe des techniques simples d'étirements (yoga), de respiration *(prāṇāyama)* et de concentration.

iṣhṭa dēvatā : la forme du Divin que l'on chérit

Jagadambā : Mère de l'univers, un des noms de la Mère divine.

jagadguru : guru universel.

Jagadjananī : voir Jagadambā.

japa : répétition d'un mantra.

-jī : suffixe honorifique ajouté à un nom ou à un titre en signe de respect.

jijñāsu : une des quatre sortes de dévots mentionnées dans la Bhagavad Gītā, celui qui aspire à connaître Dieu ; celui qui *est désireux* de connaître quelque chose.

jñāna : la connaissance de la Vérité. Un *jñānī* est celui qui connaît la Vérité.

jñāna yoga : la voie de la connaissance. Un des quatre yogas principaux, les autres étant *bhakti*, *karma* et *rāja yōga.*

jñānī : une des quatre sortes de *dévots* mentionnées dans la *Bhagavad Gītā*, celui qui connaît Dieu, qui a la connaissance du Soi.

Kabīr : mystique, poète et saint du 15ème siècle. Aussi appelé Sant (saint) Kabīr. Né à Varanasi (Bénarès). Voie de la *bhakti.*

kaḷari : petit temple où Amma donnait autrefois le *darshan* en *Kṛiṣhṇa Bhāva* et en *Dēvī Bhāva.*

Kāḷī : déesse à l'aspect redoutable qui anéantit l'ego et donne la libération ; on la représente le teint sombre, portant une guirlande de crânes (les egos qu'elle a tués) et une ceinture de mains humaines coupées (actions et *karmas*) ; féminin de *kāla* (le temps).

Kāḷī Temple : le temple principal d'Amritapuri, dédié à Kāḷī.

Kali Yuga : l'âge sombre actuel du matérialisme et de l'ignorance (voir *yuga*).

kāma : le désir sexuel, la concupiscence, le désir en général.

Kāmadhēnu : la vache mythique qui exauce tous les désirs.

Kāñchipūram : ville sacrée appelée aussi « la ville aux mille Temples », située dans le Tamil Nadu.

karma : action ; activité mentale, verbale ou physique ; chaîne des effets produits par nos actions.

karma kāṇda : la partie des *Vēdas* consacrée aux rituels.

karma-yōga : la voie de l'action, la voie du service désintéressé.

kāruṇya : la compassion, la bonté.

Kathōpaṇiṣhad : *Upaṇiṣhad* écrite sous la forme d'un dialogue entre l'adolescent Nachikētas et Yama, le dieu de la Mort. C'est l'une des *Upaṇiṣhads* principales.

kīrtana : chant dévotionnel, récitation d'hymnes ou de noms ; il est pratiqué par un groupe, souvent accompagné de musique et de danses.

kṛipā : grâce divine

Kṛiṣhṇa : de '*kṛiṣh*', « celui qui attire à lui » (comme un aimant) « celui qui efface le péché », « celui qui est sombre ». La principale incarnation du dieu Viṣhṇu. Né dans une famille royale mais élevé par des parents adoptifs, il mena la vie d'un petit bouvier à Vrindavan, où il était aimé et adoré par ses compagnons pleins de dévotion, les *gōpis* (laitières) et les *gōpas* (bouviers). Kṛiṣhṇa devint ensuite le souverain de Dvaraka. Il était l'ami et le conseiller de ses cousins, les Pāṇḍavas, surtout d'Arjuna, dont il fut le conducteur de char pendant la guerre du *Mahābhārata*, et auquel il révéla son enseignement dans la *Bhagavad Gītā.*

Kṛiṣhṇa Jayantī : fête qui célèbre la naissance du Seigneur Kṛiṣhṇa, appelée aussi *janmāṣhṭami.*

krōdha : la colère.

Kuntī : mère de Karṇa et des Pāṇḍavas, réputée pour sa beauté, son intelligence et sa perspicacité.

Lalitā Sahasranāma : les Mille noms de *Śhrī Lalitā Dēvī*, une forme de la Déesse.

līlā : jeu divin.

lōka : un/le monde.

lōkāḥ samastāḥ sukhinō bhavantu : « Puissent tous les êtres dans tous les mondes être heureux ». Une prière pour la paix et le bien-être universels.

Mahābhārata : épopée de l'Inde ancienne dont l'auteur est le sage Vyāsa ; il y dépeint la guerre qui opposa les vertueux Pāṇḍavas aux méchants Kauravas.

mahātmā : « grande âme ». Amma emploie ce terme pour désigner un être réalisé.

mālā : guirlande ; rosaire, généralement fait soit de graines de *rudrākṣha*, soit de perles de bois de *tulasī* ou de bois de santal.

manana : la contemplation sur un thème spirituel.

mānasa pūjā : adoration accomplie mentalement.

mantra : un son, une syllabe, un mot ou des mots au contenu spirituel. Selon la tradition, les *mantras* ont été révélés aux *ṛiṣhis* alors qu'ils étaient absorbés en profonde contemplation. C'est une formule sacrée ou une prière que l'on répète. Cette répétition purifie et nous rapproche ainsi de Dieu, du Soi. Le *mantra* est plus efficace si on le reçoit d'un maître spirituel lors d'une initiation.

Matruvani : La Voix de la Mère. Le magazine de l'ashram, destiné à faire connaître l'enseignement d'Amma et ses activités. Il paraît actuellement en dix-sept langues (dont neuf langues indiennes).

māyā : l'illusion cosmique, personnifiée comme une tentatrice ; l'illusion ; l'apparence, par opposition au réel ; la puissance créatrice du Seigneur.

Mīrābaī : une grande sainte et mystique, poétesse, princesse rajpute, célèbre pour sa dévotion absolue à Kṛiṣhṇa ; elle vécut au 16ème siècle.

mōkṣha : la libération du cycle des naissances et des morts.

mumukṣhutva : désir intense d'atteindre la libération.

Ōm : son primordial de l'univers ; la graine de la création. Le son cosmique que l'on peut entendre en méditation profonde ; la syllabe sacrée enseignée dans les *Upaniṣhads* qui symbolise Brahman, le substrat divin de l'existence.

(Ōm) Namaḥ Śhivāya : « Salutations à Śhiva, le dieu propice, le Soi » ; mantra célèbre ; c'est la façon de se saluer dans les ashrams d'Amma.

Nānak : guru Nānak, le fondateur du Sikhisme.

Nārada : sage errant qui ne cesse jamais de chanter les louanges de Viṣhṇu. Il est l'auteur des *Nārada Bhakti Sūtras*, aphorismes sur la dévotion.

Narmadā : une des rivières sacrées de l'Inde.

nēti nēti : une méthode de la philosophie de l'*advaïta* qui consiste à discerner entre le réel et l'irréel en niant ce qui n'est pas réel. Mot à mot : « pas ceci, pas ceci ».

nididhyāsana : méditation profonde et répétée sur les affirmations des Écritures.

nimittamātram : mot à mot : « un simple instrument » ; généralement utilisé en référence à la *Bhagavad Gīta*, verset 11.33, pour indiquer le fait d'être un simple instrument entre les mains du Divin.

nirguṇa : sans attributs (au contraire de *saguṇa*).

nirōdha : la maîtrise ou la suppression.

Nisargadatta : Nisargadatta Maharaj, (1897-1981) être réalisé professant l'*advaïta* qui vécut à Mumbaï. Ses paroles ont été recueillies et publiées dans plusieurs livres, dont Je suis *(I am that)*.

pāda pūjā : rituel d'adoration qui consiste à laver les pieds du guru, du maître, en signe de gratitude.

pāduka : sandales traditionnelles que l'on peut utiliser comme support de l'adoration ; elles représentent symboliquement les pieds du guru ; le corps repose sur les pieds, ainsi la vie du guru repose sur la Connaissance.

parābhakti : la dévotion suprême, totalement désintéressée

paradharma : désigne le devoir d'une autre personne, au contraire du *svadharma* (le *dharma* personnel).

paramparā : la transmission de connaissance et de pratiques dans une lignée, une tradition.

Pārtha : « fils de Prithā », un des noms d'Arjuṇa souvent employé par le Seigneur Kṛiṣhṇa dans la *Bhagavad Gītā.*

pāyasam : pudding sucré.

pīṭham : petite plate-forme ; siège pour le guru ; désigne aussi un trône ou un centre de connaissance spirituelle.

pradakṣhiṇa : faire le tour d'un objet, d'un lieu sacré ou d'une personne, généralement dans le sens des aiguilles d'une montre, en signe de respect et pour s'y relier spirituellement.

prārabdha : ou *prārabdha karma* ; désigne la part de notre karma passé qui est la cause de notre naissance et de notre vie actuelle.

prasad : offrande bénie ou cadeau venant d'une personne sainte ou d'un temple, souvent sous la forme de nourriture.

prasāda-buddhi : l'attitude qui consiste à voir tout ce que l'on reçoit, tout ce qui nous arrive, comme un cadeau de Dieu.

prēma : un amour profond.

pūjā : rituel d'adoration.

pūjāri : celui qui accomplit le rituel ; *pūjārini* est la forme féminine.

pūjā manō bhava : attitude d'adoration.

Rādhā : compagne éternelle du Seigneur Kṛiṣhṇa, *gōpī* qui est l'exemple de la dévotion suprême.

Rāmakṛiṣhṇa Paramahaṁsa : maître spirituel du Bengale (1836 – 1886), célébré comme l'apôtre de l'harmonie religieuse. Il a engendré une renaissance spirituelle qui continue à toucher la vie de millions de personnes.

Rāmāyaṇa : poème épique très ancien qui raconte la vie de Rāma et décrit son époque ; comprend 24 000 versets en sanskrit. Auteur : Valmiki.

ṛiṣhi : sage auxquels des mantras sont révélés intérieurement en méditation profonde.

Ṛiṣhikēśh : ville sacrée située au bord du Gange, dans le nord de l'Inde.

sādhak (sādhaka) : chercheur spirituel qui consacre sa vie à atteindre le but de la spiritualité et accomplit une *sādhanā.*

sādhanā : ensemble de pratiques spirituelles, effectuées avec régularité et enthousiasme, qui mène au but suprême de la réalisation du Soi.

sadhu : un ascète religieux, un moine mendiant ou une autre personne sainte qui a renoncé à la vie dans le monde. (hindouisme et jaïnisme).

saguṇa : avec attributs (au contraire de *nirguṇa).*

samādhi : mot à mot : cessation de tous les mouvements du mental ; unité avec Dieu ; un état transcendantal dans lequel tout sentiment de l'identité individuelle disparaît ; union avec la réalité absolue ; un état de concentration intense dans lequel la conscience est totalement unifiée.

samarpaṇam : l'abandon total de soi (à Dieu).

samatva : égalité d'humeur ou équanimité.

saṁsāra : cycle des naissances et des morts ; le monde du changement continuel ; la roue de la naissance, de la mort et de la renaissance.

saṁskāra : impression ; rite ou rituel.

Sanātana Dharma : approximativement : « la loi éternelle » ou « la voie éternelle » le nom original et traditionnel de l'hindouisme.

saṅkalpa : résolution divine, mot généralement employé pour désigner la résolution d'un *mahātmā.*

sāṅkhya : une des *ṣhad darśhana* ou six philosophies orthodoxes (reconnaissant les *Vēdas*) du *Sanātana dharma.* C'est une philosophie *dvaïta* (dualiste) fondée par le sage Kapila.

sannyāsī : *sannyāsin.*

sannyasin/sannyasini : moine ou nonne qui a fait des vœux.

Sanskrit : langue des textes sacrés les plus anciens : le *Ṛik Vēda* et les trois autres *Vēdas* ; langue du vaste corpus des Écritures sacrées de l'Inde antique.

Sarasvatī : déesse de la connaissance et des arts.

Sarayu : une des rivières sacrées de l'Inde ; la ville d'Ayōdhyā, capitale de Rāma, était située sur ses rives.

sari : vêtement traditionnel des femmes indiennes, consistant en un long morceau de tissu sans couture que l'on enroule autour du corps.

Satguru : vrai maître. Tous les satgurus sont des *mahātmās* mais tous les *mahātmās* ne sont pas des *satgurus.* Le *satguru* est celui qui, absorbé dans la béatitude du Soi, choisit de redescendre de ce niveau de conscience pour se mettre au niveau des gens ordinaires et les aider à grandir spirituellement.

satsang : « communion avec la vérité suprême » ; être en compagnie de *mahātmās*, étudier les Écritures et écouter les enseignements d'un *mahātmā* ; rencontre de personnes qui se retrouvent pour discuter de sujets spirituels et faire des pratiques spirituelles ; un enseignement spirituel.

satya : la vérité.

sēvā : service désintéressé dont les fruits sont offerts à Dieu.

sēvite : personne qui fait du *sēvā.*

Śhabarī : femme appartenant à une tribu de chasseurs (hors caste) ; ayant servi des sages, elle attendit pendant des années la venue de Rāma avec une dévotion innocente et ardente ; elle eut finalement son darshan, comme promis par les sages.

śhakti : personnification de la volonté et de l'énergie cosmiques ; force ; voir *māyā.*

śhānti : la paix.

śhāstra : science ; texte des Écritures faisant autorité.

Śhiva : l'aspect statique de Brahman en tant que principe masculin. Vénéré comme le premier guru et aussi comme le substrat sans forme de l'univers en relation avec la créatrice Śhakti. Il est le dieu de la destruction dans la trinité de Brahmā (dieu de la création), Viṣhṇu (dieu de la préservation) et Śhiva. Généralement représenté comme un moine, le corps couvert de cendres, des serpents dans les cheveux, vêtu d'un simple pagne, tenant un bol de mendiant et un trident.

Śhivājī : aussi appelé Chhatrapatī Śhivājī, l'empereur de l'empire Marāṭha ; disciple de Samarth Rāmdās.

śhraddhā : attention, soin (malayalam) ; foi (sanskrit).

śhravaṇa : écouter (les vérités des Écritures) ; généralement associé à *manana* et à *nididhyāsana.*

śhrī : titre de respect qui signifie à l'origine divin, sacré ou propice ; dans l'Inde moderne, c'est juste une façon respectueuse de s'adresser à quelqu'un, comme « monsieur ».

Śhrīmad Bhāgavatam : voir *Bhāgavatam.* Śhrīmad signifie propice.

śhūnyatā : terme bouddhiste qui désigne le vide.

Sudhāmaṇi : nom que les parents d'Amma lui avaient donné.

sutra : aphorisme.

sūrya namaskar : salutation au soleil, enchaînement traditionnel de douze postures de *haṭha yōga.*

svadharma : *dharma* personnel, le devoir qui nous incombe ; différent de *paradharma.*

swāmī : titre de quelqu'un qui a fait le vœu de *sannyāsa* (voir *sannyāsin*) ; *swāminī* est l'équivalent féminin.

tapas (tapasya) : austérités.

tulasī : une plante sacrée de la famille du basilic.

upaniṣhad : la partie des Vēdas qui traite de la connaissance de soi.

vairāgya: le détachement.

Vallikavu : nom du village le plus proche de la maison des parents d'Amma.

Vālmīki : sage et auteur du *Rāmāyaṇa.*

vānaprastha : 'vie dans la forêt ; désigne une vie retirée consacrée aux pratiques spirituelles ; la troisième des quatre étapes de la vie (voir *aśhrama*).

vāsanā : tendance latente ou désir subtil qui se manifeste sous la forme de pensée, de motif et d'action ; impression subconsciente acquise par l'expérience.

Vēdānta : mot à mot « la fin des *Vēdas* » ; désigne les *Upaniṣhads* qui traitent de Brahman, la vérité suprême, et de la voie qui permet de réaliser cette vérité ; un Vēdāntin est un adepte du *Vēdānta.*

védantique : qui relève du *Vēdānta.*

Vēdas : les plus anciennes de toutes les Écritures ; les *Vēdas* ne sont pas l'œuvre d'êtres humains ; ils ont été révélés aux sages de jadis dans leur méditation profonde. On dit qu'ils sont « le souffle de Dieu ». Il y a quatre *Vēdas* : *Ṛik*, *Yajus*, *Sāma* et *Atharva*.

védique : qui a trait aux *Vēdas*.

vibhūti : cendre sacrée ; peut aussi signifier splendeur ou prospérité.

Viṣhṇu : l'Omniprésent, dieu de la préservation dans la trinité hindoue.

viśhvarūpa : forme divine et cosmique du dieu Viṣhṇu.

Vivēkachūḍāmaṇi : « Pur joyau du discernement » ; œuvre d'Ādi Śhaṇkarāchārya,qui relève de la philosophie du *Vēdānta*. Répond à la question : « Qui suis-je ? »

Vṛindāvan : *vṛindā-vana*, la forêt de Rādhā ; une région dans le district de Mathura en Uttar Pradesh, célébrée comme le lieu où Kṛiṣhṇa passa son enfance avec les laitières et les bouviers.

Vyāsa : mot à mot « le compilateur ». Nom donné au sage Kṛiṣhṇa Dvaipāyana qui compila les *Vēdas*. Il est également le chroniqueur du *Mahābhārata* et un de ses personnages ; il est aussi l'auteur des dix-huit *Purāṇas* et des *Brahma Sūtras*.

Yama : le dieu de la mort et du *dharma* ; c'est lui qui juge les âmes après la mort et décide de leur sort, selon les actions accomplies sur terre.

Yaśhōdā : la mère adoptive de Kṛiṣhṇa.

yoga : « unir ». Union avec l'Être suprême. Un terme vaste, qui désigne aussi les différentes méthodes et pratiques grâce auxquelles on peut atteindre l'union avec le Divin. Une voie qui mène à la réalisation du Soi.

Yōga Sūtras : *Yōga Sūtras* de Patañjali ; aphorismes composés par le sage Patañjali ; indiquent le chemin à suivre pour se purifier et transcender le mental.

yuga : selon la vision du *Sanātana dharma* (l'hindouisme), l'univers (de l'origine à la dissolution) passe par un cycle de quatre *yugas* ou âges. Le premier est *Kṛita* ou *Satya Yuga*, au cours duquel le *dharma* règne dans la société. Chaque âge qui lui succède voit le déclin progressif du *dharma*. Le second âge est appelé *Trēta Yuga*, le troisième *Dvāpara Yuga* et le quatrième, qui correspond à l'époque actuelle est le *Kali Yuga*.

Guide pour la prononciation

Voyelles :

a	comme	**a**	dans **a**rmoire
ā	comme	**a**	plus long
i	comme	**i**	dans **I**talie
ī	comme	**i**	plus long
u	comme	**ou**	dans ch**ou**x
ū	comme	**ouu**	plus long
e	comme	**er**	dans lev**er**
ai	comme	**ai**	dans p**ai**lle
o	comme	**eau**	dans **beau**
		(**o** et **e** sont toujours longs en Sanskrit)	
au	comme	**ao**	dans cac**ao**
ṛ	comme	**r'**	dans **r'b**outeux

Consonnes :

k	comme	**k**	dans **k**ilogramme
kh	comme	**kh**	dans Ec**kh**art
g	comme	**g**	dans **g**arage
gh	comme	**gh**	dans di**g-h**ard
ṅ	comme	**n**	dans si**ng**
c	comme	**tch**	dans **ch**air
ch	comme	**tchh**	dans staun**ch-h**eart
j	comme	**dj**	dans **j**oy
jh	comme	**dge**	dans he**dge**hog
ñ	comme	**ny**	dans ca**ny**on
ṭ	comme	**t**	dans **t**ube
ṭh	comme	**th**	dans ligh**th**ouse
ḍ	comme	**d**	dans **d**ouleur
ḍh	comme	**dh**	dans re**d-h**ot
ṇ	comme	**n**	dans **n**avire

t	comme	**t**	dans **t**ube
th	comme	**th**	dans ligh**th**ouse
d	comme	**d**	dans **d**ouleur
dh	comme	**dh**	dans re**d-h**ot
n	comme	**n**	dans **n**avire
p	comme	**p**	dans **p**ain
ph	comme	**ph**	dans u**p-h**ill
b	comme	**b**	dans **b**ateau
bh	comme	**bh**	dans ru**b-h**ard
m	comme	**m**	dans **m**ère
ṁ	un son nasal comme dans bo**n**		
ḥ	prononcer **aḥ** comme **aha, iḥ** comme **ihi, uḥ** comme **uhu**		
ṣ	comme	ch	dans chose
ś	comme	s	dans sprechen
s	comme	s	dans si
h	comme	h	dans hot
y	comme	y	dans yoga
r	un r roulé dans Roma, Madrid		
l	comme	l	dans libre
v	comme	**w**	dans **w**agon

Remerciements

Ce livre est le fruit des efforts conjoints des enfants d'Amma et a été réalisé dans un esprit d'offrande. Au début surtout, l'inspiration et les conseils de Br. Mādhavāmṛita Chaitanya nous ont mis sur une voie bien tracée que nous avons pu suivre. Je tiens à remercier Anita Raghavan, Veena Erickson et surtout Rajani Menon pour leur précieux soutien en coulisses, ainsi que Jagannath Maas pour avoir préparé la mise en page avec patience et diligence. Swāmī Vidyāmṛitānanda a joué un rôle déterminant dans la préparation du glossaire exhaustif. À chaque étape, nos progrès ont été guidés par Swāmī Jñānāmṛitānanda, dont la sagesse et l'expérience ont été notre pilier. Je vous suis sincèrement reconnaissant à tous.

Julius Heyne

www.ingramcontent.com/pod-product-compliance
Lightning Source LLC
Chambersburg PA
CBHW062041080426
42734CB00012B/2528